BURKHARD BENECKEN
MIT CHRISTOPH WÖHRLE

TATORT
UNTERWELT

BURKHARD BENECKEN
MIT CHRISTOPH WÖHRLE

TATORT UNTERWELT

Ein Strafverteidiger gibt unzensierte Einblicke
in kriminelle Parallelgesellschaften

Bibliografische Information der Deutschen Nationalbibliothek
Die Deutsche Nationalbibliothek verzeichnet diese Publikation in der Deutschen National-
bibliografie. Detaillierte bibliografische Daten sind im Internet über http://dnb.d-nb.de
abrufbar.

Für Fragen und Anregungen:
info@rivaverlag.de

Originalausgabe
1. Auflage 2016
© 2016 by riva Verlag, ein Imprint der Münchner Verlagsgruppe GmbH,
Nymphenburger Straße 86
D-80636 München
Tel.: 089 651285-0
Fax: 089 652096

Redaktion: Desirée Simeg
Umschlaggestaltung: Catharina Aydemir
Umschlagabbildung: iStock/TomFullum
Satz: inpunkt[w]o, Haiger
Druck: GGP Media GmbH, Pößneck
Printed in Germany

ISBN Print 978-3-86883-796-4
ISBN E-Book (PDF) 978-3-95971-068-8
ISBN E-Book (EPUB, Mobi) 978-3-95971-069-5

Weitere Informationen zum Thema finden Sie unter

www.rivaverlag.de

Beachten Sie auch unsere weiteren Verlage unter
www.muenchner-verlagsgruppe.de

Für Amir

INHALT

VORBEMERKUNG

Für dieses Buch wurden unter anderem Mandantinnen und Mandanten des Autors interviewt. Sie alle haben ihn von seiner anwaltlichen Schweigepflicht entbunden. Alle Fälle sind rechtskräftig abgeschlossen.

Doch selbst wenn sämtliche Geschehnisse erkannt werden dürfen und viele Mandantinnen und Mandanten sogar mit einer namentlichen Nennung einverstanden wären, sind Details wie Namen, Personenbeschreibungen und Orte verändert worden, um die Persönlichkeitsrechte einiger Akteure zu wahren. Lediglich die zitierten Experten werden mit ihrem richtigen Namen genannt.

Alle in diesem Buch dargestellten Geschichten sind wahr.

Soweit Personengruppen wie zum Beispiel Rocker, Roma, Clans und andere in diesem Buch vorkommen, handelt es sich bei den geschilderten Erlebnissen um Einzelfälle. Keinesfalls soll behauptet werden, dass die Personengruppen sich insgesamt derart verhalten.

Die in diesem Buch von Interviewpartnern getätigten Äußerungen müssen nicht mit der Auffassung des Autors übereinstimmen.

Die kommentierenden Elemente und juristischen Einordnungen in diesem Buch stammen vom Autor persönlich und geben seine Einschätzung der Situation wieder.

Im Wartezimmer

Ein Mann stößt hastig die Tür zur Kanzlei auf, völlig außer Atem. Er stürzt zum Empfang. »Ich hab gerade meine Frau erschossen. Sie liegt tot in der Wohnung. Ich bin direkt hierhergekommen und muss dringend mit Rechtsanwalt Benecken sprechen«, keucht Günther O., 56 Jahre alt, seit gut eineinhalb Stunden verwitwet.

»Okay«, entgegnet die Rechtsanwaltsfachangestellte hinter dem Empfangstresen ruhig. Solche Auftritte sind für sie längst nichts Ungewöhnliches mehr. »Nehmen Sie doch im Wartezimmer Platz, der Anwalt ist gleich da. Eine Tasse Kaffee vielleicht?«

Marl ist eine ruhige Stadt. Sie liegt im Ruhrgebiet, hat rund 86 000 Einwohner. Hier gibt es ein Chemiewerk, ein Kunstmuseum; der Adolf-Grimme-Preis wird hier alljährlich verliehen. Im Restaurant La Taverna bietet Rosa seit rund vier Jahrzehnten italienische Pizza und Pasta an. Am örtlichen Flughafen Loemühle stürzen sich jedes Wochenende reihenweise Fallschirmspringer vom Himmel. Kürzlich hat die letzte Zeche geschlossen.

Gar nicht ruhig ist es hingegen im vierten Stock über den Dächern Marls, in der Kanzlei. Hier tobt wochentags ab 14:30 Uhr bis spät in den Abend das Leben mit all seinen Abgründen. Achtundzwanzig Sitzmöglichkeiten im Wartezimmer, dazu ein zweiter Wartebereich mit vier Ledersesseln und einem Beistelltisch. Zweiunddreißig Plätze für zweiunddreißig Menschen. Zweiunddreißig Mal Hoffnung. Zweiunddreißig Mal ungeduldiges Hin- und Herrutschen.

Im Wartezimmer der Kanzlei gibt es keine Sitzordnung. Es gilt nur eine Regel: Wenn Motorradrocker rivalisierender Clubs eintreffen, müssen sie in getrennte Wartebereiche.

Günther O. hat im Wartezimmer Platz genommen. Neben ihm sitzt ein 82-jähriger Herr aus Süddeutschland. Er hat heute sieben Stunden im Fernbus gesessen. Nach seinem Besprechungstermin erwartet ihn die gleich lange Rückreise. Er hat den langen Weg auf sich genommen, weil sein Enkel Spielhallen überfallen haben soll und in Untersuchungshaft sitzt. »Opa bezahlt den Anwalt«, hat er versprochen. In der Hand hält er einen Jutebeutel, darin Kontoauszüge als Nachweis seiner Solvenz. Denn guter Rat ist teuer, sehr guter Rat sehr teuer. Und Freiheit – unbezahlbar.

Einige Stühle weiter sitzt eine junge Dame in Minirock und Netzstrumpfhose. Daneben ein älterer Mann, Goldkette um den Hals, braun gebrannt, Rolex am Handgelenk. Sie ist Prostituierte, er betreibt einen Saunaclub. Einer ihrer Freier behauptet, die junge Dame habe seine Kreditkarte nicht wie abgemacht nur einmal, sondern fünfmal belastet, in einer Nacht. Deswegen hat er Strafanzeige wegen Verdachts auf Betrug gestellt.

Die Prostituierte führt mit einer jungen Holländerin, deren Freund derzeit auf der Flucht ist, eine angeregte Unterhaltung. Er soll im Darknet – sozusagen der Unterwelt des Internets – mit allerlei Drogen gehandelt haben. Etwas über 100 Kilo. Nichts Besonderes.

Besonders ist die Kanzlei in Marl vor allem, weil Menschen hier so offen sprechen wie sonst fast nirgendwo. Man kann die Kanzlei mit einem Beichtstuhl in der Kirche vergleichen. Hier kommen Dinge zutage – persönliche Verfehlungen, Grausamkeiten und Verhalten –, über die viele nicht einmal mit dem engsten Freund oder mit ihrem Therapeuten sprechen würden. Hier sitzen aber auch Menschen, die man zu Unrecht einer Straftat beschuldigt. Und hier sitzen Opfer von Verbrechen.

Für alle gilt: Jeder Mandant, egal, was er getan haben soll oder was ihm widerfahren ist, braucht die Gewissheit, dass er hier schlimmste Gedanken, abartigste Neigungen und schwerstes strafrechtliches Unrecht offenbaren kann. Vor allem als Beschuldigter in einer Strafsache sollte er dies hier tun und niemals bei der Polizei. Nur Unerfahrene und Naive machen eine Aussage ohne vorherige anwaltliche Beratung. Schweigen ist Gold – besonders wenn es um vermeintliche Straftaten geht.

Der Strafverteidiger hat tatsächlich Ähnlichkeit mit einem Priester. Nicht nur optisch, wenn er beim Prozess ein voluminöses Gewand – »Robe« genannt – trägt. Auch verbal gibt es Parallelen. So mutet das Plädoyer des Strafverteidigers vor Gericht, sein Schlusswort, oftmals wie eine regelrechte »Predigt« zugunsten eines Beschuldigten an. Der Strafverteidiger sagt dann Dinge wie: »Gerechtigkeit ohne Barmherzigkeit ist Grausamkeit.« Ebenso wie der Priester dem Beichtgeheimnis unterliegt der Strafverteidiger der anwaltlichen Schweigepflicht. Daher müssen beide sogar einen begangenen Mord, von dem sie erfahren haben, für sich behalten. Zudem sieht der Strafverteidiger – genauso wie der Priester – immer das Gute im Menschen.

Günther O. hat jetzt eine Tasse Kaffee bekommen. Nun treten zwei Anhänger einer Fußball-Ultra-Gruppierung ins Wartezimmer ein. Den beiden Männern wird vorgeworfen, sich in einem Waldgebiet im Osten der Republik mit Anhängern einer polnischen Hooligan-Gruppierung verabredet zu haben, um sich einvernehmlich zu prügeln. Beide Seiten sollen zu diesem Treffen jeweils einen eigenen Rettungswagen und Sanitäter mitgebracht haben in der Erwartung, dass die entstehenden Verletzungen vor Ort behandelt werden können. Ins Visier der Fahnder sind die beiden geraten, weil sie selbst im Wald in HD-Qualität mitgefilmt haben und die Filme anschließend im Internet verbreitet wurden. Hooligan-TV sozusagen.

Bevor Günther O. im Kapitel »Am Marmortisch« am Ende des Buches dem Strafverteidiger von den Vorkommnissen in der ehelichen Wohnung berichtet, schildert dieses Buch in 15 Kapiteln authentische Erlebnisse von anderen Mandantinnen und Mandanten, die ebenso wie Günther O. in diesem Wartezimmer saßen. Oder – zumindest vorübergehend – daran gehindert waren, hier zu sitzen, weil sie »saßen«.

1. Drogenhandel und Geldwäsche

Ein glühender Topf

Jonas S. verbrachte gerade ein Partywochenende in Berlin. Ihm ging es gut, er war zum Feiern aufgelegt. Warum auch nicht? Die Geschäfte liefen sehr gut, er hatte noch zehn Kilo Marihuana und 15 000 Euro in bar in seiner Wohnung zu Hause im Ruhrgebiet liegen. Wie immer verwahrte er Geld und Stoff in einem Zimmer, dessen Tür mit einem Spezialschloss gesichert war.

Zurück aus der Hauptstadt – er hatte dort keine einzige Party ausgelassen –, merkte er erst einmal nichts. Doch als er in seine gesicherte Abstellkammer gehen wollte, sah er, dass das Schloss geknackt worden war und seine »Wertsachen« fehlten.

Auf der Stelle rief Jonas S. seinen Komplizen Steffen H. an und bestellte ihn ein, ohne am Telefon Details zu nennen – denn er vermutete, dass ihn die Polizei womöglich abhörte. Als sein Kollege eingetroffen war, machten sie sich Gedanken, wer wohl als Dieb infrage käme. Sie hatten nur einen kleinen, festen Abnehmerkreis, an den sie Drogen verkauften. Es gab darunter einen Neukunden, der seit einigen Wochen zu den Abnehmern gehörte: Max R., ein junger Kerl. »Du hast doch mit dem schon einmal im Bau gesessen. Warum saß der eigentlich?«, wollte Jonas S. von Steffen H. wissen. Daraufhin der Partner: »Wegen Einbruchsdiebstahls!«

In dem Moment war Jonas S. klar, dass Max R. der Dieb sein musste. Er rief ihn prompt an und bestellte ihn unter einem Vorwand ein. Als der junge Mann eintraf, fielen Jonas S., sein Komplize und noch ein dritter, als Verstärkung herbeigerufener Kollege über ihn her. Sie brachten Max R. in den Abstellraum, in dem sonst die Drogen lagerten. Dort fesselten sie ihn an einen Stuhl, seinen »Marterpfahl«.

Was dann passierte, bezeichnet Jonas S. als »Interview«. Er stellte Fragen. »Wo sind meine Drogen?«, »Wo ist meine Kohle?« und so weiter. Wenn keine genehme Antwort kam, bekam der »Interviewpartner« Faustschläge und Maulschellen ins Gesicht. Als das auch nach dem fünften oder sechsten Ansatz nicht fruchten wollte, brachen Jonas S. und sein Mittäter das »Interview« zunächst ab.

Sie gingen hinaus, Max R. blieb gefesselt zurück und der dritte Mann bewachte ihn. Jonas S. und sein Mittäter traten in die Küche, beratschlagten sich, bauten sich einen Joint. Jonas S. sagte: »Ich glaub, wir haben den Falschen, der war das doch nicht. Der bleibt so knallhart bei seiner Antwort, dass ich ihm glaube.« Doch restlos überzeugt war er nicht. Jonas S. zog tief am Joint und spürte bald die Wirkung der Droge. Er sah sich suchend in der Küche um, und als sein Blick auf einen Kochtopf fiel, kam ihm eine Idee, wie er Max R. doch noch zum Reden bringen könnte. Er stellte die Herdplatte auf die höchste Stufe und erhitzte den Topf, der Spaghetti für eine Großfamilie fassen konnte. So lange, bis der Topfboden glühte.

Mit dem glühenden Topf »bewaffnet«, kehrten sie zu Max R. und seinem Bewacher zurück. Jonas S. platzierte den Kochtopf mit dem glühenden Boden nach oben direkt vor dem Stuhl, auf dem der »Gefangene« saß. Sie zogen ihm Schuhe und Socken aus. Max R. ahnte, was jetzt kommen würde, und nässte ein, so sehr überkam ihn die Angst.

»Als Nächstes musst du tanzen für uns – und zwar auf dem Topf«, drohte ihm Jonas S. Dann lösten sie die Fesseln. Max R. zitterte am ganzen Körper. Dann brach das Geständnis nur so aus ihm heraus: »Es tut mir leid! Ich hab das Zeug genommen! Ihr bekommt alles sofort zurück!« Eine halbe Stunde später waren Geld und Drogen wieder da.

Der zuständige Staatsanwalt sprach in dem später gegen Jonas S. und seinen Mittäter geführten Verfahren von »mafiösen Methoden« und fragte, ob man Max R. wirklich hätte auf dem glühenden Topf tanzen lassen, wenn er nicht gestanden hätte. Diese Frage blieb unbeantwortet.

»Hätte vielleicht nicht sein müssen«, sagt Jonas S. heute. Obwohl er dabei lächelt, scheint ihm das Getane leidzutun. Mit Mitte zwanzig hat er schon so einiges erlebt. Er war, was den Umfang seiner Aktivitäten angeht, einer der erfolgreichsten Drogendealer Deutschlands. Sein Mittäter und er verkauften Gras im großen Stil und blieben lange unentdeckt.

Heute sitzt Jonas S. in der forensischen Psychiatrie. Am Eingang des Gebäudes muss man Handy und Aktentasche abgeben und wegschließen lassen. Ein Beamter öffnet die mehrfach gesicherte Tür. Im Besucherraum steht ein runder Tisch, an der Wand hängen Aquarelle in Blautönen. Es riecht nach Sterilium. Man hat nicht den Eindruck, in einer knastähnlichen Anstalt zu sein. Diese Einrichtung ist eher eine Mischung aus Krankenhaus und Jugendherberge. Jonas S. ist froh, dass er den größten Teil seiner Haftstrafe hier absitzen kann. Er gilt als Süchtiger und deshalb räumt ihm das Gesetz die Möglichkeit ein, von seiner Abhängigkeit loszukommen. »Therapie statt Gitterstäbe« lautet die Devise.

Der ehemalige Drogenhändler ist groß und austrainiert, hat seine dunklen Haare zum Pennälerscheitel gekämmt. Auf der Nase trägt Jonas S. eine Brille mit trendigem Designergestell. Seine Klamotten und Schuhe sind ebenso teure Markenware. Dieser Junge muss viel Geld gehabt haben oder immer noch haben. Er wirkt aufgeweckt und scharfsinnig.

Heute will er seine ganze Geschichte erzählen.

Am Anfang war der Joint

Mit vierzehn Jahren kiffte Jonas S. zum ersten Mal. »Meine Eltern sagten: ›Kiffen ist schlecht!‹ Aber die Kiffer, die ich kannte – denen ging's nicht schlecht«, meint er. »Die waren eher immer gut drauf.« Jonas S. hatte ein neues Hobby gefunden, das er liebte und das ihm gut bekam. So sah er es zumindest.

Mit sechzehn kiffte er täglich. Mit zwanzig probierte er Ecstasy und Koks, dann LSD und Magic Mushrooms. Ihm sei es ums Experimentieren gegangen, um den Kick und die Neugier, sagt Jonas S.

Er hat heute, nach zahlreichen Gesprächen mit seinen Therapeuten, den Hintergrund für seinen Hang zu Drogen herausgefunden: Er habe die Trennung seiner Eltern schlecht verarbeitet, sei in ein tiefes Loch gefallen, die Leere habe er mit Drogen irgendwie füllen müssen. Dass Jonas S. ein helles Köpfchen und sprachgewandt ist, merkt man, wenn er davon erzählt, wie er ein großer Drogendealer wurde. Er setzt Pointen wie ein erfahrener Tischredner und man kann sich nicht erwehren zu denken: Dieser Junge hat Persönlichkeit.

Seinen späteren Mittäter Steffen H. lernte er in einem Fitnessstudio kennen. Die beiden verstanden sich auf Anhieb – Gauner erkennen sich wohl an der Nasenspitze. Und sie waren bereit für alle Arten von Gaunereien, sie wollten das große Geld, und zwar nicht zu knapp. Nichts und niemand konnte die beiden stoppen. Sie fuhren zusammen nach Holland, um dort den Markt zu sondieren. Sie observierten verschiedene Städte, gingen in Parks, sprachen Dealer an, stromerten durch die Bahnhofsviertel, bis sie einen Überblick hatten.

Beim ersten Mal holten sie für 10 000 Euro Marihuana, um es in Deutschland weiterzuverkaufen. Das Geld hatten sie unter Freunden gesammelt. Sie waren sozusagen Jungunternehmer in einer sich im stetigen Wachstum befindlichen Branche. Natürlich klappte nicht alles auf Anhieb. Jonas S. erzählt, wie er bei einem anderen Geschäft zu Beginn seiner Drogendealerkarriere Opfer eines sogenannten Rip-Deals wurde – eines Abzockergeschäfts, bei dem man mit Gewalt ausgenommen wird: Er kam gerade von einem Einkauf bei seinem Dealer in Holland zurück und fuhr in Richtung grüne Grenze. Ihm kam ein Auto entgegen, das ihm plötzlich den Weg versperrte und ihn stoppte. Dann ging alles schnell. Seine Fahrertür wurde aufgerissen, die unbekannten Täter sprühten ihm Pfefferspray ins Gesicht, warfen ihn hinaus und stahlen sein Auto. Er blieb alleine und mit tränenden Augen auf dem verlassenen Feldweg zurück. Zehn Kilo Marihuana und knapp 40 000 Euro – alles weg.

Große Geschäfte

Für Jonas S. und Steffen H. war – genau wie für ihren Käuferkreis – fast nur Cannabis interessant. Wenn der Drogenhandel sich auszahlen sollte, musste das gemeinsame Unternehmen ständig wachsen, das war den beiden klar. Verkauften sie das Gras anfangs noch in Mengen von 100 bis 500 Gramm in Tüten an die Straßendealer, erhöhten sich die Mengen mit der Zeit deutlich. »Am Schluss war alles unter fünf Kilo kein Grund mehr aufzustehen. Für ein läppisches Kilo haben wir uns gar nicht mehr bewegt«, sagt Jonas S.

Jonas S. holte den Stoff in Holland ab und brachte ihn über die Grenze. Er überquerte die Landesgrenze meist schon frühmorgens, fuhr einen unauffälligen Kombi und trug dabei stets ein weißes Hemd mit Krawatte und Brille, den sogenannten Vertreterlook. Er fuhr, ohne Aufsehen zu erregen, im Berufsverkehr mit und wurde nicht einmal an der Grenze angehalten. Nicht ein einziges Mal in der gesamten Zeit. Über Deals wurde nur persönlich oder über einen Blackberry-Chat kommuniziert.

Nicht wenige Straftäter unterschätzen die Möglichkeiten der polizeilichen Telefonüberwachung. Naiv bedienen sie sich einer Codesprache, die leicht zu entlarven ist. Dann sagen sie beispielsweise Sätze wie »Bring mir doch mal drei Eimer Farbe« oder »15 CDs«, einige sprechen auch von »Kuchen«. Oder wenn darüber gesprochen wird, dass ein mutmaßlicher Mittäter an der Grenze festgenommen wurde, heißt es, ob er »im Hospital« sei und ob er dort »ein Attest« bekommen habe, gemeint ist damit ein Haftbefehl. Das Hospital entspricht dem Polizeigewahrsam. »So etwas macht die Jungs nur noch verdächtiger«, meint Jonas S. Für die Strafbarkeit kommt es übrigens nicht darauf an, dass ein geplantes Geschäft tatsächlich umgesetzt wird. Es reicht aus, dass zwei Personen sich darauf verständigen, dass eine bestimmte Menge Drogen übergeben wird. Ob das tatsächlich geschieht, ist nicht entscheidend. Wenn Drogendealer sich sagen: »Ach, ich habe zwar am Telefon gequatscht, dass wir zwei Kilo haben wollen. Die sind aber nie angekommen, also kann mir ja nichts passieren«, ist das ein großer Irrtum.

Es ist bei der Telefonüberwachung unter Umständen sogar möglich mitzuhören, selbst wenn das Handy ausgeschaltet ist. Wechselnde SIM-Karten bringen dabei nichts – allein deshalb, weil die Polizei oft mit sogenannten IMSI-Catchern arbeitet. Dieses Hilfsmittel ist wie ein eigener Sendemast der Polizei. Ein IMSI-Catcher in der Nähe eines observierten Hauses bedeutet, dass alle Handys im Umkreis abgehört werden – egal, auf welchen Namen sie laufen und mit welcher SIM-Karte sie bestückt sind.

In ihrem Höhenrausch gingen Jonas S. und sein Sozius immer größere Risiken ein. Gegen Ende ihrer Geschäftstätigkeit kamen gegen Mittag zehn Kilo Cannabis bei ihnen an – mittlerweile brachte sie ein so genannter Läufer, Jonas S. fuhr also nicht mehr selbst. Bereits eine halbe Stunde später war alles verkauft: in der Regel für 4000 Euro pro Kilo, also 40 000 Euro für zehn Kilo. Dann gab es noch den ganz besonderen Stoff – Gras, das man für 10 000 Euro pro Kilo verkaufen konnte. Das sogenannte Haze ist ein besonders wirkungsvolles Marihuana mit einer THC-Konzentration von über 20 Prozent, teilweise bis zu 30 Prozent. Das Zeug ist so stark, dass es mit dem gemeinhin bekannten Gras nichts mehr zu tun hat. Vielmehr wirkt es wie eine harte Droge. Die Qualität war in jedem Fall erlesen und jeder Dealer wollte das Zeug von Jonas S. haben. Neukunden nahmen sie nur noch ausnahmsweise in ihre Kartei auf, sie hatten ihre festen Abnehmer.

Koks spielte für Jonas S. nur am Rande eine Rolle. Ein Kilo Koks, das in Holland 36 000 Euro im Einkauf kostete, ließ sich in Deutschland für 45 000 bis 48 000 Euro verticken. Die Käuferschaft sei eine gänzlich andere als bei Marihuana; Kokser seien in der Regel älter, reicher und drogenerfahrener, erzählt Jonas S.

Mehrere Hunderttausend Euro hatte der junge Mann eine Zeit lang in seiner Wohnung herumliegen, sozusagen seine Ersparnisse. Und das, obwohl er sich ein monatliches Gehalt von 20 000 Euro auszahlte. Er kaufte sich sogar eine gebrauchte Geldzählmaschine einer Großbank. Jonas S. fuhr einen dicken Wagen, ging protzig in den Tanzschuppen der Umgebung aus und hatte meistens ein Callgirl an der Hand. Er aß bei den Sterneköchen mit der Routine eines Restauranttesters. Außerdem gründete er ein eigenes Hip-Hop-Label. Er wollte ein legales Standbein schaffen – irgendwo musste das ganze Geld ja hin. »Ich genoss die Zeit. Das ganze Geld ermöglichte mir so viel«, sagt er.

Drogengroßhändler zu sein unterscheidet sich nicht von anderen Arten von Unternehmertum, findet Jonas S. Man müsse schon Managerqualitäten besitzen. Budgetverwaltung, Buchhaltung im Kopf und Weitsicht bei den Investitionen gehörten dazu, genauso wie Kreativität. Man dürfe nichts aufschreiben, keine Schuldenzettel führen, so etwas machten nur Anfänger: »Was man im Kopf hat, kann die Polizei bei einer Durchsuchung nicht finden.«

Der Untergang

Nichtsdestotrotz flogen Jonas S. und sein Komplize irgendwann auf. Die Polizei griff zu, nachdem sie die beiden Drogendealer lange observiert und zudem einen Kunden mit fünf Kilo Gras erwischt hatte. Der verpfiff die beiden letztlich. Der »31er« – gemeint ist damit Paragraf 31 des Betäubungsmittelgesetzes, auch »Judas-Paragraf« genannt – hatte ihn zum Auspacken animiert. Die Ermittler stellten ihm eine enorme Strafmilderung in Aussicht, wenn er seine Dealer verriet. Tatsächlich kam er für etliche Jahre in Haft. »Die Praxis zeigt, dass die Polizei viel verspricht und nur die Naiven darauf reinfallen«, meint Jonas S.

Viele Gefängnisinsassen machen vom Judas-Paragrafen Gebrauch, so Jonas S. »Da singen manche wie die Kanarienvögel. Sie plaudern teilweise mehr aus, als sie oder andere wirklich verbrochen haben, nur weil der Polizeibeamte gesagt hat: ›Je mehr du auspackst, desto weniger Strafe gibt es.‹« Er selbst habe nie jemanden verpfiffen. Seine Therapeuten versuchten ihm klarzumachen, dass man das »Anzinken« aber auch positiv betrachten könne – als Hilfestellung. Sonst wäre Jonas S. nicht aufgeflogen und hätte nie eine Therapie in Anspruch nehmen können.

Generell setzen Polizeibeamte erst einmal auf Observation, wenn einer ausgepackt hat. Dazu gehören auch aufwendige Telefonüberwachungen. Jonas S. und seine Mittäter haben zwar, abgesehen von dem damals abhörfreien Blackberry-Chat, nie über Telefon kommuniziert, andere Kunden aber schon. Manchmal verlegt die Staatsanwaltschaft sogar gezielt vorher »angeworbene« Insassen auf die Zelle eines neuen Häftlings, um an Informationen zu kommen. Die Zellengenossen horchen den Neuen aus und ihnen wird Strafmilderung in Aussicht gestellt, wenn sie mit belastenden Tatsachen um die Ecke kommen. Wenn der »Zinker« im Knast allerdings auffliegt, ergeht es ihm nicht gut.

Hinter Gittern sei es »nicht schön« gewesen, sagt Jonas S. Kleine Zelle, große Gauner. Auf 30 Quadratmetern hauste er mit vier weiteren Kriminellen. Er, der vorher eine 240-Quadratmeter-Wohnung besessen hatte. Zudem habe es rivalisierende Banden gegeben: Albaner, Russen, Libanesen. Man müsse sich raushalten und trotzdem als stark gelten, damit einem nichts zustoße. Er sei sehr froh, jetzt den Rest seiner Strafe in der Psychiatrie verbüßen zu können.

Wie Jonas S. damit umgehen wird, wenn er nach seiner Entlassung keine 20 000 Euro und mehr im Monat zur Verfügung hat? Er überlegt kurz: »Natürlich wird das eine Umgewöhnung sein. Andererseits geht die Kohle ebenso schnell raus, wie sie reingekommen ist. Es wird mit weniger gehen.« Er möchte in Zukunft legale Geschäfte machen, vielleicht ein eigenes Café auf Bali betreiben, wo sein Vater wohnt.

Der Baron von Amsterdam

Amsterdam im Spätsommer ist eine Offenbarung. Viele junge Menschen in luftiger Kleidung, die Boote auf den Grachten, manche davon sind fahrende Einkaufsläden. Es herrscht eine Lichtstimmung, die die ganze Stadt erstrahlen lässt wie eine Monstranz in der Kirche. Auf den Straßen flanieren die Sonnenanbeter, fahren die Fahrräder kreuz und quer, schleichen die Autos über das Kopfsteinpflaster wie ferngelenkt.

Das Grand Hotel Krasnapolsky ist eine feine Adresse. Im Café Mathilde genießen die Besucher Kaffee aus afrikanischen Bohnen und dazu Sandgebäck bei indirektem Licht und leise säuselnden Jazzklängen. Hier soll das Treffen mit dem »Baron«, wie er sich nennt, stattfinden. Es war nicht leicht, sich mit ihm zu verabreden; anrufen kann man nur einen Mittelsmann. Der wiederum schickte einen Boten in die Kanzlei in Marl mit einem Zettel, auf dem stand: »Grand Hotel Krasnapolsky, Café Mathilde, 15 Uhr«. Nachdem der Name des Treffpunkts und die Uhrzeit bekannt waren, zerriss der Bote das Papier und verschwand so schnell, wie er gekommen war.

Doch einer der erfolgreichsten Drogenschmuggler Europas lässt sich am verabredeten Tag nicht blicken. Nicht um 15 Uhr, nicht um 15:30 Uhr und auch nicht um 16 Uhr. Der Mittelsmann ist telefonisch ebenso wenig zu erreichen. Zwei Wochen später, als der Baron als Interviewpartner längst abgeschrieben ist, heißt es nun plötzlich: Er kommt nach Deutschland. Wieder wird ein Treffen vereinbart, diesmal im Separée des Schlosses Berge in Gelsenkirchen, wieder eine überaus feine Adresse.

Am Baron ist auffällig, dass an ihm nichts auffällig ist. Mittlere Statur, Mittelklasse-Kleidungsstil, Mittelklassewagen. Allein die schwarzrandige Hornbrille setzt einen Akzent auf seinem glatt rasierten Gesicht. Dieser Mann, gebürtiger Österreicher, mag offenbar das Understatement. Es braucht ja niemand zu ahnen, dass er millionenschwer ist, und schon gar nicht, dass er mit Drogen ein Vermögen gemacht hat. Er sagt eingangs: »Jeder Mensch ist käuflich – mit irgendetwas.« Sein Deutsch ist geschliffen, seine Manieren dem Ort angepasst. Er isst Gambas, in Kräuterbutter geschwenkt.

Was seine Drogengeschäfte angeht, sei er in »Rente«, er betreibe heute eine seriöse Firma, kaufe Aktien und sammle teure Kunst, erzählt er. Irgendwo muss das viele Geld ja hin. Mittlerweile wohnt er in den USA und ist nur noch gelegentlich in Amsterdam. Mehr Details verrät er nicht, erklärt sich aber bereit, von der »guten alten Zeit« zu berichten. Von der Zeit, die ihn reich gemacht hat.

Ein geldträchtiger Transport

»Ich bin als junger Mann ins Transportgeschäft gegangen. Den ersten Kontakt mit der Szene hatte ich mit siebzehn. Dick eingestiegen bin ich in meinen Zwanzigern«, sagt der Baron. Er habe immer etwas gegen Autoritäten gehabt und sei vielleicht deshalb Drogentransporteur geworden.

In den Sechziger- und Siebzigerjahren wurden die Niederlande zum Mittelpunkt des Drogengeschäfts in Europa. Ein Grund dafür war die recht liberale Gesetzgebung für Drogendelikte. Amsterdam sei schon damals der »Supermarkt Europas« gewesen, was Drogen anging, so der Baron. Hier waren die großen Player aktiv und derartige Dimensionen des Drogenhandels habe es in Deutschland nie gegeben. Wenn in Amsterdam kurzfristig für einen Drogendeal mehrere Millionen Gulden benötigt wurden, gab es dort viele Leute, die diese Summe problemlos aufbringen konnten, innerhalb weniger Minuten.

Damals kam Koks aus Südamerika nach Europa. Daran hat sich übrigens bis heute nichts geändert. Heroin kam aus China und anderen asiatischen Staaten und Marihuana überwiegend aus Marokko. Der Baron wusste bald, wie er reich werden würde: Er organisierte ganze Lkw-Ladungen Gras, die er von Nordafrika nach Holland lotste. »Es war die Hippie-Zeit. Gras wurde nicht als gefährlich angesehen. Ich handelte mit so etwas wie einem Grundnahrungsmittel«, lacht er. Was dem Bayern sein Weißbier, war dem Holländer sein Joint. Die Engländer, die Deutschen, die Franzosen – alle seien sie nach Holland gekommen, um ihren Stoff zum Weiterverkauf abzuholen.

Für ein Kilo Gras verlangte der Baron zur damaligen Zeit 1300 Gulden – umgerechnet rund 550 Euro – Transportgebühren von den Großhändlern für die Bewegung der Ware. Die Großhändler zahlten diesen Preis gerne, denn sie bekamen von ihren Endabnehmern wiederum das Dreifache. Keiner stand bei diesem Geschäft schlecht da, mal abgesehen von den Produzenten. Denn die Bauern bekamen in ihren Heimatländern von den Großhändlern erst dann ihre 300 Gulden pro Kilo – also weniger als 130 Euro –, wenn die Ware sicher in Amsterdam angekommen war. Flog ein Transport auf, erhielten die Bauern hingegen nichts außer ein wenig Starthilfe für den nächsten Anbau. Das Transportrisiko trugen sie demnach allein.

Laut dem Baron ist das bis heute so. Die großen Drogenhändler in aller Welt scheren sich nicht darum, wenn ein Transport auffällt, egal, wie hoch die beschlagnahmte Menge auch ist. Es trifft niemals die Drogenbarone, sondern immer nur die armen Produzenten. Der Baron und seinesgleichen agierten strategisch wie Schachspieler. »Während die Polizei im Fernsehen einen Drogenfund präsentiert hat, haben wir gleichzeitig das Vielfache wieder mit der nächsten Lieferung über die Grenze gebracht«, verrät der Baron.

Geschmuggelt wurde die Ware in Lkws, die Textilien aus Marokko nach Europa brachten. In Holland wurde die Ware in 500-Kilo-Pakete portioniert und so an die Großhändler weiterveräußert. Jeder Konvoi brachte acht bis zehn Tonnen mit. An einer Tonne verdiente der Baron umgerechnet rund 550 000 Euro, bei zehn Tonnen macht das satte 5,5 Millionen Euro. Abzuziehen waren maximal 150 000 Euro »Organisationskosten« für das Schmieren von Zöllnern, für den Lkw-Fahrer und die Logistik. Macht immer noch 5,35 Millionen Euro Reingewinn steuerfrei pro Transport.

Die Fahrer wurden ordentlich bezahlt, aber nur ein einziges Mal gebucht, um übermäßige Mitwisserschaft zu verhindern. Sie bekamen reichlich Bargeld und dazu eine Liste mit Anwälten, die sie in den jeweiligen Ländern verteidigen würden, falls nötig.

Wenn die Kunden den Stoff von Holland aus in andere Länder geliefert bekommen wollten, gab es noch mal einen Lkw-Konvoi. Die Ware wurde dann wie in einer Piratengeschichte oft an einem geheimen Ort vergraben. Die Kuriere versenkten das Gras wasserdicht verpackt in einer Grube, schaufelten sie zu, machten ein Foto von der exakten Stelle, notierten die Koordinaten des Verstecks und schickten alles an den Dealer in Amsterdam. Dieser traf sich mit dem Kunden, der die Ware bezahlte. Wenn der Dealer sein Geld erhalten hatte, wurde dem Kunden das Foto samt Koordinaten der Stelle gegeben, damit dieser den »Schatz« heben konnte.

Drogenkrieg in der Moderne

Heutzutage sei alles organisierter und technischer geworden, sagt der Baron. So sollen die großen Drogenhändlerringe mithilfe von Hackern die Systeme manipulieren können, die in den großen Häfen Europas wie Rotterdam, Hamburg oder Antwerpen Container systematisch nach Drogen scannen. Diese Computersoftware ist auf bestimmte Signale programmiert und im Grunde wie ein Spürhund: Nur wenn das System anschlägt, wird ein Container überhaupt kontrolliert. Die Software ist umfangreich ausgearbeitet und ein gut gehütetes Geheimnis – glauben zumindest die Polizei und der Zoll. Tatsächlich haben die großen Drogenhändler selbst diesen Schutz längst unterwandert und Mitarbeiter der Softwarefirmen bestochen, die das Programm entwickelt haben. Oder sie haben selbst Hacker beschäftigt, die in das System eingedrungen sind. Wenn ein großer Transport in einem der Häfen ankommt, wird das System lahmgelegt. Keine Warnung mehr. So schildert es jedenfalls der Baron.

Die Route von Marokko spielt keine große Rolle mehr. Heutzutage kommt das Gras meist aus Gewächshäusern in Holland oder in Deutschland – von wo aus Kuriere es nach Holland transportieren. Vor Ort wird es mit teils synthetischen Stoffen aufgepeppt und wieder nach Deutschland zum Verkauf zurückgeführt.

Zu den alten Kollegen aus seiner aktiven Zeit habe er noch sporadisch Kontakt. Doch die Zeiten seien insgesamt härter geworden – auch in Holland. Ein Ehrenwort zählt laut dem Baron nichts mehr, rivalisierende Händler und Dealer erschießen sich bei Konflikten hitzköpfig gegenseitig, ohne einen vorherigen Versuch der Schlichtung. Er ist froh, dass er in diesem Kampf nicht mehr mitspielen muss.

Fragt man den Baron, was er insgesamt mit seinen Transporten verdient habe, wenn ein einziger schon über fünf Millionen Euro gebracht hat, antwortet er erst einmal nicht. Er lächelt nur und ergänzt, dass ihn das Gehalt eines Fußballprofis nicht neidisch macht. Ob er für seine Taten schon einmal strafrechtlich belangt wurde? Auch darauf nur ein Lächeln.

Als seine Familie von seinen illegalen Machenschaften erfuhr, seien alle zunächst geschockt gewesen: »Sie wissen Bescheid über meine Vergangenheit. Aber wir sprechen nicht mehr darüber, sondern genießen die Dinge, die uns das Geld ermöglicht.« Ein schlechtes Gewissen? Nein, das habe er längst nicht mehr, so der Baron. Jeder Mensch müsse selbst wissen, ob er Drogen konsumiere, und im Übrigen seien es nur wenige, die der Konsum völlig umhaue. Für die meisten sind Drogen seiner Meinung nach Zerstreuung statt Zerstörung. »Es haben sich viele Menschen während der Bankenkrise 2008 umgebracht. Sind deswegen alle Banker schlecht?«, fragt er.

Es gibt in der Kriminologie den Ausdruck »Neutralisierungstechniken von Tätern«, also Strategien beim Überwinden innerer Hemmungen, eine Straftat zu begehen, oder auch als Rechtfertigung, um sich die Straftaten schönzureden: »Das Gebäude ist ja versichert«, sagt sich beispielsweise der Einbrecher. »Die Bank zockt ohnehin die Menschen ab«, denkt sich der Bankräuber. Was immer es ist – jeder Mensch braucht seine eigene Version der Geschichte, um mit den begangenen Taten leben zu können.

»Ich mag mein Leben. Ich habe Zeit für meine Familie, bin jeden Tag mit meiner Frau zusammen und kann heute tun, was ich will. Wer kann so etwas schon von sich behaupten?«, sagt der Baron und fährt mit seinem Mittelklassewagen davon.

Ein Mann mit Bart

Abends um sieben, wenn die Sommersonne tief steht, breitet sich Entspannung aus am Gendarmenmarkt in Berlin. Die Passanten schlendern etwas langsamer, die Kellner in den Straßencafés rauchen gemütlich eine Zigarette. Der Sommer geht allmählich zur Neige. Aber noch ist es warm an diesem Septemberabend.

Die Newton-Bar ist ein traditionsreiches Lokal, das nach dem Fotografen Helmut Newton benannt ist, ebenso wie einige Drinks auf der Karte, etwa der Cocktail »Absolute Newton«. Schwarz-Weiß-Fotografien des großen Meisters hängen an den Wänden. Raimund M. bestellt sich einen Kaffee. Er trägt ein lässiges T-Shirt mit V-Ausschnitt. Vervollständigt wird sein Hipster-Look durch den Vollbart des Mittdreißigers. Er ist entspannt, auch wenn das heutige Thema delikat ist. Er erzählt davon, wie er Cannabis im großen Stil angebaut hat. Und wie er am Ende dabei erwischt und dafür verknackt worden ist.

»Ich bin ein Freund von schnellem Geld«, sagt Raimund M. Aus diesem Grund habe er früh eine kriminelle Ader entwickelt. Zwar hat er in seiner Herkunftsfamilie eigentlich alles gehabt, aber der Mensch strebt eben immer nach mehr. Zunächst machte er in Autodiebstahl. Das sei ihm irgendwann zu lau gewesen. Zu wenig Ertrag, zu kleine Margen, zu hohes Risiko, erwischt zu werden.

Eines Tages lernte er seinen Komplizen Peter H. kennen, der ihn lehrte, wie man mit Drogenanbau schnell reich wird. Die beiden taten sich zusammen und starteten ihr neues Gewerbe. »Selbst Drogen genommen habe ich bis heute nie, nicht mal gekifft. Dafür bin ich nicht der Typ«, sagt Raimund M.

Zarte Pflänzchen

Der Anbau von Cannabis ist eine Wissenschaft für sich – und Raimund M. macht im Leben keine halben Sachen. Ihm war klar, dass er ein Handwerk zu erlernen und zu perfektionieren hatte, wie ein Maurergeselle auf dem Bau. Und dass das große Geld nur kommen würde, wenn er und sein Sozius auch im großen Stil anbauen würden. Akribisch las er sich in das Thema ein und ließ sich von Leuten beraten, die selbst in großem Umfang angebaut hatten: Indoorplantagen sind die ertragreichste Methode, um Cannabis zu pflanzen. Der Anbau draußen ist in unseren Gefilden wegen des Klimas nicht anzuraten. Die weiblichen Pflanzen – nur sie enthalten den Wirkstoff THC – brauchen eine Raumtemperatur von 28,5 bis 29,5 Grad Celsius. Die Temperatur erzeugen höhenverstellbare LED-Lampen. Zudem sollte eine hohe Luftfeuchtigkeit gegeben sein und man muss intensiv düngen.

Raimund M. investierte für den Start 70 000 Euro. Dieses Geld war gut angelegt, denn wie sich bald herausstellen sollte, war er ein geschickter Hanfbauer. Er mietete sich in einem Berliner Außenbezirk ein ganzes Haus und legte los. Elf von vierzehn Räumen, alle mindestens 25 Quadratmeter groß, bepflanzte er mit seinen Setzlingen und installierte die Stromversorgung für die zweihundert Wärmelampen und ein Belüftungssystem. Die 600-Watt-Lampe muss 60 Zentimeter über der Pflanze angebracht sein. Geerntet wurde im bestmöglichen Turnus, jede Woche war ein Raum fällig. Zehn bis zwölf Wochen dauerte es, bis die Pflanzen groß genug waren und man sie ernten konnte. Dann wurden die reifen Blätter mit einer eigenen Erntemaschine abgeschnitten und der Raum umgehend neu bepflanzt. Peter H. und er selbst waren jeden Tag gut beschäftigt.

Pro Kilo machten sie 3000 Euro bei ihren Kunden, den Großhändlern. Jede Woche kamen so gute 30 000 Euro in die Kasse. Die immensen Strommengen, die solch eine Produktion verursacht, verschleierte Raimund M., indem er die Leitungen der Nachbarhäuser anzapfte.

Eigentlich hätte jetzt alles gut sein können, so ohne Geldsorgen und mit reichen Ernten. Aber der Hanfbauer war nicht entspannt. »Ich dachte dauernd ans Erwischtwerden und die drohende Haftstrafe. Ich hatte ja vom Autodiebstahl schon diverse Vorstrafen und eine Bewährung laufen. In meinem Kopf drehte sich alles nur noch darum.« Er habe schlimme Existenzängste ausgestanden. Trotzdem versuchte er, es sich gut gehen zu lassen, unterstützte seine Familie finanziell und gab viel Geld für Luxusartikel wie teure Uhren und Autos aus. So lenkte er sich ab.

Endliche Geschäfte

Eines Tages trat ein, was Raimund M. stets befürchtet hatte: Er und Peter H. wurden hochgenommen. Sie waren über einen Zeitraum von drei Monaten polizeilich observiert worden, wie sie später erfuhren. Verdacht geschöpft hatten die Ermittler, weil in dem Haus die Fenster immer geschlossen waren. Nur die Dachfenster standen für die Belüftung offen. Damit der Geruch von Cannabis nicht nach außen drang, hatte der findige Raimund M. Aktivkohlefilter eingebaut. Aber auch das konnte ihn letztlich nicht retten.

Um Indoorplantagen zu enttarnen, setzt die Polizei sogar Hubschrauber mit Wärmebildkameras ein. Ermittler berichten, dass viele Plantagen aus der Luft sofort auf den Bildschirmen zu erkennen sind. Einige von ihnen sollen eine Energieentwicklung wie ein Atomkraftwerk aufweisen. Zudem setzen die Fahnder neuerdings Drohnen ein – in anderen Industrienationen ist das schon längst Standard. Diese Drohnen sind mit speziellen Sensoren ausgestattet, die nach den Drogen suchen, sie regelrecht in der Luft »erschnuppern« können. So hat die niederländische Polizei beispielsweise den Cana-Chopper speziell für die Drogenfahndung entwickelt. Per Laptop vom Boden aus gesteuert, ist die Drohne günstiger und flexibler als ein bemannter Helikopter. Sie verfügt über eine Wärmebildkamera und Sensoren, die auf Hanfgeruch reagieren. Die Beamten fragen zudem bei den Stromanbietern nach, ob besonders hohe Rechnungen auffällig sind, und wenn es kein dazu passendes angemeldetes Gewerbe gibt, sind die Fahnder alarmiert.

Als die Polizisten bei Raimund M. zugriffen, lagen gerade 17 Kilogramm Gras im Haus, dazu eine erhebliche Menge Bargeld. Die U-Haft war für Raimund M. das Schlimmste. »Ich bin fast gestorben vor Langeweile. Mein Charakter ist, dass ich was tun muss.« Er redete möglichst wenig mit anderen Häftlingen und nie über seine Taten, denn auch er kannte viele »singende Vöglein« unter den Gefängnisinsassen. Am Ende bekam er eine Haftstrafe von zwei Jahren und vier Monaten. Er freute sich über das für ihn gute Urteil und darüber, dass er bald einen Freigängerstatus bekam, also nur noch über Nacht in der Justizvollzugsanstalt bleiben musste.

Ein neues Leben

Inzwischen ist Raimund M. wieder auf freiem Fuß. Momentan hält er sich aus Drogengeschäften heraus, selbst wenn es ihn manchmal noch in den Fingern juckt. Er tut nichts Kriminelles mehr. »Konventionelle Arbeit hat nicht so den großen Reiz, wenn du mal mit anderen Dingen richtig viel Geld gemacht hast«, sagt er grinsend und erinnert mit dem Spruch an Franz Müntefering, der als SPD-Vorsitzender einmal sagte: »Opposition ist Mist!« Wie er heute sein Geld verdient? Er investiert viel in Immobilien und will bald so weit sein, dass er von den Mieteinnahmen leben kann. Dann wäre er auf der sicheren Seite.

Was mit dem Geld passiert

Drogendealer wie der Baron, aber auch andere Kriminelle, die mit ihren illegalen Geschäften Millionen scheffeln, haben meist ein Problem: Zahlungen erfolgen in bar. Wohin also mit den vielen Banknoten? Der Österreicher kam auf eine trickreiche Lösung. Da in einigen Ländern keine Mehrwertsteuer auf Kunst erhoben wird, investierte er im großen Stil in Gemälde. Denn wenn ein Staat keine Steuern auf eine bestimmte Sache erhebt, interessiert er sich auch nicht so sehr für das Geld, das in dieser Szene fließt. Vor allem die Kunst der Zeit nach dem Zweiten Weltkrieg gefällt dem Baron und er hat daher eine wertvolle Sammlung mit zeitgenössischen Werken erstanden. »Zurzeit verkaufe ich ziemlich viele Bilder. Man muss in Bewegung bleiben«, sagt er.

Oft muss man das Geld, das mit Drogen verdient wurde, auch außer Landes schaffen. Dafür braucht es erneut Kuriere mit Tricks und Erfahrung, ebenso wie beim Transport der Drogen, mit denen das Geld verdient wurde. Die Fahrer erhalten eine prozentuale Beteiligung am geschmuggelten Betrag oder eine Pauschale. Ein Bargeldtransport von Holland nach Südamerika bringt zum Beispiel mindestens 7 000 Euro, eine Tour auf dem Landweg durch Europa mindestens 2 000 Euro.

Der Trick, wie man viel Geld in ein Flugzeug schmuggelt: Man präpariert eine Laptoptasche mit Spezialpapier und füllt sie mit Geld – je nach Stückelung passen bis zu 300 000 Euro hinein. Die Laptoptasche nimmt man als Handgepäck mit in den Flieger. Durch das Papier können die Strahlen im Scanner bei der Sicherheitskontrolle das Bargeld nicht erkennen.

Eine andere Masche ist, Piloten oder Stewardessen – bevorzugt auf Routen nach Südamerika – als Kuriere einzusetzen. Am Flughafen werden sie vor dem Betreten der Maschine nur oberflächlich kontrolliert. Gleiches gilt in der Regel, wenn sie im Zielland die Zoll- und Ausweiskontrolle passieren.

Oft wird Drogengeld von Madrid nach Südamerika geschmuggelt, wenn es um Erlöse aus dem Kokainhandel geht. Der Geldtransporteur checkt im spanischen Hotel ein, bekommt eine SMS von einem Prepaid-Handy aus Südamerika, wohin das Geld transportiert werden soll: »22 Uhr, Frau, 3 x klopfen«. Diese Nachricht ist das Signal, dass eine Stewardess das Geld abholen kommt. Außer Hotelname und Zimmernummer gibt es für sie keine Informationen, um möglichst wenig Wissen zu kommunizieren. Nach der Landung in Südamerika schicken die Empfänger des Geldes einen Boten in das Hotel, in dem die Stewardess untergebracht ist. Wieder gibt es nur eine SMS: »19 Uhr, Mann, 5 x klopfen«. Dies ist das Zeichen, dass ein Mittelsmann das Geld abholt und der Stewardess einen Umschlag mit ihrer Entlohnung überreicht.

Oh, wie unschön ist Panama!

Egal, ob man mit großen Mengen Bargeld zwecks Geldwäsche oder mit Drogen erwischt wird – gerade im Ausland drohen schlimme Verhältnisse, wenn man festgenommen und inhaftiert wird. Es gibt asiatische Länder, in denen die Verwicklung in Drogengeschäfte mit dem Tode bestraft wird.

Doch allein schon die Haftbedingungen in anderen Ländern können großes Leid verursachen. So erging es einem Niederländer schlecht, der innerhalb Deutschlands Bargeld aus Kokaingeschäften als Kurier transportierte, sich aber kurz vor seiner Festnahme noch nach Panama absetzen konnte. Die deutsche Staatsanwaltschaft ermittelte, schaltete Interpol ein und schließlich wurde er in Panama verhaftet. Er war dort zwar nur einen Monat in Haft, doch das reichte. Diese dreißig Tage verbrachte er in verschiedenen Sammelzellen, war teilweise mit mehr als hundert anderen Männern bei extrem hoher Luftfeuchtigkeit in einem Raum eingepfercht, der nur durch dünne Trennwände abgeteilt war. Kam ein Kranker in die Zelle, steckten sich sofort alle an. Es gab einen langen Gang, von dem einzelne große Kabinen abgingen. Keine Fenster. Keine Matratze. Kein Kopfkissen. Wer einen Pullover oder eine Jacke trug, konnte das Kleidungsstück falten und als Kopf- oder Sitzkissen auf dem harten Steinboden benutzen. Zu essen gab es frittiertes Brot, ab und zu etwas Reis und mit viel Glück mal ein Stück Fleisch. Es reichte gerade so zum Überleben.

Es waren nur eine einzige Dusche und eine Toilette vorhanden – für alle. Toilettenpapier? Fehlanzeige. Es sei denn, man kaufte sich welches. Wer Geld hat unter den Häftlingen, bekommt im Knast in Panama alles: Handys, Computer, Alkohol, Drogen. Eine Flasche Whisky, Black Label von Johnny Walker, konnte man zum Beispiel für 120 Dollar erstehen. Wer kein Geld mehr von Verwandten geschickt bekam, landete in der »Unterschicht« der Gefangenen und hatte nichts mehr zu melden.

Die Wärter waren korrupt und bestahlen die Insassen regelmäßig, zum Beispiel bei angeblichen Kontrollen: Alle Gefangenen mussten aus den Räumen heraus, und wenn sie zurückkamen, war alles weg, Bargeld ebenso wie die wenigen Habseligkeiten, die sie noch besaßen, wie etwa Zahnpasta oder Deoroller.

Bei einer anderen Gelegenheit sagten die Wärter dem inhaftierten Niederländer, er müsse zum Arzt, obwohl er gar nicht krank war. Als er über den Hof ging, fiel ihm auf, dass ihn ein Kamerateam filmte. Der Holländer wunderte sich, doch die Wärter befahlen ihm, er solle weitergehen. Kurz darauf durfte er in die Zelle zurück. Einige Tage später, er war in einen neuen Knast verlegt worden, sprachen ihn die anderen Insassen an: »Du bist doch der aus dem Fernsehen, der das große Ding in Europa gedreht hat mit der Million und dem Koks.« Da wurde ihm klar, dass die Wärter von dem Fernsehteam bestochen worden waren und er so ein Komparse in einem Fernsehbericht geworden war.

Der Niederländer wurde nach einem Monat nach Deutschland überstellt und dort wegen Beihilfe zum Handeltreiben mit Betäubungsmitteln zu einer Freiheitsstrafe von zwei Jahren und sechs Monaten verurteilt. In Deutschland hat er dann zwar insgesamt neun Monate gesessen, doch der deutsche Knast wirkte wie ein Luxushotel im Vergleich zu dem, was er in Panama erlebt hatte. Er wurde nach einigen Monaten zurück nach Holland geschickt und dort kurz darauf vorzeitig entlassen. Sein Martyrium in Lateinamerika wird er nie vergessen.

Inside Drogenhandel und Geldwäsche

> Drogen werden BtM (Abkürzung für Betäubungsmittel) genannt, Konsumenten heißen »BtMer«.

> Ein Drogendealer haftet grundsätzlich nicht für den Tod eines Drogenkonsumenten. Ausnahme: Der Dealer hat dem später am Konsum verstorbenen Abnehmer beispielsweise nicht das gewünschte Kokain, sondern Heroin verkauft, das wegen seines hohen Reinhaltsgehalts besonders gefährlich ist.

> Das zwangsweise Verabreichen von Vomitivmitteln, also Brechmitteln durch Polizeibeamte an einen Beschuldigten, der im Verdacht steht, Beutel mit Drogen verschluckt zu haben, ist unzulässig. Ein solches Vorgehen würde als Folter gelten – und das ist hierzulande verfassungsrechtlich verboten.

> Es gibt in der Bundesrepublik gewissermaßen ein »Süd-Nord-Gefälle« bei den Strafhöhen. Die höchsten Strafen gibt es im Süden Deutschlands und sie werden umso geringer, je weiter man nach Norden kommt. Bayern und Baden-Württemberg sind die Spitzenreiter bei den Strafhöhen, in Nordrhein-Westfalen, Bremen und Berlin wird milder geurteilt. Ganz besonders gilt dies für Verurteilungen nach dem Betäubungsmittelgesetz.

> In dem Zusammenhang ein konkreter Fall: Ein Drogenkurier, um die 30 Jahre alt, fuhr insgesamt siebenmal über die Grenze von Holland nach Deutschland und brachte jedes Mal etwas über vier Kilo Marihuana mit, insgesamt also rund 30 Kilo. Sein Vater brachte davon rund acht Kilo in zwei Fahrten unentgeltlich nach Bayern zu den Abnehmern. Der Sohn wurde erwischt, in Nordrhein-Westfalen angeklagt und zu einer Freiheitsstrafe von drei Jahren verurteilt. Die zuständige Staatsanwaltschaft gab das Verfahren bezüglich des Vaters an ihre bayerischen Kollegen ab. Als der Vater später in Bayern vor Gericht stand, schimpfte der dortige Richter gleich zu Beginn der Verhandlung über das aus seiner Sicht gegebene Unrechtsurteil aus Nordrhein-Westfalen. Der Richter vertrat die Auffassung, dass der Sohn viel zu milde davongekommen sei. In Bayern hätte er mindestens das Doppelte, wenn nicht gar acht oder neun Jahre bekommen. Zudem betonte der Richter, dass man den Vater ursprünglich zu fünf Jahren hatte verurteilen wollen. Da jedoch der Sohn eindeutig die Hauptperson gewesen sei, würde man die Strafe für den Vater ausnahmsweise auf drei Jahre begrenzen. Er solle nicht härter bestraft werden als der Drahtzieher.

2. Frauen und Kriminalität

Kaufen, kaufen, kaufen!

»Ich hatte doch immer einen Mann, der alles bezahlt hat«, sagt Sarah W. und zeigt dabei den unschuldigsten Augenaufschlag, zu dem sie heute in der Lage ist. Im nächsten Moment schaut die 35-Jährige aber doch etwas verlegen drein. Was soll man auch sagen, wenn man wegen Kaufsucht 100 000 Euro Schulden hat. Vielleicht sogar mehr, denn ganz genau weiß es Sarah W. gar nicht. Sie schiebt das Thema weit von sich weg.

Alles fing mit einem Schuhtick an. Sarah W. war 17 Jahre alt, ging noch zur Schule. Damals waren Schuhe und Stiefel der Marke Buffalo mächtig in Mode und sie musste sie haben, am besten alle. Sie jobbte nebenher, half bei der Inventur in Supermarktketten, zählte Artikel, stundenlang. »Wenn ich die Schuhe sah, wusste ich: Die brauche ich! Erst wenn ich sie gekauft hatte, war dieses starke Verlangen befriedigt.« Sarah W. kaufte Buffalos in Rot, in Schwarz, in Blau – alle Farben, alle Modelle. Es war wie beim Einkauf im Supermarkt: Nur wenn man alle Zutaten mitnimmt, lässt sich später eine schmackhafte Mahlzeit zubereiten. Die junge Frau trug ihre Schuhe mit Stolz, in der Schule, in ihrer Freizeit. Sie zeigte sie her wie Trophäen. Immerhin hatte sie hart für jedes Paar gearbeitet.

Das änderte sich, als sie wenige Jahre später den Mann kennenlernte, den sie heiratete und mit dem sie zwei Kinder bekam. Nun musste sie nicht mehr arbeiten, denn er verdiente recht gut, rund 10 000 Euro im Monat. Doch bei Sarah W. blieb nichts auf dem Sparkonto. Sie ging wieder Schuhe kaufen, gab das Geld mit Schaufelhänden aus. Jeden Tag, ohne Scham, ohne Gewissensbisse. »Mir kam das völlig normal vor«, sagt sie. In Spitzenzeiten hatte sie über achthundert Paar Schuhe gelagert.

Noch heute hat sie mehrere Umzugskisten voller Schuhe, aufgehoben im Schlafzimmer und in der Abstellkammer ihrer Wohnung – von Manolo Blahnik bis hin zu Designer-Badelatschen. Bei jedem einzelnen Paar hat sie vor dem Kauf gedacht: Muss ich haben! In dem Moment, als es über den Ladentisch ging, verspürte sie Glück.

Kaufsucht ist eine psychische Störung, zu der Kontrollverlust, der Zwang zur Wiederholung und eine stete Steigerung der Dosis gehören. Wird die Sucht nicht befriedigt, folgen Entzugserscheinungen, wie etwa Schweißausbrüche, Zittern, innere Unruhe, Depressionen, und natürlich kommen auch Schuldgefühle dazu. »Ich habe viele Schuhe nicht einmal getragen. Das Habenwollen und das Besitzen – darum geht es bei einer Kaufsucht«, sagt Sarah W.

Kaufsucht hat oft mit der Sehnsucht nach Anerkennung und Bestätigung zu tun. Sarah W. meint, die Ursache für ihre Sucht und die damit verbundene kriminelle Energie könne nur daher rühren, dass ihr Vater sie früher total verwöhnt hat. Sie habe immer Geld gehabt, mehr als ihre Geschwister und Freunde. So habe sie nicht lernen können, richtig damit hauszuhalten. Außer Geld bekam sie nichts, was ein Kind brauchte, die Eltern kümmerten sich wenig, es gab kaum Liebe. Der Vater zeigte sich zwar spendabel, aber auch kalt. Die Mutter war mit den Kindern überfordert und musste sich zudem um ihre kranke Schwester kümmern.

Sarah W. bekam zwei Kinder, während beider Schwangerschaften nahm sie stark zu. Die Klamotten passten nicht mehr. Was tat sie? Sie kaufte ein. Hier einen Rock, dort eine Bluse, zwischendurch Unterwäsche. »Ich war richtig schlecht gelaunt, wenn ich mal einen Tag nicht rausgehen konnte, um zu shoppen.« Der Schuhtick blieb, aber längst kaufte sie auch Kleidung, Parfüm und Make-up, ohne auf den Preis zu achten. Das Geld kam weiterhin von ihrem Mann. Dann kam noch der Kaufrausch bei den Kinderklamotten dazu. »Ich wollte, dass meine Kleinen gut aussehen. Da habe ich angefangen, auch ihnen nur das

Beste zu holen.« Ob Kenzo oder Burberry – Sohn und Tochter wurden in Designermarken gewandet, als wären sie Prinz und Edeldame.

Doch dann, nach acht Jahren Ehe, wurde ihr Mann drogensüchtig, das Paar trennte sich – und plötzlich war Sarah W. eine alleinerziehende Mutter ohne Auskommen. Ihr Ex zahlte nicht einmal Unterhalt.

Die Kaufsucht hatte sie weiter in ihren Klauen. Sarah W. entdeckte die Möglichkeiten der Katalogversandhäuser. Sie bestellte bei Bauer, bei Neckermann, bei allem, was ihr unterkam. Ließ sich die Artikel auf Rechnung zusenden, bezahlte aber nicht. Elektrogeräte, Hygieneprodukte, Bettwäsche. »Ich hatte ein ganzes Zimmer voller Bettwäsche. Wusste gar nicht mehr, wohin damit«, erzählt sie. Eine Zeit lang bestellte Sarah W. in Onlineshops Mode, Schuhe und Accessoires und ließ sich diese liefern. Sie nutzte dabei das jedem Verbraucher eines Internetkaufs zustehende Recht, einen Vertrag innerhalb von vierzehn Tagen zu annullieren – das sogenannte Widerrufsrecht. Sie ließ die Waren liefern und gab sie nach dreizehn Tagen zurück. Dabei nutzte sie den Umstand, dass die Versandkosten auf den Verkäufer entfielen. Mittlerweile ist es gesetzlich so geregelt, dass die Kosten für die Rücksendung durch den Verbraucher zu tragen sind. Einige Onlineshops übernehmen aber auch heute noch aus Kulanz die Kosten. »Ich habe die Sachen ein- oder zweimal getragen, immer die neuesten Trends gehabt, um das Ganze dann für mich kostenlos zurückzuschicken«, erzählt sie. Da es so viele Versandhäuser im Internet gebe, falle man mit diesem Bestellverhalten erst einmal nicht weiter auf. Als sie zahlreiche Schufa-Einträge gesammelt hatte, fing Sarah W. an, auf den Namen ihrer Kinder Ware zu bestellen. Sie trugen den Nachnamen ihres Vaters und hatten demzufolge noch eine weiße Weste.

Heute hat Sarah W. wieder einen solventen Freund. Er finanziert ihre Sucht teilweise. Sie leidet zurzeit unter Schmerzen, weil sie eine Brust-OP hinter sich hat. Auch die hat ihr Partner bezahlt: 8000 Euro in einer Privatklinik in Düsseldorf auf der Kö. Gleichzeitig könnte man mit Sarah W.s eigenem derzeitigen Schuldenstand einen dicken Sportwagen bezahlen. »Ich habe irgendwie den Überblick verloren«, sagt sie. Trotzdem kauft sie munter weiter ein. Derzeit greift sie vor allem bei Make-up zu: 80 Euro für Puder, 40 Euro für Wimperntusche – es muss beste Designerware von Chanel oder Benefit sein. »Die Drogerie-Eigenmarke kommt mir einfach nicht ins Gesicht«, sagt Sarah W. fast wie ein trotziges Schulmädchen, das weiß, dass es Mist gebaut hat, es aber nie zugeben würde. Auch sie übt sich in Neutralisierungstechniken: »Ich tue ja keinem körperlich weh, die Versandhäuser können das finanziell wohl verkraften.«

Manchmal macht sie die Wimperntusche halb leer, füllt sie mit Wasser auf und geht dann wieder ins Geschäft. Sie behauptet, eine Allergie zu haben. Ob sie dieses Produkt vielleicht gegen eine andere Marke umtauschen könne? Die meisten Geschäfte zeigen sich hier kulant. Sie erfindet auf diese Weise Strategien, wie sie – ohne weitere Ausgaben zu haben – ihre Kaufsucht befriedigen kann und neue Produkte in die Finger bekommt.

Sarah W. wird ihre Sucht ohne Hilfe wahrscheinlich nicht mehr loswerden. Kaufsucht ist eine ernst zu nehmende Sucht, die aber gut therapierbar ist – Einsicht und Willen der Betroffenen vorausgesetzt. Doch Sarah W. hat nach eigenen Angaben noch nie darüber nachgedacht, zur Schuldnerberatung oder zu einem Psychologen zu gehen.

Bisher hat sie für ihre Taten trotz des hohen Schadens lediglich Geldstrafen erhalten, da die meisten Geschädigten die Betrügereien nicht zur Anzeige brachten. Viele andere Kaufsüchtige kommen nicht so glimpflich davon, einige müssen sogar hinter Gitter. Sie machen immer weiter, kaufen Produkte, ohne sie bezahlen zu können oder zu wollen. Und das, obwohl sie teilweise sogar unter einer laufenden Bewährung stehen. Einige denken: Egal, wie viele Schulden ich aufbaue mit meiner Kaufsucht, am Ende rettet mich die Insolvenz. Ein fataler Irrglaube! Selbst wenn es strafrechtlich oftmals gut geht – eine Privatinsolvenz kann den betroffenen Frauen meist nicht helfen. Eine Insolvenz erfasst nämlich keine Forderungen, die aus einer Straftat stammen, wie etwa Betrug.

Wenn Mütter töten

Gabriele R. hat getan, was den meisten Menschen schlimmer erscheint als jede andere Straftat: Sie hat ihr Kind getötet.

Heute leidet sie unter ihrer Tat, hat mehrere Suizidversuche hinter sich. Es geht ihr so schlecht, dass sie nicht selbst interviewt werden kann. Stattdessen beauftragt sie ihre Freundin Pia N. damit, ihre Geschichte zu erzählen. Pia N. sagt zum Eingang des Gesprächs, dass auch sie nicht verstehe, wie eine Mutter so etwas tun kann. Sie hat selbst Kinder, daher hat die Tat ihrer Freundin sie noch mehr geschockt. Dennoch will sie versuchen zu erklären, was zum Tatzeitpunkt in ihrer Freundin vorging.

Gabriele R. ist heute Ende zwanzig. Ihre Vergangenheit ist eine Hypothek, deren Last sie nie ausgehalten hat. Als Kind wurde sie von ihrem Stiefvater misshandelt. Der Mann arbeitete nur sporadisch hier und da, es gab ständig Geldprobleme. Er war ein Trinker und verprügelte im Suff seine Frau und seine Tochter. Beinahe täglich. »Sie hat sich früh angewöhnt, Dinge zu ertragen, Problemen aus dem Weg zu gehen, sich nicht zu stellen«, sagt Pia N.

Eine Zeit lang schien sich vieles zum Guten zu wenden: Gabriele R. machte einen ordentlichen Realschulabschluss, zog zu Hause aus und arbeitete nach einer Ausbildung als Sekretärin bei einer Versicherungsgesellschaft. Ihr Chef war nett, das Einkommen übertariflich. Alles sah zukunftsträchtig aus.

Doch ihre Vergangenheit holte sie ein, und zwar in Gestalt des Mannes, in den sie sich verliebte. Anfangs war er noch galant, aber bald behandelte er sie wie ihr Stiefvater früher: Er nahm Drogen, arbeitete nicht und schlug sie grundlos. Obwohl ihr Freund so mit ihr umsprang, verließ sie ihn nicht. Alles sollte sich zum Besseren wenden, als sie von ihm schwanger wurde. Das hoffte sie zumindest. Doch der Typ war nicht ihr, sondern den Drogen verfallen. Er magerte immer mehr ab, verlor seine Zähne. Er hörte nicht damit auf, sie zu prügeln. »Sie hätte jemanden Liebevollen gebraucht. Aber in einen netten Kerl hätte sie sich vielleicht einfach nicht verlieben können«, vermutet Pia N. »Ein Wiederholungszwang: Das, was sie in der Kindheit mit ihrem Stiefvater erlebte, zog sie innerlich wieder an.« Bevor sie sich letzten Endes von ihm trennte, durchlebte Gabriele R. das Martyrium ihrer Kindheit erneut. Und sie hatte Angst, dass ihr neugeborener Sohn Lukas auch Schläge abbekommen könnte.

Doch selbst nach der Trennung von ihrem Partner ging es Gabriele R. zunehmend schlechter. Kurz darauf lautete die Diagnose: Burn-out. Sie kam in die Psychiatrie, verlor ihre Anstellung, ihr Sohn kam in eine Pflegefamilie. Gabriele R. bekam Antidepressiva verschrieben und die Ärzte stellten fest, dass sie zusätzlich unter Psychosen litt, die Wahnvorstellungen verursachten. Sie war wie von Dämonen besessen, wenn sie eine solche Phase hatte. In den klaren Momenten wirkte sie dagegen völlig normal und zurechnungsfähig.

»Als sie das erste Mal aus der Klinik kam, war sie gut aufgelegt. Und als sie Lukas zurückbekam aus der Pflegefamilie, war sie total davon beseelt, jetzt eine gute Mutter zu sein«, sagt Pia N. heute. Sie sei eine »Eins-a-Mutter« gewesen. Eine gewisse Zeit lang. Dann kamen wieder dunkle Momente. Ängste vor Dingen, die nicht real waren. Zumindest für Außenstehende nicht. Für Gabriele R. schon. Überforderung mit ihrem Alltag zu Hause. Ein leerer Blick, wenn man mit ihr an einem Tisch saß. »Ich bin verrückt«, sagte Gabriele R. von sich selbst. Und Pia N. erzählt: »Man konnte richtig Angst vor ihr haben.«

Wieder und wieder musste sie in die Psychiatrie, erhielt andere Medikamente, weil die Ängste zunahmen. Sie bekam das Beruhigungsmittel Tavor verschrieben, ein Benzodiazepin, das schnell abhängig macht.

Als Lukas anderthalb Jahre alt war, befand sich Gabriele R. erneut in einer schweren Krankheitsphase. Sie nahm neue Medikamente. Es ging ihr dreckig. An einem Tag war Lukas ebenfalls schlecht drauf, schrie den ganzen Tag. Stunde um Stunde. Gabriele R. konnte es nicht aushalten. Sie pflaumte ihn an, schrie noch lauter als er, schüttelte ihn. Doch er gab immer noch keine Ruhe.

Da nahm sie seinen Kopf in beide Hände und schlug ihn so lange an die Wand, bis Lukas keinen Ton mehr von sich gab.

Danach wollte sie sich sofort selbst umbringen. Sie rannte mit dem Kopf gegen die Wand, schlug ihn mehrfach dagegen. Sie brach in Schreikrämpfe aus. Am Ende nahm sie eine Überdosis Medikamente, um Suizid zu begehen.

Ein Nachbar hörte den Lärm und rief sofort die Polizei, als nach mehrmaligem Klingeln und Klopfen niemand öffnete. Gabriele R. wurde ins Krankenhaus gefahren, ihr wurde der Magen ausgepumpt. Sie überlebte. Anschließend wurde sie vorläufig festgenommen, kam aber nicht in Untersuchungshaft.

Bei Lukas konnte der herbeigerufene Notarzt nur noch den Tod feststellen.

Seine Mutter hat bis heute mehrfach Versuche unternommen, sich das Leben zu nehmen. Der Prozess begann erst zwei Jahre nach der Tat, weil Gabriele R. ständig psychisch krank und damit verhandlungsunfähig war. Die verhängte Strafe: zwei Jahre auf Bewährung. Der Richter ließ das Wissen um ihre Psychosen und Depressionen in sein Urteil miteinfließen. Die Frau sei nur sehr vermindert schuldfähig und schon genug gestraft, sagte er, denn sie müsse mit dem leben, was sie im Wahn und wohl auch im Affekt getan hat.

Zwei Jahre auf Bewährung für die Tötung eines Kindes – ist das nicht eine viel zu milde Strafe? Bei vergleichbaren Delikten urteilen Gerichte oft mit einem geringen Strafmaß. Bewährungen sind in vielen Fällen üblich. Außenstehende begreifen das häufig nicht. Dabei ist der entscheidende Punkt, dass Mütter, die ihr Kind umgebracht haben, in der Regel durch die Tat dermaßen gepeinigt sind, dass ein Strafvollzug keinen Sinn hat.

Mütter töten ihr Kind meist nur in psychischen Ausnahmesituationen. Das Motiv ist eine völlige Überforderung, häufig spielen Drogen oder Alkohol eine Rolle. Zusätzlich sind die Frauen oft von ihren Partnern verlassen worden oder waren selbst Opfer schwerster Gewalt. Es gibt nahezu keinen Fall, bei dem eine Mutter eine solche Tat geplant hätte.

Viele dieser Mütter haben jahrelang nur eingesteckt und alles hingenommen, ehe sie selbst kurzzeitig vor Wut »austicken« und in diesem

Moment auch aus ihrer Sicht das Schlimmste tun, was sie überhaupt tun können: das eigene Kind umbringen. Wenige Momente nach der Tötung begreifen die Mütter ihre Tat, ihren Kontrollverlust nicht. Selbsttötungsversuche sind in der Folge keine Seltenheit. Es gibt kaum eine Mutter, die jemals über eine solche Tat hinwegkommt.

Anders sieht es aus, wenn Väter ihre Kinder töten. In diesen Fällen steckt meist nicht Verzweiflung, Überforderung oder psychische Angeschlagenheit dahinter, vielmehr ist die Rache an der Mutter ein häufiges Motiv. Oftmals bringt eine Trennung seitens der Frau den Mann zur Planung der Kindestötung. Er will seiner Expartnerin das nehmen, was ihr am meisten bedeutet. Daher bestrafen Gerichte Väter im Falle einer solchen Tat regelmäßig deutlich härter.

Gabriele R. ist in Therapie und versucht, irgendwie zu leben. Sie sagt, sie hätte sich einfach früher Hilfe holen müssen, dann wäre alles nicht so gekommen. Dann wäre vielleicht heute alles gut. Sie rät überforderten und kranken Frauen dazu, sich sofort an die entsprechenden Stellen zu wenden. Sie überlegt manchmal, ob sie noch ein Kind bekommen will. Wäre das nicht die Lösung, ja die Chance, noch einmal ganz neu anzufangen? »Aber sie traut sich nicht und ich meine, dass das vielleicht auch besser so ist«, sagt Pia N. Gabriele R. sei arbeits- und oft lebensunfähig. Sie wisse inzwischen, dass alles in ihrer Vergangenheit begründet liegt. »Die will sie jetzt aufarbeiten«, sagt Pia N.

Pia N. meldet sich noch regelmäßig bei ihrer Freundin, besucht sie auch ab und zu. Doch manchmal hat sie Angst vor Gabriele R., wenn sie ihren Blick wahrnimmt. Im Grunde müsse man über jeden Tag froh sein, an dem sich ihre Freundin nichts antut.

Falscher Lover, falsche Tat

Emine A. sitzt im Hörsaal, es geht heute um die hohe Mathematik. Der Bachelor in Maschinenbau ist ein schweres Studium. Es sitzen fast nur junge Männer im Hörsaal. Nur manche davon entsprechen dem Bild des typischen »Nerds«, dem man nachsagt: »Karohemd und Samenstau – ich studier Maschinenbau.«

Manche Studenten hören nicht richtig zu, dösen vor sich hin oder unterhalten sich flüsternd. Emine A. dagegen lauscht dem Professor aufmerksam. Wer weiß, wie es sich hinter Gittern lebt, der kostet seine Freiheit in vollen Zügen aus. Dazu gehört studieren zu dürfen genauso wie mit Freunden auszugehen oder bei McDonald's einen Burger zu essen. »Ich bin froh, dass ich jetzt raus bin, kann es manchmal noch gar nicht fassen! Denke immer noch abends, dass ich gleich losmuss in die Justizvollzugsanstalt, um dort zu übernachten«, sagt Emine A., die Anfang zwanzig ist und aus Westfalen stammt.

Sie war anderthalb Jahre wegen erpresserischen Menschenraubes in Haft, zuerst im geschlossenen, später dann im offenen Vollzug. Aus dem offenen Vollzug heraus begann sie ihr Studium und mittlerweile muss sie nicht mehr in den Knast zurück, weil sie vorzeitig entlassen wurde. Ihre Tat ist ihr hochgradig peinlich, das merkt man sofort, wenn man sich mit ihr darüber unterhält. Die hübsche, an Armen und Beinen modisch tätowierte Türkin hat dann ein angespanntes Gesicht und redet leise. Sie weiß genau, dass diese Tat kein harmloser, über-schwänglicher Jugendstreich war und dass sie mit der Schuld wird leben müssen. Für immer.

Eigentlich war Emine A. ein ruhiges und diszipliniertes Mädchen. Drogen oder krumme Dinger waren ihr fremd. Das änderte sich, als sie ihren späteren Freund Mesut Y. über gemeinsame Bekannte ken-nenlernte. Zuerst war es eine verträumte Liebe, eine gelebte Schnulze sozusagen. Mesut Y. tat alles, um Emine A. zu gefallen. Er kaufte ihr Blumen, flüsterte ihr Zärtlichkeiten ins Ohr, duellierte sich fast mit ihrem aufdringlichen Exfreund. So muss ein Kerl sein, dachte sie sich: mutig und standhaft.

In dieser Zeit arbeitete die Gymnasiastin Emine A. bei einer wohl-habenden Familie als Erziehungshilfe. Sie betreute die beiden Kinder, fünf und sieben Jahre alt, und verbrachte viel Zeit in der Villa der Fa-milie. Sie erzählte ihrem Freund oft von ihrer Arbeit, wie man das eben so tut als Paar: Emine A. beschrieb ihm, wie das Haus aussah, in dem sie arbeitete, und welche Kostbarkeiten – Schmuck, Uhren, Bargeld – dort zu finden waren. Mesut Y. hakte ziemlich oft nach und wollte alles ganz genau wissen. Sie gab fast ein bisschen an mit ihrem Job, war stolz, bei solchen Menschen anerkannt und beschäftigt zu sein. »Er hat angefangen, im Spaß davon zu reden, dass wir dort einbrechen könnten, wo ich gearbeitet habe«, sagt Emine A. Er erzählte ihr, wie er einmal mit einem Freund in eine Bäckerei eingebrochen war und sie sich mit Brötchen satt gegessen hatten. Sie lachten.

Emine A. nahm das alles nicht ernst, doch ihr Freund wurde hartnäckiger und machte ihr bald klar, dass er das wirklich durchziehen wollte. »Wir nehmen das Geld und bauen uns damit ein eigenes Leben auf!«, sagte er. Die Versicherung der Familie würde doch ohnehin für den Schaden aufkommen. Er sprach von Ärger in seiner Familie und dass er schnell da rausmüsse, aber kein Geld hätte. »Der wusste genau, welche Knöpfe er bei mir drücken musste«, sagt Emine A. und sieht so aus, als ekle sie sich gerade vor diesem Mann wie vor einer schimmeligen Pizza. Damals habe sie das Gefühl gehabt, ihm diese Tat schuldig zu sein.

Die Mitleidstour zog, Emine A. bekam ein schlechtes Gewissen, weil sie die Idee ablehnte. Die Planungen ihres Freundes wurden indes immer konkreter. Er wollte mit zwei Komplizen kommen und Emine A. fesseln, während sie auf die Kinder aufpasste, um den Eindruck zu erwecken, dass auch sie ein Opfer dieses Überfalls war. Die junge Frau wollte bis zuletzt gar nicht mitmachen, aber Mesut Y.s Liebe schien es ihr wert zu sein, doch einzuwilligen. Es stimmte ja wirklich: Mit so viel Geld könnten sie richtig durchstarten. Im Spätsommer, nach einem halben Jahr Überredungszeit, verübten sie die Tat, die wie ein Erdbeben über Emine A.s Leben kommen und es komplett umschmeißen sollte.

Emine A. befand sich gerade im Wohnzimmer ihrer Arbeitgeber, als ihre Komplizen über die Terrasse ins Haus eindrangen. Sie ließ sich fesseln und knebeln, mit den Armen auf dem Rücken, und in der Bibliothek an einen Stuhl binden. Da sie alle davon ausgingen, dass es Kameras im Haus gab, musste das Theater perfekt sein. Die Kinder hatte sie vorher ins Bett gebracht, sie schliefen im Obergeschoss der Villa. Die Eltern waren zu einer Feier gegangen.

Mesut Y. und die anderen beiden Mittäter trugen Sturmhauben und hatten eine Gaspistole, eine Spielzeugpistole und ein Brecheisen dabei. Sie fanden nicht so viele Wertsachen wie erhofft und den Tresor bekamen sie mit dem mitgebrachten Brecheisen auch nicht auf, obwohl Emine A. mit dem Handy Fotos davon gemacht und ihnen im Vorfeld geschickt hatte. Sie beschlossen daher zu bleiben, bis das Ehepaar zurückkam.

Das passte Emine A. überhaupt nicht, ihr schwante längst, wie übel die ganze Sache war – doch sie konnte die drei Männer von ihrem Vorhaben nicht abbringen. Zudem hatte man ihr die Kabelbinder eng angelegt und ihr die Arme so gefesselt, dass sie erhebliche Schmerzen hatte.

Als die Hausherren zurückkehrten, wurden sie sofort von den Tätern bedrängt. Die drei Männer waren sehr laut und einschüchternd. Ihre Arbeitgeberin schrie schrill vor Angst, sagt Emine A., sie höre diesen Schrei bis heute, manchmal sogar im Traum. Die Männer drohten den Eheleuten mit massiver Gewalt, hielten ihnen ihre mitgebrachten Pistolen an den Kopf und den Mund, pöbelten sie an.

Dann fesselten und knebelten sie ihre Opfer mit Klebeband. Später schlug einer der Männer dem Hausherrn mit der Waffe auf den Kopf. Die Täter bekamen schließlich den Zahlencode für den Tresor. Mit einer Beute von 17 000 Euro in bar, Uhren, Gold und Schmuck machten sie sich davon. Insgesamt hatte das Diebesgut einen Wert von rund 150 000 Euro.

Emine A. ließ sich nach der Tat erst einmal krankschreiben. Sie litt darunter, was sie da mitangestoßen hatte, und konnte dem Ehepaar nicht mehr in die Augen schauen. Ein paar Tage nach der Aktion flog sie in die Türkei. Sie wollte nur noch weg. Es war, als versuchte sie, vor ihrem eigenen schlechten Gewissen davonzulaufen.

Zu diesem Zeitpunkt dachte sie noch, dass ihre Mitwirkung bei diesem Verbrechen niemals ans Tageslicht kommen würde. Doch wenig später bekam sie in der Türkei einen Anruf von ihrer Familie aus

Deutschland: Sie müsse schnell heimkommen, ein Sondereinsatzkommando sei am Morgen da gewesen, die Polizei suche sie, ihr Telefon sei abgehört worden. Da wusste Emine A., dass ihr Tun Folgen haben würde. Ihrem Freund Mesut Y. hatte sie zu dem Zeitpunkt Handynachrichten geschickt, ohne eine Antwort zu erhalten.

Die Polizei machte Emine A. schnell klar, dass sie schon alles wisse und ein Abstreiten der Tat sinnlos sei. Mesut Y. hatte gesungen. Er hatte sie, seine Freundin, verraten und sogar behauptet, dass die Tat und deren Umsetzung komplett auf ihrem Mist gewachsen sei. Sie habe die Idee gehabt, sie habe alles geplant. »Da denkst du, einer liebt dich, und am Ende will er nur seinen eigenen Vorteil«, so Emine A.

Im Prozess schenkte der Richter Mesut Y.s Aussagen jedoch keinen Glauben, da die anderen Komplizen seine Denunziation nicht mitmachten. Emine A. bekam eine Jugendfreiheitsstrafe von vier Jahren. Die Strafe war deshalb so drastisch, weil die überfallene Familie schwer unter dem Erlebten gelitten hat. Die Familienmitglieder fühlten sich in ihrem eigenen Haus nicht mehr sicher und zogen schließlich ins Ausland.

Emine A. kam schon nach ein paar Monaten Haft in den offenen Vollzug, begann ihr Maschinenbaustudium: tagsüber Uni, abends Gitterstäbe. Sie konnte die Justizvollzugsanstalt morgens um sieben Uhr verlassen, musste aber spätestens um 23 Uhr wieder dort sein. Nach einem Drittel ihrer Strafe kam sie wegen guter Führung frei.

Der Knast war, selbst wenn sie nicht lange einsaß, ein Wachrüttler für Emine A. Sie hat dort Junkies gesehen, Frauen ohne Ausdruck im Gesicht, die mit vierzehn Jahren das erste Mal Heroin gespritzt hatten. Sie hat auch Mörderinnen kennengelernt. Und Lesben, die sie manchmal verfolgten, ja regelrecht stalkten. Von den meisten Mitgefangenen hielt sie sich lieber fern.

Sie beobachtete auch, wie manche Frauen mit Schließern anbandelten. Sie suchten wohl Vorteile auf diesem Weg oder sehnten sich einfach nach einem Partner. Als ein Vollzugsbeamter zu Emine A. sagte: »Ah, da kommt die mit den geilen Hupen«, drohte sie ihm sofort, sein Verhalten zu melden. Er traute sich nicht noch einmal, sie zu beläsi-

2. Frauen und Kriminalität

gen. »Du darfst im Knast nicht schwach sein – sonst kommst du unter die Räder«, sagt Emine A.

Ein paar Kommilitonen und Professoren erfuhren von ihrer kriminellen Vorgeschichte, als sie noch im offenen Vollzug war. Sie waren geschockt, aber wandten sich nicht ab. Für sie zählte, dass Emine A. ein angenehmer Mensch im Umgang ist und dass sie hervorragende Leistungen im Studium bringt. Mit ihrer Bewährungshelferin kommt die junge Frau ebenfalls bestens aus. Trotzdem schweben die Tat und ihre Folgen immer über ihr. Was, wenn doch einmal jemand Ablehnung zeigt, wenn sie ausgestoßen wird? Was, wenn sie sich kurz nach dem Studium irgendwo bewirbt und das Unternehmen ein polizeiliches Führungszeugnis verlangt?

Von Mesut Y. will sie nichts mehr hören und sehen. Sie habe gedacht, dass er es gut mit ihr meine, anders als die Männer, mit denen sie davor zusammen war. »Er hat meine Liebe ausgenutzt, mich so durchtrieben manipuliert. Ich war völlig blind. Für mich ist das kein Mann.« Am Anfang habe sie ihn dafür gehasst und verachtet, heute verspürt sie ihm gegenüber nur Gleichgültigkeit. Sie empfiehlt anderen Frauen, auf eine mögliche kriminelle Ader bei ihren Partnern zu achten und sich im Notfall sofort zu trennen: »Das hätte mir einiges erspart.« Ohne ihre falsche Männerwahl wäre sie nie kriminell geworden, sagt sie.

Im Frauenknast

Svetlana M. ist noch immer geschockt, wenn sie an ihre Zeit im Knast zurückdenkt. Sie wurde nicht angestiftet zu dem Drogendelikt, den sie begangen hat – es ging um den Handel mit Kokain im großen Stil. Doch genau wie Emine A. hatte sich die junge Frau Mitte zwanzig nie Gedanken gemacht, wie es in einem Frauengefängnis aussieht und zugeht.

Als sie »einfuhr«, trafen Ekel und Abscheu sie umso stärker. »Das Schlimmste im Knast ist die mangelnde Hygiene«, sagt Svetlana M. In ihrer ersten Justizvollzugsanstalt soll es kein warmes Wasser gegeben haben. Überall sei es dreckig gewesen, auch in den vier Quadratmeter kleinen Einzelzellen. Alle hätten die Toiletten »Rattenloch« genannt, weil die Nagetiere nachts aus den Abflussrohren herauskrabbelten. Auch die Insassinnen seien teils »echte Schweine«, so Svetlana M. So seien manche Frauen in Handschellen »zwangsgeduscht« worden, weil sie jegliche Körperhygiene verweigerten.

»Es wird viel gestohlen im Knast, mit allen Sorten von Drogen gedealt und es gibt Gewalt«, sagt Svetlana M. Sie könne sich an so manche Schlägerei erinnern, sie selbst habe sich aber immer herausgehalten. Auf der untersten Stufe der Hierarchie stehen die Kindsmörderinnen, sie werden von allen geschnitten und gemieden. Solchen Gefangenen wird Essen über den Kopf geschüttet und sie werden geschlagen – ohne jede Vorwarnung.

Neben den echten Lesben gibt es sogenannte Zeitlesben, die nur in Haft zum eigenen Geschlecht tendieren, weil sie nicht einsam sein und nicht ohne Zärtlichkeit und Sex auskommen wollen. Diese Frauen haben oft draußen Mann und Kinder. Das Anbändeln sei ohnehin ein großes Thema hinter Gittern. Im zweiten Knast, in den Svetlana M. kam, waren die Fenster des Frauentraktes dem Männerblock zugewandt. Männer und Frauen schrieben sich nachts mit Feuerzeugen per Morsealphabet Nachrichten in die Dunkelheit. Die Knastversion von liebevollen Textnachrichten, die man draußen mit dem Handy verschickt. Es kam sogar zu etlichen Eheschließungen zwischen weiblichen und männlichen Insassen, die sich auf diesem Wege kennengelernt hatten.

Auch Svetlana M. weiß von Liaisons weiblicher Häftlinge mit Schließern oder sogar mit Anwälten. Viele Frauen zögen sich in den Justizvollzugsanstalten aufreizend an wie Straßenhuren, um das Begehren zu wecken. »Ich würde da die Schuld eindeutig den Frauen geben. Die Schließer sind doch auch nur Männer«, meint Svetlana M. In einem Fall habe der Schließer die Insassin sogar geschwängert. Da sie schon zwei Jahre im geschlossenen Vollzug war und es eine Liebeszelle für sie nicht gab, war klar, dass nur der Schließer der Erzeuger sein konnte. Die beiden sollen bis heute ein Paar sein. In den meisten Gefängnissen gibt es eine sogenannte Liebeszelle, in der die Insassen mit ihren Besuchern intim werden können. Alle drei Monate wird dies gestattet. Die Beamten stehen aber lauschend vor der Tür, falls es beim Schäferstündchen zu Gewalt kommt.

Für Svetlana M., die selbst in der Gastronomie gearbeitet hat, war das Essen in der Justizvollzugsanstalt eine harte Probe: »Man kann das gar nicht Essen nennen. Es gab nur ungewürzte Kartoffeln, Ekelfleisch und Tee ohne Zucker.« Was sie allgemein am meisten vermisste: »Meinen Mann, die ganze Familie, gutes Essen – und natürlich meine Badewanne.« Sie rät jeder Frau, sich genau zu überlegen, ob sie kriminell werden wolle. Man verliere alles dort drinnen. »Mich hat der Knast aber auch schlauer und stärker gemacht – und frecher«, sagt Svetlana M.

Stalking – wenn Frauen Opfer sind

Alexandra M. ist eine starke, belastbare Frau. Sie spricht selbstbewusst und mit Humor. Sie sieht zufrieden aus. Sie steht mit beiden Beinen fest im Leben, würden ihre Freunde sagen. Die 31-Jährige ist immer eine Frohnatur gewesen, eine junge Frau, die mehr auf das Jetzt gibt als auf Träume von morgen.

Umso mehr belastet sie heute noch die Zeit, als sie ein Opfer von Kriminalität wurde. Ihr Exfreund schlug sie und stalkte sie nach der Trennung. Stalking ist wie Vergewaltigung und sexueller Missbrauch eine Straftat, die oft von Männern gegenüber Frauen begangen wird. »Es hat etwas gedauert, bis ich merkte, dass ich mich da mit einem seltsamen Knilch zusammengetan hatte«, sagt Alexandra M. über ihren früheren Partner. Die Beziehung zu ihm war von Anfang an nicht normal. Der Mann war rasend eifersüchtig, ohne dass es einen Grund gegeben hätte. Er weigerte sich, ihr Kostgeld zu zahlen, obwohl er in ihre Wohnung eingezogen war. Es gab viel Streit, und als ihr Partner das erste Mal handgreiflich wurde – er schlug Alexandra M.s Kopf gegen eine Tür und gab ihr mit der Faust einen Schlag ins Gesicht –, trennte sie sich sofort von ihm.

Sie war erleichtert.

Der Verlassene versuchte sie umzustimmen, meldete sich unter Vorwänden, sprach von einem Fahrrad, das er noch abholen müsse, was er aber nie tat. Irgendwann hatte er scheinbar begriffen, dass diese Frau für ihn verloren war. Da atmete Alexandra M. noch einmal auf.

Doch ihre Freude hielt nicht lange an, denn jetzt begann der Terror erst richtig: Eines Tages hatte Alexandra M. plötzlich keinen Strom mehr. Später fiel die Heizung aus, weil ihr Ex einfach die Verträge in ihrem Namen gekündigt hatte, um sie zu ärgern. Er hatte sich zudem eine E-Mail-Adresse mit ihrem Namen angelegt. Er schloss mehrere Handyverträge auf sie ab, bestellte mit ihren Personalien und mit ihrer Adresse wahllos Waren im Internet. Teils kamen am Tag zehn Päckchen für sie an und Dutzende Briefe – alles irgendein Mist, den er geordert hatte, oder Mahnungen. Anonyme Drohbriefe gegen sie und ihre Familie waren ebenso darunter. Alexandra M. schickte alles zurück, auf eigene Kosten, kündigte die Verträge.

Der Ex stand plötzlich im Supermarkt neben ihr, abends, wenn sie mit dem Hund rausging, tauchte er plötzlich auf und blendete sie wortlos mit einer Taschenlampe. Ihr Auto war mit Graffiti vollgesprüht und unter dem Scheibenwischer klemmten anonyme Drohbotschaften.

Ihr Leiden zog sich über rund neun Monate hin. Alexandra M. litt unter Schlafstörungen und massiven Ängsten. Sie sprach ihren Ex an, der antwortete: »Geh zum Psychologen!« Erst als sie ihm anwaltlich drohte, zur Polizei zu gehen und ihn mit seiner Masche auffliegen zu lassen, hörten die Belästigungen schlagartig auf. Alexandra M. rät daher jeder von Stalking betroffenen Frau, sich sofort Hilfe zu holen. Sie selbst hatte sich ihren Eltern und Freunden erst spät offenbart, weil sie sich schämte. »Aber das ist falsch!«, sagt sie. »Schämen müsste sich der, der einem so etwas antut!«

Ihr Exfreund ist in eine Wohnung ganz in ihrer Nähe gezogen. Manchmal begegnet sie ihm noch. Alexandra M. betreibt seit ein paar

Monaten asiatischen Kampfsport. Sie will sich verteidigen können, falls es irgendwann sein muss.

Inside Frauen und Kriminalität

> Die Bezeichnung »Selbstmord« ist juristisch nicht korrekt, da der Mordtatbestand die Tötung eines anderen Menschen voraussetzt. Richtigerweise wird daher von »Suizid«, »Freitod« oder »Selbsttötung« gesprochen. Bei bestehender Suizidgefahr bei Gefangenen gibt es einen »roten Punkt« an der Gefängnistür, verbunden mit einer Rund-um-die-Uhr-Überwachung.

> Diskutiert wird die Ersetzung des offenen Vollzugs in Teilen durch die elektronische Fußfessel, bei der die Überwachten in ihre eigenen vier Wände zurückkehren können und über Funkkontakt überwacht werden. So sollen die überlaufenen Gefängnisse entlastet und zudem die Kosten von rund 100 Euro pro Hafttag auf etwa 20 Euro reduziert werden können.

> Unter anderem für bereits entlassene Sexualstraftäter, die noch unter besonderer Überwachung stehen, gibt es bereits die elektronische Fußfessel in Deutschland. Im hessischen Bad Vilbel befindet sich eine zentrale Stelle, über die alle Personen mit elektronischer Fußfessel zentral überwacht werden.

> Eine vorzeitige Entlassung nach einem Drittel der verbüßten Strafe gibt es nur bei Verurteilungen nach Jugendstrafrecht. Im Erwachsenenstrafrecht ist dagegen der frühestmögliche Entlassungszeitpunkt aus der Justizvollzugsanstalt die sogenannte Halbstrafe, also nach 50 Prozent der verbüßten Haftstrafe. Der Regelfall der vorzeitigen Entlassung ist allerdings erst bei Verbüßung von zwei Dritteln der Strafe. Bei allen vorzeitigen Entlassungen gilt, dass die jeweils noch offene Reststrafe zur Bewährung ausgesetzt wird. Die Häftlinge erhalten so eine Möglichkeit, das Gefängnis zu verlassen. Werden sie jedoch innerhalb der Bewährungszeit wieder straffällig, müssen sie die ausstehende Strafe absitzen – zuzüglich einer möglicherweise neuen Strafe.

> Transsexuelle Männer kommen nur in ein Frauengefängnis, wenn sie in ihrem Personenstandsregister als Geschlecht »weiblich« eingetragen haben. Ansonsten werden sie im Männergefängnis untergebracht.

> Stalking ist seit 2007 in Deutschland strafbar, der Straftatbestand heißt »Nachstellung«. Es drohen einem Stalker bis zu drei Jahren Gefängnis, Verurteilungen sind in der Praxis äußerst selten, weil der Nachweis oft schwerfällt.

3. Prostitution und Zuhälterei

Tochter gegen Zaster

Alexandros E., Mitte vierzig, aus Frankfurt am Main hat langjährige Kontakte ins Rocker- und Rotlichtmilieu. Er trägt einen Ring, auf dem ein Ritterkreuz prangt – ein einschlägiges Schmuckstück in solchen Kreisen. Oft war er selbst »Treppensteigen« im Bahnhofsviertel von »Mainhattan«. Unter dem Begriff versteht man, dass potenzielle Freier in den Laufhäusern über die heruntergekommenen Flure schreiten. Meist in der Kaiserstraße und Umgebung, auf der Suche nach dem besten Mädchen.

Alexandros E. roch das große Geld. Man hatte ihm Geschichten aus Rumänien erzählt: von Partys, auf denen Mädchen verkauft werden, damit sie für ihren neuen »Besitzer« anschaffen gehen. Er hatte schon öfter mit dem Gedanken gespielt, selbst ins Gewerbe einzusteigen. So richtig konkret war es aber bisher nie geworden. Bis er diesen Rumänen traf, den alle nur »Googele« nannten. Ein Bekannter stellte die beiden einander vor. Googele hatte kaum noch Zähne im Mund, warb aber damit, die beste Suchmaschine für Frauen zu sein. Er sagte zu Alexandros E.: »Gib bei Googele ein bisschen Geld ein und er sucht dir die begehrenswertesten Frauen der Welt.« Und Googele fügte im gleichen Atemzug hinzu: »Ich organisiere eine Show für dich in Bukarest. Investiere 500 Euro und ich regle alles.«

Alexandros E. zahlte und dachte zunächst, er würde nie wieder von dem Mann hören. Doch nach ein paar Wochen meldete sich Googele wirklich telefonisch: Am kommenden Wochenende sei alles in die Wege geleitet. Alexandros E. buchte einen Flug von Frankfurt nach Bukarest und machte sich auf die verrückteste Reise seines Lebens.

Er hatte so seine Vorstellungen: Er glaubte, dass ihn dort große Armut erwarten würde. Doch als sich die Türen des Flughafens in Bukarest öffneten, sah er als Erstes zwei Lamborghinis, einer schwarz, einer weiß, beide mit rumänischen Kennzeichen. Auch er wurde von Googeles Mitarbeiter mit einer schicken Limousine abgeholt.

Sie fuhren in die Stadt. Das Ziel: ein luxuriöses Café. Googele war bereits dort und fasste sich kurz: Es sei alles organisiert. Dann ging es weiter in ein nahe gelegenes Hochhaus. Im 18. Stockwerk hatte Googele eine Wohnung reserviert. Es war ein Apartmenthochhaus, in dem man tageweise Wohnungen anmieten kann. Die gesamte Anlage war sehr schick, auch hier keinerlei Ärmlichkeiten. Weißer Marmor in den Fluren, elegante Aufzüge, mit schwarzer Hochglanzfarbe getüncht. In den Wohnungen helles Parkett und eine moderne, puristische Einrichtung.

Auf einer schwarzen Ledercouch nahm Alexandros E. Platz; Googele hatte noch weitere Interessenten für seine »Ware« herbestellt. Das Ganze hatte plötzlich etwas von der Jury bei einer Castingshow im Fernsehen: Einer von Googeles Mitarbeitern führte im Minutentakt vier oder fünf junge Frauen aus dem Aufzug in die Wohnung. Sie kamen einzeln in den Raum, der zu ihrem Laufsteg wurde. Viele waren in Begleitung ihrer Eltern. Googele fungierte als Übersetzer. Alexandros E. fragte: »Was sind deine sexuellen Vorlieben?« Oder: »Was erwartest du von einem Leben in Deutschland?« Auf die letzte Frage kam oft ein und dieselbe Antwort: »Luxus.«

Die meisten Mädchen waren volljährig, manche aber auch jünger. Nachdem Alexandros E. bereits zwanzig von ihnen angeschaut hatte, kam eine weitere herein, vierzehn Jahre alt, völlig überschminkt, in knallengen Jeans. Die Mutter sprach gebrochenes Deutsch: »Gib mich Geld, kannst du Tochter mitnehmen.« Die Frau war selbst höchstens Ende dreißig und sehr attraktiv. Sie hatte aber nur ein Interesse: Geld. Die Tochter schien ihr nicht nur egal zu sein, sie wollte sie gerade zu Geld machen.

Alexandros E. fragte Googele: »Wie viel will die Mutter?«

Googele: »15 000 Euro. Dann kannst du die Tochter direkt mitnehmen. Oder zu zahlst 5000 Euro an und dann monatlich 3000 Euro.«

Alexandros E. schüttelte den Kopf. Daraufhin ging die Mutter auf 12 000 Euro herunter, dann auf 10 000 Euro. Es war wie auf einem Viehmarkt.

Alexandros E. ist kein Mann mit hohen moralischen Ansprüchen, doch in dem Moment war selbst er sprachlos. Das war wirklich wie eine Rinderauktion – und das mitten in Europa! Er verlangte: »Schmeiß die raus!« und brach ab. Die anderen Interessenten blieben sitzen. Ob sie an dem Tag noch »zuschlugen«, hat er nie erfahren. Abends brachte ihm Googele – sozusagen als Entschädigung – eine ergebene Prostituierte ins Hotel. Er wollte den Gast aus Deutschland ja zufrieden wissen, hoffte auf gute Geschäfte, denn bei den Verkäufen winkten für ihn satte Provisionen von den »verkauften« Mädchen oder deren Eltern. Wie hoch diese Zahlungen waren, bekam Alexandros E. allerdings nicht heraus.

Am nächsten Tag ging es im gleichen Stil weiter. Diesmal kamen etwas ältere Mädchen, eher um die zwanzig Jahre alt, zur Fleischbeschau. Alexandros E. sah sich über 50 von ihnen an. »Irgendwie hatte ich mich an das Prozedere gewöhnt«, sagt er. Am Ende »kaufte« er vier junge Damen. Er bezahlte ein paar Tausend Euro und hinterließ pro Frau noch 150 Euro für den Fernbus von Bukarest nach Frankfurt. Jeden Tag kommt an der Südseite des Frankfurter Hauptbahnhofs mindestens ein Reisebus aus Rumänien an. Die Fahrt dauert um die 32 Stunden. Sechs Monate arbeiteten die Mädchen für ihn auf dem deutschen Straßenstrich und in Bordellen. Mindestens 20 000 Euro im Monat brachten sie Alexandros E. ein. Weil ihm der Schutz durch seine Rockerkumpanen sicher war, brauchte er nicht zu fürchten, dass ihm ein anderer Zuhälter die Mädchen mit Gewalt abnehmen würde.

Alexandros E. kümmerte sich um alles: Unterkunft, Arztbesuche, Friseurtermine, Freizeitaktivitäten. Dafür gaben die Frauen fast das gesamte verdiente Geld bei ihm ab. So führe man Prostituierte heutzutage, meint er. Das Schlagen und Unterdrücken seitens der Zuhälter sei selten geworden. »So benehmen sich heute nur noch die Ratten in unserem Business.« Am Ende setzte Alexandros E. »seine Mädchen«

doch wieder in den Bus nach Hause. Sie hatten über Heimweh ge-klagt, Drogen konsumiert und überhaupt zu viel Fürsorge gebraucht.

Googele meldet sich noch regelmäßig bei Alexandros E. Die Preise sind weiter gefallen: Mittlerweile setzt der »Modelscout« die Mäd-chen für 1500 Euro Pauschale plus 150 Euro Fahrgeld in den Bus nach Deutschland. Der Kunde muss nicht einmal mehr selbst zur »Auktion« nach Bukarest anreisen. Heutzutage kann man alles über das Internet regeln.

»Die Albanerinnen betrügen. Die Bulgarinnen sind teurer und haben meist einen Zuhälter. Die Polinnen sind zwar die Besten im Bett, aber heute schon zu verdorben, denen geht es in ihrer Heimat einfach zu gut«, sagt Alexandros E. In Rumänien – da fände man immer noch das beste Preis-Leistungs-Verhältnis. »Sie machen weniger Ärger als andere«, so Alexandros E., der erneut zwei Frauen bei Googele »ge-ordert« hat. Sie sollen bald nach Deutschland kommen. »Das Geld ist einfach zu verlockend!«

Die Hurenabzocker

Das Geld hatte auch Marina L. gelockt. Die 28-jährige Rumänin aus Cluj sitzt in einem Bordell ganz klassisch auf einem roten Plüschsofa. Man hört laute Musik und sieht die Freier, die mit Adleraugen – man-che schüchtern, manche unverhohlen – nach der richtigen Frau für eine halbe Stunde Sex suchen. Marina L. will zuerst ihre Geschichte erzählen; sie macht gerade Pause.

Sie ist schon in ihrem Heimatland auf den Strich gegangen. Fünf Euro kosten dort Oral- und Geschlechtsverkehr – so viel wie bei uns eine Schachtel Zigaretten. Außer acht Jahren Schule in Rumänien hat sie keinerlei Ausbildung. Mit ihrer Familie hatte sie Streit und zog von zu Hause aus. Sie fand einen Freund, der sie für sich anschaffen ließ. Schließlich landete sie bei seiner Familie, die sie aufnahm. Die Sippe – vornehmlich regiert von vier Söhnen, alle zwischen 20 und 30 Jahre alt – kam auch aus der Region um Cluj. Doch nicht etwa aus Menschlichkeit nahmen sie Marina L. auf, sondern um von ihren Einnahmen als Hure zu profitieren. Das wenige Geld, das sie mit der Prostitution in Rumänien verdiente, reichte der Familie nicht. Diese wollte bald mehr.

Das männliche Clanoberhaupt schickte Marina L. nach Deutschland. Vorher war ihre sexuelle Begabung von mehreren Familienmitgliedern getestet worden – man nennt das in Zuhälterkreisen »einreiten«. In Deutschland schafften schon einige Frauen für die Sippe an. Immer überwacht von diversen »Mitarbeitern«.

Marina L. kam in eine Großstadt in Nordrhein-Westfalen. Ihr Job war es, nicht nur acht bis zehn Stunden im Puff zu arbeiten, sondern jeden Abend die gesamten Tageseinnahmen der vom rumänischen Clan geschickten Frauen einzusammeln. Es waren sechs Frauen, zusammen machten sie am Tag zwischen 2000 Euro und 3000 Euro. Über Western Union schickte Marina L. das Geld nach Rumänien. Sie benutzte dabei teilweise ihren eigenen Namen und legte auch ihren Personalausweis vor. In einigen Fällen verwandte sie auch gefälschte Dokumente und einen erfundenen Namen. Nur 20 Euro ihrer Tageseinnahmen durften die Frauen behalten. So wollte es die Familie zu Hause in Rumänien. »Es war ein Sklavenjob«, sagt Marina L.

Stimmten die Einkünfte nicht, weil die Freier wegblieben, drohten die Mitarbeiter der Familie den Frauen mit Schlägen und titulierten sie mit den schlimmsten Schimpfworten in allen Sprachen, deren sie mächtig waren. Das Gleiche galt für den Fall, dass eine aufbegehrte oder gar damit drohte, zur Polizei zu gehen und auszupacken. »Ich habe es nie so schlimm abbekommen. Aber ich habe andere Frauen mit blutenden Mündern gesehen«, erzählt Marina L. Ferner wurde den Frauen damit gedroht, ihnen Säure ins Gesicht zu schütten und ihre Gesichter zu entstellen, falls sie es wagten, Geld zu unterschlagen oder abzuzweigen. Um das Gesagte zu unterstreichen, zeigte man ihnen grässliche Fotos von Frauen, die so einen Säureangriff erlitten hatten. »Die haben gesagt: Eine falsche Handlung und selbst deine nächsten Angehörigen werden dein Gesicht nicht wiedererkennen«, erklärt Marina L.

Letztlich wurde sie von der Polizei erwischt, als sie wieder einmal die unversteuerten Einnahmen zu Western Union trug. Es wurde recherchiert, wie viele Transaktionen in den vorangegangenen anderthalb Jahren über ihren wahren oder den vorgegebenen Namen gelaufen waren, denn die Polizei fand bei der Durchsuchung ihres Zimmers auch die gefälschten Dokumente, die sie teilweise bei Western Union vorgelegt hatte. Insgesamt hatte sie der Familie mehr als eine Million Euro geschickt.

Die Schuld blieb natürlich an ihr hängen. Nur weil sie in ihrem Gerichtsverfahren wegen Steuerhinterziehung glaubhaft machen konnte, dass sie im Grunde selbst ein Opfer war, kam sie mit einer Bewährungsstrafe davon. Die Hintermänner dagegen leben nach wie vor unbehelligt in Rumänien. Niemand traut sich, ihre Namen zu nennen. »Es war ein Glück, dass ich strafrechtlich aufgefallen und einige Monate in Untersuchungshaft gekommen bin«, sagt Marina L. rückblickend. Nur so hat sie aus der Unterdrückung fliehen können. »Ich kann nur allen Frauen raten, sofort zur Polizei zu gehen, wenn ein Zuhälter sie ausbeuten will«, sagt sie heute. Aber sie weiß, wie groß die Angst bei den Frauen ist. Sie hat es selbst erlebt.

Als sie im Zuge ihres Gerichtstermins nach ihrer Verurteilung aus der Untersuchungshaft entlassen wurde, gelang ihr die Flucht vor der Familie. Sie hatte noch die Telefonnummer eines ehemaligen Freiers. Er wurde ihr neuer Lebenspartner und zog mit ihr in ein anderes Bundesland. Sie löschte ihren Facebook-Account und besorgte sich eine neue Mobilfunknummer. Bis heute hat sie Angst davor, dass die Familie ihr nachspüren und sie finden könnte. »Ich hasse diese Leute für alles, was sie mir und den anderen angetan haben«, sagt sie, ohne dabei eine Regung in ihrem Gesicht zuzulassen. Was aus den übrigen Frauen geworden ist, kann sie nicht sagen. Auch zu ihrer richtigen Familie in Rumänien hat sie wenig Kontakt. »Ich versuche, unsichtbar zu bleiben«, sagt Marina L.

Ihre neue Liebe hielt nicht lange. Heute arbeitet Marina L. wieder im Bordell – allerdings auf eigene Rechnung und ohne Zuhälter. Sie hofft darauf, dass sie noch irgendwann ihre große Liebe finden, eine Familie gründen und die Prostitution für immer hinter sich lassen wird. Liebe machen mit einem geliebten Menschen – das sei doch im Leben das Beste. Ihr reicht es langsam mit den Freiern, die in Deutschland für 20 Euro Verkehr haben wollen und im Ernst vorschlagen, es ohne Gummi zu tun. »Es ist unfassbar, wie viele das sind! Eigentlich müssten sie bei einer Prostituierten doch noch vorsichtiger sein. Haben die noch nie von HIV und anderen Krankheiten gehört?«, wundert sich Marina L.

Die Zeiten, in denen man als Hure hierzulande reich werden konnte, sind in ihren Augen endgültig vorbei. Das liegt vor allem an der Schwemme von Frauen, die aus Osteuropa nach Deutschland zum Anschaffen kommen. »Die Preise sind völlig verfallen«, erzählt Marina L. »Wo früher noch 80 Euro und mehr für Sex bezahlt wurden, kann ich heute manchmal froh sein, wenn ich 30 Euro bekomme, zum Beispiel für Oralverkehr.« Marina L. mag am liebsten die älteren Kunden, weil sie mehr Anstand und nicht mehr so eine große körperliche Ausdauer haben. Sie geben sich einfach schneller zufrieden: »Bei manchen Opis reicht die Kraft gerade bis zum Überstreifen des Gummis. Dann kommen sie schon oder haben kein Stehvermögen mehr.«

Doch nicht immer sind die Huren selbst die Opfer, wie sie. Es gibt auch genügend Fälle, in denen sie zu Täterinnen werden und ihre Freier um ihr Hab und Gut bringen. Manche Männer, vor allem die älteren, verlieben sich in ihre Sexgespielinnen. Zusammen mit den Zuhältern nutzen das einige Frauen aus und zocken die Freier gnadenlos ab. »Dann erzählt die Frau plötzlich etwas von ihrer kranken Mutter auf dem Balkan. Dass sie eine Operation braucht, die 10 000 Euro kostet. Die Freier geben ihr das Geld, weil sie völlig verliebt und leichtgläubig sind«, weiß Marina L. Solche Männer täten ihr leid.

Marina L. erzählt aber auch von Männern, die blind vor Liebe zu einer Hure sind und dadurch zu regelrechten Stalkern mutieren. So auch ein alter Professor, der sich in eine ihrer Kolleginnen verliebte. Der Mann war 74 Jahre alt, ließ bei jedem Besuch 1000 Euro liegen und versprach der Frau, sie als Erbin einzusetzen. Doch die Kollegin ertrug den säuselnden Professor irgendwann nicht mehr, weil seine Liebe so aufdringlich wurde. Nachdem sie ihn abserviert hatte, setzte er sich jeden Tag in den Puff und erzählte anderen Freiern, wie schlecht sie im Bett sei. Als er daraufhin Hausverbot bekam, schickte er ihr einen Privatdetektiv hinterher und informierte ihre Mutter darüber, dass ihre Tochter eine Hure sei. Die Mutter war geschockt, sie hatte davon nichts gewusst. Weder Anzeigen noch einstweilige Verfügungen halfen. Der alte Mann ließ sich erst abschütteln, als die Prostituierte sich an die Presse wandte und ein Reporter vor dem Haus des Professors auftauchte. Da bekam der Gelehrte es mit der Angst zu tun, denn jetzt stand plötzlich sein guter Ruf auf dem Spiel.

»Stalking ist in Puffs leider richtig normal geworden«, so Marina L. Sie sagt aber auch, dass sie ihren Job nicht hasst. Wenn die Frau ordentlich bezahlt wird und das Geld danach behalten darf, ist Prostitution in ihren Augen nichts Verwerfliches. Sie bediene täglich sechs bis zehn Freier, der Job sei ihr nicht zu anstrengend, da gebe es viel schlimmere Sachen, zum Beispiel als Reinigungskraft oder Kassiererin zu arbeiten.

Ehebrecher und Swinger

Noch vor einigen Jahren galt das Gewerbe der Prostitution als schmuddelig. Forderungen von Prostituierten wurden als sittenwidrig und damit als nicht schutzwürdig angesehen. Das ist mittlerweile nach einem Wertewandel in Deutschland anders, und auch der Gesetzgeber und die Rechtsprechung schützen Prostituierte besser. In diesem Zusammenhang wurde der Tatbestand der Förderung der Prostitution aus dem Gesetz gestrichen. Der Grund: Das Gewerbe selbst gilt nicht mehr als sittenwidrig. Strafbar sind nach wie vor Zuhälterei und Ausbeutung von Prostituierten.

Was viele nicht wissen: Wer einen Menschen, der unter 21 ist und noch nie zuvor der Prostitution nachgegangen ist, dazu bringt, sich erstmalig zu prostituieren, macht sich des Menschenhandels strafbar. Hier ist der Schutzbereich viel weiter ausgeprägt als etwa beim Kindesmissbrauch.

Doch das Konzept von Freiheit in der Liebe ist längst normal und wird höchstens noch von den christlichen Kirchen angezweifelt. Es ist noch gar nicht so lange her, da war Ehebruch, sprich: der Geschlechtsverkehr mit einer dritten Person, für Verheiratete in Deutschland strafbar. Erst 1969 kam die Politik überein, Ehebruch nicht mehr strafrechtlich zu sanktionieren. Zivilrechtlich können Ehepartner allenfalls gegen Ehebruch in der gemeinsamen Wohnung vorgehen, also wenn der Ehemann beispielsweise seine Sekretärin mit nach Hause bringt und es mit ihr im gemeinsamen Ehebett treibt. In diesem Fall könnte die Frau einen Anspruch auf Unterlassung des Sexualverkehrs im gemeinsamen Bett durchsetzen. Ganz anders sieht es in anderen Ländern, etwa in Saudi-Arabien, aus, wenn es um Ehebruch geht: Hier droht die Todesstrafe für dieses Delikt.

Wäre das in Deutschland auch so, gäbe es ganz neue Spielarten der Lustbefriedigung nicht. Abseits des Straßenstrichs, der großen Bordelle und Saunaclubs gibt es einen weiteren Zweig, bei dem mit Ehebruch – ganz legal – viel Geld verdient wird: die Swingerszene. »Ehebruch fühlt sich bei uns ganz normal an«, sagt Peter Pischny, Inhaber des exklusiven Swingerclubs Life in Gescher nahe der deutsch-holländischen Grenze. »Und das ist gut so. Alles kann, nichts muss.« Er hat sein Etablissement mit viel Geld und Liebe zu einer großen Spielwiese für Liebende umfunktioniert. Nur Paare dürfen eintreten. Es gibt Essen, Musik und fantasievoll gestaltete Räumlichkeiten auf drei Etagen. Hier haben Paare kein Problem damit, vor und mit anderen Paaren Intimität zu zeigen.

Von Escorts und Edelhuren

Exhibitionismus ist sicher auch ein Wesenszug von Chloé – so nennt sich das ehemalige Laufstegmodel. Ihre Modeljobs brachten maximal 500 Euro an einem Abend und waren sehr unregelmäßig. Doch sie war Studentin und wollte nicht zusätzlich für zehn Euro Stundenlohn kellnern. Von ihren Eltern durfte sie keine finanzielle Unterstützung erwarten. Also wurde sie zur Edelhure.

Was an Chloé auffällt: ihre langen schwarzen Haare und ihre schlanken Beine. Man sieht der Mittzwanzigerin an, dass sie modebewusst ist; sie trägt nur die teuersten Labels. Sie redet schnell und ist recht eloquent. Es wirkt so, als dächte sie sehr wohl nach, bevor sie etwas sagt, trotz des hohen Erzähltempos. Und sie schlürft ihren Kaffee wie eine Genießerin.

Ob es ihr schwerfalle, mit wildfremden Männern zu schlafen? »Mindestens jede zweite deutsche Ehefrau prostituiert sich – vor ihrem eigenen Mann«, sagt Chloé und hat damit ihre ganz eigene Neutralisierungstechnik. Eine Modelfreundin hatte ihr den entscheidenden Tipp gegeben: Model und Edelnutte, das schließe sich nicht aus, das sei en vogue. »Der Bereich der Highclass-Prostitution rekrutiert seine Liebesarbeiterinnen vor allem unter Studentinnen, Models und Stewardessen«, plaudert Chloé aus dem Nähkästchen. Die Freundin erklärte Chloé auch, wie sie in das Gewerbe einsteigen könne. Es gibt zwei Wege: Entweder man setzt sich in Luxushotels an die Bar und wartet darauf, dass man von einem passenden Mann angesprochen wird. Zum Beispiel von Geschäftsreisenden, die Lust auf etwas Abwechslung haben. Oder man schließt sich einer Highclass-Escortagentur an, von denen es nur wenige in Deutschland gibt.

Die meisten Escortagenturen hierzulande arbeiten im unter- und mittelpreisigen Bereich. Die wenigen, die es in der Luxusliga gibt, haben hohe Aufnahmehürden. Sie erwarten eine Laufstegfigur – mit Konfektionsgröße 36 hat man praktisch keine Chance mehr. »Eine 32er- oder 34er-Konfektion wird einfach vorausgesetzt. Ebenso eine Größe ab 1,70 Meter«, sagt Chloé, die selbst noch fünf Zentimeter mehr misst.

Da ihr die Nummer mit der Agentur erst einmal zu kompliziert erschien, entschied sie sich, durch die Hotels zu ziehen. Sie saß etwa an der JFK-Bar im Hotel Villa Kennedy in Frankfurt am Main, in der Acapella-Bar im Breidenbacher Hof in Düsseldorf oder im Adlon in Berlin, je nachdem, wo es ihr gerade passte. Hauptsache, es waren Hotels, in denen Zimmer regelmäßig 300 Euro oder mehr pro Nacht kosten und in denen demzufolge Männer absteigen, für die Geld keine Rolle spielt. Sie trank süße und sahnige Cocktails und wartete darauf, dass man sie ansprach. Hing der Fisch erst einmal am Haken, ließ Chloé nicht mehr locker. »Wenn ein Mann auf mich zukam, habe ich ihn im Gespräch heiß gemacht und ihm erst später, nach einigen Drinks, klargemacht, dass ich ein Callgirl bin.« Manchmal sagte sie den Herren sogar erst auf dem Zimmer, dass der Spaß etwas kosten würde.

Wenn derjenige nicht genug Bargeld bei der Hand hatte – kein Problem. Ein Anruf an der Rezeption genügte: »Roomservice? Bitte 1000 Euro in bar auf mein Zimmer.« Dann brachte der Roomservice den Dirnenlohn statt des Clubsandwichs. Oder der Freier rief die Rezeption an und sagte, dass seine »Assistentin« später beim Verlassen des Hotels 1000 Euro mitnehmen würde, der Betrag solle auf die Zimmerrechnung geschrieben werden.

Für 1000 Euro gab es bei Chloé das banale Zwei-Stunden-Programm. Für eine Übernachtung, in der Fachsprache »Overnighter« genannt, nahm sie mindestens das Doppelte. Ihre Kunden, meist verheiratete Männer auf Geschäftsreise, wollten in vielen Fällen dominiert werden oder standen auf perverse Rollenspiele. Herkömmlicher Sex war eher selten gewünscht. Manche Kunden verlangten auch, dass Chloé und eine weitere Dame sie vierzehn Tage am Stück auf einer Geschäftsreise begleiteten. Sie wurden als »Assistentinnen« eingestellt und nach zwei Wochen gegen neue ausgetauscht. Chloé erzielte mit ihrem »Studentinnenjob« locker 20 000 Euro im Monat.

Später versuchte sie es doch mit einer Escortagentur. Das Problem war, dass diese bis zu 30 Prozent Vermittlungsprovision verlangte. »Allerdings kommt man so an die richtig vermögenden Männer ran«, weiß Chloé. Neben einem gepflegten Aussehen wurde bei ihrer Agentur vor allem auf exzellente Tischmanieren Wert gelegt sowie darauf, dass die Damen mindestens zwei Fremdsprachen beherrschten. Außerdem mussten sich die jungen Frauen unbedingt mit den Regeln des Dominierens auskennen. »Die mächtigen Männer mögen es eben meistens, wenn sie mal erniedrigt werden. Zumindest, wenn das im Bett geschieht«, sagt die ehemalige Edelhure.

Sie muss heute noch lachen, wenn sie den Fernseher anmacht und dann eine Moderatorin sieht, die früher mit ihr in der Agentur zusammen als Escort gearbeitet hat. Doch auch ihre Freier erscheinen nicht selten auf der Mattscheibe. Nachdem sie mit einer zweiten Escortdame einen Vorstandsvorsitzenden in einem Hotel verwöhnt hatte, schaltete sie den Fernseher ein. Ihre Kollegin lag noch mit ihr im Bett, der Kunde war bereits gegangen. Er traf sich heute mit einem hochrangigen Politiker und trat für eine Stiftung ein, die sich gegen den Missbrauch von Kindern wendet. Gerade schüttelte er dem Politiker grinsend die Hand und schaute dabei in die Fernsehkamera. Noch in der letzten Nacht hatte er von Chloé und ihrer Kollegin verlangt, dass sie ihn beim Vater-Tochter-Rollenspiel »Daddy« nannten.

5000 Euro pro Nacht als Honorar auszuhandeln war bei diesen Männern kein Problem. »Was kratzt das einen Mann, der ein Einkommen von zehn Millionen im Jahr hat?«, fragt Chloé. Sie verdiente in ihrer letzten Zeit als Agentur-Escortlady 30 000 Euro im Monat und sparte viel davon. Eine recht einfache Art, sich eine Altersvorsorge zu erarbeiten, findet sie. Manchmal lockt das Geld sie noch, aber eigentlich hat sie dem Beruf abgeschworen. Seit dem Abschluss ihres Studiums macht sie »etwas Seriöses«. Sie sagt, das Schwierigste heute sei, überhaupt einen Mann zu finden. Ihr falle es nach allem, was sie erlebt hat, schwer, Männern zu vertrauen.

Sexpartys im Big Apple

Ein weiteres Highendprodukt der käuflichen Liebe sind Luxus-Sexpartys. Dabei handelt es sich nicht um Prostitution im eigentlichen Sinne, da die Frauen auf den Partys nicht für Sex bezahlt werden. Prostitution ist in den USA außer im Bundesstaat Nevada gesetzlich verboten.

Wahrscheinlich können nur wenige Anbieter über solche Partys so ausgiebig schwärmen wie die ehemalige Edelhure mit dem Künstlernamen Victoria aus New York. Sie hat früher in Europa als Escort gearbeitet. Doch das war nichts im Vergleich zu dem, was sie heute erlebt.

Victoria veranstaltet private Sexpartys. Eingeladen sind nur Männer mit dicker Geldbörse, die sich verlustieren wollen. Mehr als 200 Leute dürfen nicht kommen. »Wir verkaufen Tickets für unsere Events teilweise für Tausende Dollar. Wer zu uns kommt, dem ist der Preis egal«, sagt die Veranstalterin. Regeln gebe es für die Herren kaum: Ein gepflegtes Äußeres und Manieren setze man in ihren Kreisen aber voraus.

Das Wichtigste sei, viele hübsche Frauen auf die Partys einzuladen, die auch offen für schnellen Sex sind. Woher sie diese bekomme? »Viele von ihnen sind ehemalige It-Girls aus der Formel 1 oder ähnlichen Szenen und daher einiges gewöhnt. Gerade in der Formel 1 wird oft neben der Rennstrecke mehr Gas gegeben als auf der Piste«, sagt Victoria.

Zu den Partys werden die Gäste mit einer Stretchlimousine abgeholt, in deren Fond drei sexy Hostessen sitzen. Auf der Fahrt gibt es Champagner und Erdbeeren, während die meisten Besucher noch nicht einmal wissen, wohin es geht, denn die Orte der Partys wechseln und sind streng geheim. »Das steigert den Kick«, so Victoria. Manchmal werden den Herren sogar die Augen verbunden, was sie noch neugieriger macht. Wenn ein Maskenball veranstaltet wird, tragen sogar die Kellner weiße venezianische Karnevalsmasken und reden kein Wort. Natürlich seien unter den Gästen gerne mal Prominente und Politiker, verrät Victoria. Aber sie hält es da mit Altkanzler Helmut Kohl: Niemals würde sie die Identität der »Spender« preisgeben.

Nach der Ankunft in einer angemieteten teuren Villa – der Schauplatz der Party ist stets dem Kontostand der Gäste würdig – wird erst einmal gegessen: Vier- oder Fünf-Gänge-Menüs, vom Sternekoch zubereitet. Nicht selten stellen solvente Gäste ihre eigene Villa mit satten 800 Quadratmeter Wohnfläche und riesigen Swimmingpools im Garten zur Verfügung. Danach sind die meisten Männer auf Sex aus. »Wir achten darauf, dass immer mehr Frauen als Männer da sind«, erklärt die Sexparty-Veranstalterin. Es komme durchaus zu richtigen Orgien, Dreiern, Vierern oder einer Fünfergruppe. Ein zügelloser »Rudelbums« komme ebenso vor. Die Partys dauerten meist die ganze Nacht – auch dank einiger Wachmacher. Manchmal kommt ein blonder Engel in den Saal geflogen: Eine langbeinige Dame schwebt auf einem Stuhl, der mit einem Seil an der Decke befestigt ist, über den Gästen. In der Hand hält sie eine mit Edelsteinen besetzte Schale voller MDMA-Kapseln und Kokain in kleinen Tütchen. Ganz ohne Drogen gehe es für einige nicht, sagt Victoria.

Victoria ist schon zu ihren Zeiten als Escortlady von einer unterdrückten Prostituierten so weit entfernt gewesen wie Bayern München von der Kreisklasse. Und sie weiß: Für die Partys, die sie schmeißt, wird es immer Interessenten geben.

Inside Prostitution und Zuhälterei

> Selbstständige Prostituierte sind gewerbesteuerpflichtig, ihr Körper bildet den »Gewerbebetrieb«.

> Bei Überschreiten der Kleinunternehmergrenze von 17 500 Euro müssen die Prostituierten Umsatzsteuer abführen. Freier dürfen sich daher nicht wundern, wenn es in Bordellen heißt: »Französisch und Verkehr kosten 50 Euro zuzüglich 19 % Mehrwertsteuer.«

> In vielen deutschen Bordellen wird Oralverkehr ohne Kondom praktiziert, Freier verlangen auch regelmäßig Geschlechtsverkehr ohne Schutz. Der Entwurf des Prostitutionsgesetzes sieht eine umfassende Kondompflicht vor – mit entsprechenden Bußgeldern für einen Verstoß.

> Am Eingang zur Herbertstraße auf St. Pauli gibt es eine blickdichte Holzwand mit einem Schild, das Frauen den Zutritt verbietet. Da es sich bei der Herbertstraße jedoch um eine öffentliche Straße handelt, ist dieses Verbot juristisch unwirksam.

4. Einbrecher

Hausbesuch

Alles begann mit einem Gespräch über Uhren. Metin B. unterhielt sich mit einem alten Bekannten, der Juwelier war. Einer seiner Kunden besitze so einige teure Stücke. Das wusste der Juwelier so genau, weil dieser die Uhren bei ihm im Laden gekauft hatte. Da der Mann auch mit Uhren handle, sei da auch immer eine Menge Bargeld. Das Problem allerdings: Er habe die Sachen alle in einem Tresor und dieser sei gut versteckt. All dies wisse er, weil der Uhrennarr es ihm erzählt habe.

Metin B., damals Ende zwanzig, war sofort angefixt von der Idee, den Typen um seine Wertsachen zu erleichtern. In sein Haus einzubrechen. Der junge Mann besprach sich mit zwei Mittätern und sie beschlossen, es zu tun. Sie beschatteten ihr Opfer für ein paar Tage, saßen vor seinem Haus stundenlang im Wagen – wie Privatdetektive. Die Beschattung war wichtig, weil sie sich entschieden hatten einzubrechen, wenn der Mann zu Hause war, um die fette Beute zu machen. Nur wenn sie ihn fragen könnten, wo der Tresor war und wie sie ihn öffnen könnten, würden sie die ganzen Wertsachen finden.

Sie wollten in der Dunkelheit zuschlagen. Als sie weit nach Mitternacht ums Haus schlichen, sahen sie durch die große Terrassentür, die zum Garten hinausgeht, dass der Uhrennarr vor dem Fernseher eingeschlafen war. Zwischen ihnen und dem Reichtum lag nur eine Glasscheibe. Doch sie gelangten nicht über die Terrasse ins Haus, sondern durch den Keller. Es knackte kurz, dann quietschte es, als sie den Schraubendreher ansetzten, um das Kellerfenster aufzuhebeln. Obwohl alles sehr schnell ging, kam es Metin B. vor wie eine kleine

Ewigkeit. Doch dann war das Fenster auf. Sie waren drinnen. Die drei Einbrecher – alle mit Sturmhauben maskiert – gingen leise hoch ins Erdgeschoss.

Der Uhrenhändler war aufgewacht! »Hey, was macht ihr hier?«, fragte er völlig fassungslos und wirkte so, als würde er gleich losschreien. »Schnauze!«, fuhr Metin B. den Hausbesitzer an und fuchtelte mit dem Messer in seine Richtung. »Wir haben eine Rechnung offen. Du hast meine Schwester gefickt!« Etwas Besseres als diese bloße Behauptung fiel ihm in dem Moment nicht ein. Der Mann war von dieser Ansage völlig irritiert: »Was?! Ich habe seit Jahren keinen Sex mehr!«

»Wo sind die Uhren?«, fragte nun einer der Komplizen. Als sie keine Antwort bekamen, fesselten sie den Uhrenhändler und steckten ihm einen Knebel in den Mund. Sie brachten ihn in den Keller für das bevorstehende Verhör. Dort zwangen sie den Mann auf die Knie und drohten, ihm den Schädel einzuschlagen, wenn er nicht kooperiere. Metin B. und seine Mittäter hatten zur Einschüchterung ein Messer und einen Zimmermannshammer mitgebracht, zudem kurzerhand eine Spitzhacke aus der Gartenlaube des Nachbarn mitgehen lassen. Sie simulierten mit dem Zimmermannshammer ein paar Probeschläge, so als würden sie Maß nehmen, um gleich richtig zuzuschlagen. »Es war wie bei einer Hinrichtung«, sagte das Opfer später vor Gericht aus.

»Wo sind die Uhren?«, fragten sie ihn wieder und wieder. Sie lockerten den Knebel, damit er antworten konnte. »Bitte lasst mich am Leben!«, flehte er und verriet ihnen, wo der Tresor mit den Wertsachen war und wie man ihn öffnen konnte.

Metin B. blieb bei dem Mann, um ihn zu bewachen, hielt ihm die ganze Zeit über das Messer an den Hals. Metin B. bedrohte ihn mehrfach mit dem Tode. Die anderen öffneten in der Zwischenzeit den Tresor und fanden die Uhren, Bargeld und weitere Wertsachen darin. Metin B. sagt heute, er sei für einen Moment richtig euphorisch gewesen, als die anderen Einbrecher ihm die Beute vor dem Opfer zeigten. Ein Handgriff und er war ein reicher Mann. Er wollte das Geld für teure Klamotten und Drogen ausgeben.

Sie erbeuteten an diesem Abend 21 Rolex- und drei Breitling-Uhren, erzählt Metin B. Dazu 5000 Euro in bar, eine Münzsammlung und Silberbarren. Sogar ein Sparschwein schlugen sie kaputt, um die 250 Euro daraus zu entwenden. Der Gesamtwert der Beute: ein hoher fünfstelliger Betrag.

Der Mann konnte sich, als die Einbrecher weg waren, schnell befreien und zu einem Nachbarn flüchten. Von dort wählte er den Notruf.

So kam es, dass die Polizei direkt nach der Tat hinter den Einbrechern her war. Das Fluchtauto stand nur ein paar Hundert Meter entfernt. Metin B. konnte damit zunächst entkommen, die Polizei setzte einen Hubschrauber zur Fahndung ein, letztlich nahm ein Polizeihund Metin B.s Fährte auf und führte die Ermittler zu ihm.

Metin B. wurde zu einer mehrjährigen Haftstrafe verurteilt. Er hatte zwar während der Tat eine Maske getragen, doch das Opfer identifizierte ihn anhand seines auffälligen Tattoos am Hals. »Mir ist erst später vor Gericht klar geworden, wie schlimm das war, was wir dem Mann da angetan haben«, sagt der Täter heute. Das Opfer vermied jeglichen Blickkontakt während des Prozesses, als es seine Aussage machte. Die Richter hatten sogar extra eine Sichtschutzwand zwischen dem Zeugen und der Anklagebank aufstellen lassen. Als der Mann zwei Stunden lang darlegte, was bei dem Einbruch mit ihm gemacht worden war, vergrub Metin B. vor Scham das Gesicht in seinen Händen. »Ich ärgere mich bis heute über die ganze Aktion«, sagt Metin B. Ihm ist klar, dass er zu Recht in Haft sitzt.

Das Opfer ist schwer traumatisiert. Es hatte, als die Täter gingen, noch einen Satz zu ihnen gesagt: »Danke für mein Leben!« Vor Gericht sagte die Opferanwältin, der Traumatisierte bekomme die schrecklichen Bilder der Tatnacht nicht mehr aus dem Kopf. Zudem habe er sein Haus zu einer regelrechten Festung ausgebaut, um nie wieder einen Einbruch erleben zu müssen. Trotzdem könne er sich der ständigen Angst nicht erwehren, träume von der Tat und breche dann in Tränen aus. Nichts sei schlimmer, als in den eigenen vier Wänden brutal überfallen zu werden.

Ein paar Zahlen

Mit dieser Meinung ist der überfallene Uhrenhändler nicht allein: Die Angst vor Einbrechern gilt als eine der größten Sorgen bei vielen Menschen, sie steht für »gefühlte Unsicherheit«, dafür, dass sich die Zeiten ändern und die Welt eine gefährlichere geworden ist.

Die Kriminalitätsstatistik zeigt, dass in ganz Deutschland, egal, ob in der Stadt oder auf dem Land, immer mehr Einbrüche passieren. Die *Bild-Zeitung* schockte die Nation mit der Nachricht: »Alle drei Minuten findet irgendwo in Deutschland ein Einbruch statt.« Im Jahr 2014 wurde in Deutschland rund 150 000 Mal eingebrochen, die Aufklärungsquote liegt bei gerade einmal rund 16 Prozent, im Bundesland Berlin sogar nur bei circa 6,5 Prozent. Etwa 490 Millionen Euro haben Versicherungsgesellschaften im Jahr 2014 an Geschädigte von Einbrüchen auszahlen müssen.

Der Gesetzgeber hat bereits 1998 die Strafen für Wohnungseinbruchsdiebstahl erhöht: auf bis zu zehn Jahre Haft. Begründet wurde die Verschärfung damit, dass ein Einbruch ein tiefer Eingriff in die Intimsphäre der Opfer ist und zu langwierigen psychischen Störungen führen kann. Viele Betroffene leiden über Jahre unter Schlafstörungen, posttraumatischem Stress oder trauen sich nicht mehr, alleine in ihre eigene Wohnung zu gehen. Im Extremfall ziehen die Opfer um, damit sie endlich zur Ruhe kommen können. Wobei selbst das oft keine Erleichterung bringt.

Wenn die Opfer zum Tatzeitpunkt nicht zu Hause sind, finden sie manchmal eine völlig verwüstete Wohnung vor. Einige Täter zerwühlen und zerstören das Inventar aus Frust darüber, dass sie nicht genug Diebesgut fanden.

Der geschilderte Fall des Uhrenhändlers zeigt aber, dass Einbrecher heutzutage nicht mehr nur dann einsteigen, wenn niemand zu Hause ist. Im Gegenteil: Sie suchen mitunter gezielt nach Opfern, die sich in der Wohnung beziehungsweise im Haus aufhalten. Die Bewohner werden gequält, damit die Täter leichter an die Kontokartendaten, Tresorcodes und Verstecke von Wertsachen kommen. Die Einbrecher halten ihre Opfer so lange in Schach, bis ein Komplize mit der erfragten PIN am Automaten Geld abgehoben oder die Karte in einem Geschäft zum Kauf teurer Ware benutzt hat. Solche Delikte gelten juristisch oft nicht mehr als Einbruch, sondern als erpresserischer Menschenraub, der vor Gericht härter bestraft wird.

Der Einbrecherkönig

Ein Baumarkt mitten in Nordrhein-Westfalen, ein Paradies für wahre Heimwerker. Geschäftige Kunden schleppen Holzlatten und Pakete mit Laminat zu ihren Autos. Drinnen riecht es mal nach Farbe, mal nach neuem Teppich, je nachdem, in welcher Abteilung man gerade steht. Es gibt sicherlich keinen besseren Ort, um Freddy K. zu treffen. Der 29-Jährige ist vielleicht Deutschlands dreistester Einbrecherkönig gewesen, ganz sicher einer der gewieftesten.

»Wichtig ist das Arbeitswerkzeug. Da unterscheidet den Einbrecher nichts vom gewöhnlichen Handwerker«, erklärt Freddy K. Da er selbst gelernter Maurer ist, ist der Vergleich gar nicht so weit hergeholt. Nur dass ein Maurer in der Regel etwas aufbaut, während ein Einbrecher eher zerstört.

Man kann Freddy K. nicht vorwerfen, der geborene Verbrecher zu sein. Er hat lange ein Leben ohne Straftaten geführt. Doch dann kam alles anders. Eines Tages lernte er seinen späteren Mittäter kennen, der irgendwann sagte: »Einbruch ist schnelles Geld.« Die beiden legten eine Serie von 40 Einbrüchen hin, bevor sie erwischt und verknackt wurden. Weit über 250 000 Euro hat Freddy K. mit seinen Taten »verdient«. Ein sattes Zubrot für einen Maurer. Mal stahlen die beiden Elektrogeräte, mal kistenweise Parfum, mal teure Möbel aus Geschäften und Firmen. Am verlockendsten sei jedoch das Bargeld in den Firmentresoren gewesen. Geteilt wurde zwischen den beiden Einbrecherkollegen immer fifty-fifty. »Ein schlechtes Gewissen habe ich eigentlich nie gehabt«, sagt Freddy K. heute. Da er überwiegend bei Unternehmen einbrach, hatte er das Gefühl, niemanden zu schädigen – zumindest niemanden persönlich zu treffen. »Die sind doch alle versichert«, rechtfertigt er sich und seine Taten.

Freddy K. und sein Komplize warteten stets so lange, bis niemand mehr im Büro oder in der Produktionshalle der Firma war, dann setzten sie ihren Plan um. In der Regel prüften sie bereits im Vorhinein akribisch, wie man das Objekt knacken konnte. Sie fuhren zu ihrem Einbruchsziel und nahmen sich Zeit, alles auszukundschaften: Welche Schlösser haben die Türen? Wie sicher sind die Fenster? Patrouilliert ein Wachdienst? Gibt es eine Alarmanlage und wie genau sieht diese aus? Wenn alles observiert und geklärt war, begann die eigentliche Arbeit. Freddy K. und sein Komplize brachen ein.

Wie genau sie das machten, zeigt er hier im Baumarkt, wo man alles bekommt, was man für einen professionellen Einbruch braucht. Da gibt es zum Beispiel einfache Holzkeile, mit denen sich Fenster unter Zuhilfenahme eines Hammers spielend aufhebeln lassen. Kostenpunkt: weniger als 50 Cent pro Stück. Zudem macht es keinen großen Lärm, auf diese Weise einzusteigen. »Ein Brecheisen? Braucht kein Mensch«, sagt Freddy K. Er behauptet, ein normales Fenster auf diese Weise in maximal elf Sekunden öffnen zu können. Auch mit einem handelsüblichen Stechbeitel, der ungefähr sieben Euro kostet, lässt sich eine große Hebelwirkung erzielen – und er passt problemlos in die Gesäßtasche einer Jeanshose.

Speziell gesicherte Fenster sind da schon anspruchsvoller, wenn sie verschiedene Bügel und Stifte besitzen. »Ich würde keinen Einbruch mehr verüben. Aber da juckt es mich wieder in den Fingern, wenn ich die Dinger sehe«, sagt Freddy K. und deutet auf das Musterexemplar eines hochgesicherten Fensters an einer Regalwand. Viele Einbrecher reizen überhaupt nur hoch gesicherte Gebäude. »Wenn keine Alarmanlage da war, sind wir meistens gar nicht rein. Jeder, der etwas Wertvolles hat, sichert es in der Regel.«

Türen lassen sich leicht öffnen, wenn sie nur über ein normales Schloss verfügen, so Freddy K. Vor allem Metalltüren seien leicht aufzuhebeln. Was viele nicht ahnen: Holztüren sind sicherer, denn sie verursachen bei gewaltsamem Öffnen durch das Knarren und Knarzen lautere Geräusche, die auf die Täter aufmerksam machen können.

Wenn Türen und Fenster schwer zu knacken waren, lohnte es sich oft, aufs Dach zu klettern. Die Lichtkuppeln seien meist nur leicht verschraubt, da komme jeder Dilettant schnell ins Gebäude. Dann eine Leiter hinabsenken – schon ist der Einbruch gelungen. »Wir hoben Dachpfannen an, wenn das gesamte Gebäude gesichert war. Alarmanlagen, die Dächer absichern, sind nur selten installiert, da diese Anlagen sehr teuer und störanfällig sind. Mit diesem Trick kommt man zur Not in fast jedes Gebäude hinein.«

Das Einbrecherduo hat immer so lange weitergemacht, bis es drinnen war. Freddy K. erinnert sich an keinen Fall, bei dem sie die Unternehmung abgebrochen hätten. Sogar der Wachschutz der Firma konnte sie nicht abhalten: Sie merkten sich genau, wann die Sicherheitsleute kamen, und machten eine Pause, bis die Wachleute wieder gegangen waren. »Viele schauen ja nur, ob Licht brennt oder ob die Alarmanlage angegangen ist«, meint er.

Wenn das Objekt ein Alarmanlage besaß, war Freddy K.s Ehrgeiz besonders geweckt: »Die will man unbedingt überlisten.« Zwar gibt der ehemalige Einbrecher nicht alle Methoden preis, aber er erklärt doch ein paar Details, wie man es machen kann. So sei es ganz wichtig, das Telekomkabel zu finden, über das die Alarmanlage den Alarm an die Leitstelle weiterleitet. Zudem müsse man mit Störsendern dafür sorgen, dass auch per Funk das Alarmsignal nicht an die Zentrale gesendet wird. Außerdem sollte die Sirene des Geräts mit PU-Schaum dichtgemacht werden, sodass sie keinen Ton mehr von sich gibt. Kostenpunkt für den Schaum im Baumarkt: unter zehn Euro, inklusive Handschuhe.

Freddy K. besorgte sich über Kontakte technische Baupläne vieler Alarmanlagen, um Sicherheitskonzepte zu verstehen und zu überlisten. Wenn er mal gar nicht weiterwusste, fragte er direkt bei einem Mitarbeiter einer Alarmanlagenfirma nach: »Für ein bisschen Trinkgeld sind vor allem die Auszubildenden dieser Firmen sehr kooperativ.«

Freddy K. muss grinsen. Zum Beispiel geben diese Leute auch mal den Hinweis, wer gerade mit einer neuen Anlage aufgerüstet habe und wo diese montiert worden sei. »Da beauftragen verängstigte Bürger eine Firma mit der Installation einer teuren Alarmanlage und holen sich genau damit die Einbrecher ins Haus«, sagt Freddy K. und schmunzelt.

Ein wenig Nervenkitzel war aber immer dabei, da ging es Freddy K. nicht anders als einem Akrobaten vor der großen Show: Würde er diesmal geschnappt werden? Oder musste er vielleicht vor der Polizei fliehen? Das Adrenalin war für ihn ein wichtiger Begleiter bei jedem Einbruch.

Tresore lassen sich mit einer kleinen Flex öffnen, wenn man etwas Zeit hat. So ein Gerät kostet im Baumarkt rund 40 Euro. Wenn er länger dafür brauchte, schob er den Tresor kurzerhand mit einem Rollwagen aus der Firma, packte ihn ins Fluchtauto und nahm das ganze Teil mit. Bei so einer Aktion wurde Freddy K.s Komplize erwischt. Bei den Verhören packte dieser aus – er erzählte alles, auch von Freddy K.s Mitwirken bei den Taten.

Freddy K. wurde daraufhin ebenfalls geschnappt und beide kamen in Untersuchungshaft. Mit seinem Mittäter will er keinen Kontakt mehr, denn er selbst glaubt, dass er nie erwischt worden wäre, und ist schon ein bisschen stolz auf seine Leistungen. Handwerklich war er einer von den Guten, das steht fest.

Heute hat Freddy K. eine eigene Familie. Seine Frau, die er erst nach seiner Karriere als Krimineller kennenlernte, habe einen guten Einfluss auf ihn, sagt er. Er möchte sein Geld nur noch auf dem Bau verdienen – legal und mit den eigenen Händen. Ab und an rufen Fernsehsender bei ihm an und drehen mit ihm Beiträge über Einbruchsszenarien und wie man sich am besten davor schützen kann. »Ich habe da bestimmt drei, vier Anfragen im Jahr«, sagt der einstige Einbrecherkönig.

Wer sich vor Einbrüchen schützen will, auch in den eigenen vier Wänden, dem empfiehlt Freddy K. eine haarige Anschaffung: »Ein Hund schützt immer noch besser als alles andere. All das, was der Otto Normalbürger gegen Einbruch tut – Sicherheitstüren und Alarmanlagen –, motiviert die Einbrecher und Tippgeber nur.«

Das entführte Auto

Carjacking bezeichnete früher ausschließlich das Entwenden von Fahrzeugen mit Gewalt oder unter Androhung von Gewalt. In der Verbrecherszene wird dieser Begriff mittlerweile auch gebraucht, wenn es um das heimliche Entwenden von Fahrzeugen geht. Die Täter haben es dabei meist auf teure Autos von Wohnungs- oder Hausbesitzern abgesehen. Sie versuchen, in das Haus oder die Wohnung zu kommen, wenn die Bewohner da sind, weil sie dann die Schlüssel entwenden und mit dem gestohlenen Wagen davonfahren können.

Es gibt zwei Varianten: Entweder man bedroht die Autobesitzer in ihrer Wohnung oder auf der Straße und zwingt sie, den Schlüssel herauszugeben. Oder, viel häufiger, man stiehlt den Schlüssel, ohne dass es bemerkt wird. In beiden Fällen muss das Fahrzeug umgehend verschwinden, bevor die Polizei die Fahndung danach einleiten kann. Meistens fahren die Täter den Wagen schnell auf die Ladefläche eines in der Nähe geparkten Lkws und ziehen die Plane darüber.

Carjacker sind in der Regel hoch organisiert und verfügen über modernste Einbruchstechnik. Viele Opfer machen es den Tätern aber auch besonders leicht: Es ist zum Beispiel typisch deutsch, die Schlüssel an Haken im Eingangsbereich des Hauses oder in der Küche aufzubewahren. Das erspart den Tätern langes Suchen und minimiert das Risiko, entdeckt zu werden. Auch typisch deutsch ist, dass Menschen, die in Mehrparteienhäusern wohnen, ihren Wagen in einer Tiefgarage parken und nicht draußen vor der Tür. Gerade in einer Tiefgarage können Carjacker unmaskiert in Ruhe arbeiten, ohne aufzufliegen. Steht der Wagen draußen, droht auch durch das bloße Einsteigen mit dem entwendeten Schlüssel Entdeckung. Carjacker hassen nichts mehr als gut einsehbare Orte, wo sie zum Beispiel der wachsame Nachbar ertappen kann.

Oft kundschaften sie das Haus oder die Wohnung ihrer Opfer genauestens aus, bevor sie zuschlagen. Dann kann alles ganz schnell gehen. »Auf die Art bist du dein Auto ratzfatz los. Für immer«, sagt Moktar O., 32 Jahre alt, der selbst ein erfahrener Autodieb ist. Die Verbindung zwischen Einbruch und Autoklau ist für ihn so etwas wie die Königsdisziplin.

In Südafrika ist Carjacking bereits seit zwanzig Jahren gang und gäbe – dort gehen die Täter auch oft mit Waffengewalt vor. In Deutschland sind vor allem hochpreisige Geländewagen bei den Dieben gefragt: BMW X5 und X6, Porsche Cayenne, Range Rover und Lexus RX 350.

Woher die Täter wissen, ob ein bestimmter Wagen neu ist? Oft warten sie einfach irgendwo in der Stadt, bis sie ein passendes Auto sehen, verfolgen es und schauen es sich genauer an, nachdem der Fahrer geparkt hat. Die Täter erkennen in der Regel schnell, ob es sich um ein Neufahrzeug handelt. Ihr Blick ist geschult.

Eine andere Masche: Die Täter stehen in Kontakt mit Verkäufern in Autohäusern. Diese werden gegen eine satte Provision zu Komplizen und erzählen ihnen, wann ein Kunde seinen brandneuen Porsche geliefert bekommt. Für den Verkäufer ist das doppeltes Glück: Zum einen erhält er von den Autodieben eine entsprechende Entlohnung. »Zum anderen kommen die Kunden wieder ins gleiche Autohaus, um sich den nächsten Wagen zu bestellen. Die haben ja keine Ahnung, dass der Verkäufer bei dem Diebstahl mit im Spiel war«, sagt Moktar O.

Oft werden die gestohlenen Wagen mit gefälschten Papieren weiterverkauft oder in ihre wertvollen Einzelteile zerlegt. Beide Methoden bringen viel Geld. »Das Beste ist: Man hat kaum Kosten, wenn man den Wagen weiterverkauft. Da ist dann brutto gleich netto«, schwärmt Moktar O. Ruckzuck habe man so als Carjacker Zehntausende Euro in der Tasche. Wichtig beim Verkauf sei, dass man mit einem gefälschten Ausweis arbeitet und den Preis nicht zu günstig ansetzt, höchstens 2000 Euro unter Marktpreis, sonst wecke man schnell einen Verdacht.

Schwierig sei der Umstand, dass man nur Barzahlung akzeptieren könne, wolle man nicht auffliegen. Zum Teil ist dann auch ein gewisses schauspielerisches Talent nötig: Moktar O. streifte sich sogar einen Arztkittel samt Stethoskop über, um als Chirurg durchzugehen, der gerade seinen Porsche verkaufen will. »Man braucht nur eine seriöse Geschichte – dann zahlen die Käufer in bar«, sagt er. Moktar O. bestellte die Interessenten in ein Krankenhaus, lief ihnen aus dem Eingang der Notaufnahme entgegen und gab vor, gerade Pause zu machen, um ihnen den Wagen zu zeigen. Niemand witterte den Betrug. Ein Arzt – da konnte ja nichts schiefgehen. So einer betrügt doch nicht! Falls die Kunden es sich noch einmal überlegen wollten oder eine Probefahrt zu einem späteren Termin vorschlugen, hatte Moktar O. sogar eine Villa angemietet, in der er als vermögender Arzt angeblich wohnte.

Die Tricksereien sind auch auf der technischen Ebene vielschichtig. So lässt sich eine Fahrgestellnummer, so etwas wie der eingravierte Fingerabdruck eines jeden Pkw, abschleifen und ersetzen. Gefälschte Autokennzeichen und Papiere – das alles besorgen die Autoschieber ohne Probleme. Manchmal kaufte Moktar O. sogar Fahrzeugbriefe von bei Unfällen verbrannten Autos, die er umschrieb und einem seiner geklauten Exemplare zuordnete. Nach wie vor würden die gestohlenen Autos, vor allem die Nobelkarossen, gerne nach Osteuropa verschoben, erzählt er, denn da würden sie auch gekauft, wenn dem Interessenten klar sei, dass es sich um Diebesgut handle.

Zweimal wurde der Autoklauer Moktar O. von der Polizei in gestohlenen Wagen angehalten – in beiden Fällen bemerkten die Beamten nichts. Einmal verkaufte er einen Mietwagen, den er gerade geliehen hatte, für sattes Geld. Er hatte einen gefälschten Ausweis vorgelegt und eine fremde Kreditkartennummer benutzt. Auch dabei wurde er nicht erwischt. Ab und zu fuhr Moktar O. die gestohlenen Autos sogar durch die halbe Bundesrepublik, wenn er einen Käufer gefunden hatte. Er wurde leichtsinnig und übertrieb es nach eigenen Angaben: »Ich war einfach nicht mehr vorsichtig genug.«

Bei Moktar O. kam das Ende klassisch: Er wurde dabei erwischt, als er ein gestohlenes Auto bei einem Scheingeschäft an einen Fahnder verkaufen wollte. Er hatte im Gerichtsverfahren Glück und bekam eine Bewährungsstrafe.

Inside Einbrecher

> Ärgerlich ist für viele Hausbewohner, dass Alarmanlagen auch mal Fehlalarme auslösen können und die Polizei dann anrückt. Die Kosten des Polizeieinsatzes sind dann von den Hausbewohnern zu tragen, in Nordrhein-Westfalen betragen diese Kosten derzeit etwa 110,00 Euro pro Einsatz.

> Einbruchsopfer in Deutschland dürfen nicht einfach – wie es der Sportler Oscar Pistorius für zulässig hielt – auf mutmaßliche Einbrecher mit Waffen schießen. Dies ist in der Regel nur zulässig, wenn die Einbrecher die Bewohner auch körperlich angehen. Gerade bei tödlich wirkenden Waffen ist auch dann grundsätzlich eine Stufenfolge einzuhalten: Zunächst muss der Waffengebrauch – sofern möglich – angedroht werden, etwa durch einen Warnschuss. Erst danach ist es dem Verteidiger erlaubt, den Angreifer kampfunfähig zu machen, etwa durch einen Schuss in Beine oder Arme. Nur als letztes Mittel kann im Einzelfall auch die Tötung des Angreifers erlaubt sein.

> Bei allem Verständnis für wirksamen Schutz vor Einbruch ist ebenso absolute Zurückhaltung geboten beim Aufstellen von elektrisch geladenen Zäunen sowie dem Anbringen von Selbstschussanlagen. Selbst wenn Warnschilder potenzielle Einbrecher auf die Gefahren hinweisen, kann die Haftung für alle Folgen hieraus den Hausbesitzer treffen, insbesondere wenn er exzessiv gefährliche Vorkehrungen zur Verhinderung von Einbrüchen trifft.

5. Pädophilie

Komische Vögel

Sittiche sind laut Lexikon »langschwänzige Papageienarten«. Einige von ihnen können sprechen lernen und gehen mit Menschen eine enge Bindung ein. Was sie noch eint: Wenn sie im Wohnzimmer fliegen dürfen, kehren sie freiwillig in ihren Käfig zurück. Sie lieben ihr Gefängnis.

In der Knastsprache sind »Sittiche« nicht so harmlose Gesellen – und im Kittchen sitzen sie bestimmt nicht gerne. Denn hinter Gittern nennt man Pädophile so, und Kinderschänder stehen im Knast, mehr noch als draußen, auf der untersten Stufe der Hackordnung. Wenn es gut für sie läuft, werden sie nur gemieden. Wenn es schlecht läuft, zusammengeschlagen. Für sie ist der Knasteingang das Tor zur Hölle – mehr noch als für jeden anderen. So erging es auch Friedhelm P. Der 58-jährige Mann kam wegen Verdachts auf sexuellen Missbrauch zweier Kinder, zur Tatzeit sechs und acht Jahre alt, in Untersuchungshaft. Es handelte sich, wie sehr oft bei solchen Delikten, um Kinder aus der Verwandtschaft.

Kinderschänder wissen in der Regel, dass sie im Gefängnis als Abschaum gelten, noch weit mehr als Frauenmörder und Homosexuelle. Und sie gelten als schwach, weil sie sich an wehrlosen Opfern vergreifen. Daher erzählen die meisten pädophilen Täter im Knast eine ganz andere Geschichte; eine, die nicht einmal ansatzweise mit sexuellem Missbrauch von Kindern zu tun hat. Sittiche beschreiben dann etwa, sie seien Supermarkträuber gewesen oder hätten in großem Stil Leute betrogen und abgezockt. Oder sie hätten einige Millionen an Steuern hinterzogen.

Viele gehen sogar so weit, sich gefälschte Haftbefehle zu beschaffen, in denen die Aliasvorwürfe schwarz auf rot – Haftbefehle werden auf rotem Papier ausgedruckt – aufgeführt sind. All das nur, um die Wahrheit zu vertuschen. Sie wollen verhindern, dass die »Mitknackis« von ihren tatsächlichen Taten erfahren. Ihre Anwälte bitten sie, als Betreff in Briefen einen falschen Vorwurf anzugeben. Dann steht da statt »Ihre Angelegenheit wegen sexuellen Missbrauchs von Kindern« alternativ »Ihre Angelegenheit wegen Betruges«. Diese Schreiben lassen die Männer offen in der Zelle liegen, um so die Mithäftlinge zu täuschen.

Friedhelm P.s Aliasstraftat im Knast war Bankraub. Diese Geschichte erzählte er gleich nach seiner Ankunft in U-Haft seinen Mithäftlingen und hoffte, damit unbehelligt durchzukommen. Ein realer Bankraub, über den er in der Zeitung gelesen hatte, gab ihm den Stoff dafür und alle glaubten ihm zunächst. Er verschleierte seine kriminelle Vorgeschichte wie ein Heiratsschwindler seine wahren Absichten. Doch er hatte nicht bedacht, dass die Justizvollzugsbeamten im Computersystem genau aufgelistet sehen, für welches Delikt jeder einsitzt. Und auch sie können einen Hass auf Kinderschänder haben.

Gerade war »Aufschluss«, im Knast bedeutet das, dass man sich etwa eine Stunde lang außerhalb der Zelle auf den Fluren der Justizvollzugsanstalt frei bewegen kann. Das Gefängnis, in dem Friedhelm P. einsaß, hatte mehrere Stockwerke und in der Mitte war eine Stahltreppe, über die man von einem ins andere gelangen konnte. Friedhelm P. stand oben an der Treppe mit einigen anderen Insassen. Da kam ein Schließer, sah ihn und rief mit einer Handbewegung in seine Richtung in die Runde: »Sittich!«

Alle außer Friedhelm P., der mit diesem Ausdruck nichts anfangen konnte, wussten, was jetzt kommen würde. Acht Mitgefangene gingen auf ihn los und schlugen mit den Fäusten wie wild auf ihn ein. Er verlor den Halt und stürzte die Treppe hinunter, krachte mit dem Kopf auf den harten Steinboden. Die anderen sprangen hinterher und traten ihn, während er am Boden lag. »Sittiche überleben hier keinen Tag!«, rief einer. Der Wärter indes tat so, als wäre er völlig überrascht und hätte von all dem nichts mitbekommen. Er rief schließlich den Rettungswagen.

Das Strafverfahren gegen die Mitgefangenen verlief ergebnislos, weil alle die Aussage vor Gericht verweigerten und keiner den anderen verpfiff. Dem Wärter war nichts nachzuweisen, keiner der Beteiligten gab zu, dass ein Wort wie »Sittich« gefallen war. Friedhelm P. überlebte den Vorfall nur knapp. Er lag drei Monate im Justizvollzugskrankenhaus und wurde anschließend in einen anderen Knast verlegt.

Nachdem er eine mehrjährige Haftstrafe abgesessen hatte, wurde Friedhelm P. untherapiert in die Freiheit entlassen. Nach nur drei Monaten gab es neue Vorwürfe gegen ihn. Diesmal hieß es, er habe im Internet mit Jungen, teilweise erst 12 oder 13 Jahre alt, gechattet. Dabei soll er sich als 14-jähriges Mädchen ausgegeben haben, das angeblich nach Jungs suchte. Sogar ein falsches Foto soll er hochgeladen und ein Pornovideo verschickt haben, bei dem sich ein junges Mädchen auszieht und danach vor der Kamera selbst befriedigt. Mit diesem Trick soll er die Jugendlichen dazu gebracht haben, sich vor ihrer Webcam auszuziehen und zu onanieren.

Die Ermittler konnten klar beweisen, dass die Korrespondenz von Friedhelm P.s Rechner ausging. Doch er wurde am Ende freigesprochen, weil er die Taten bestritt und behauptete, viele Besucher seiner Wohnung hätten seinen Internetzugang mitbenutzt. Die Ermittlungsbehörden beklagen oft, dass die Anonymität im Netz mutmaßlichen Tätern erlaubt abzutauchen. Tatsächlich lässt sich über die IP-Adresse nur feststellen, von welchem Rechner aus die Straftaten begangen wurden, nicht aber, wer ihn tatsächlich benutzt hat.

Der eigene Vater

Nadine A. laufen die Tränen übers Gesicht, während sie erzählt, was ihr widerfahren ist. Die 28-jährige Verkäuferin will eigentlich stark sein. Doch sie kann nicht anders, es übermannt sie, wenn sie sich daran erinnert. Sie hält kurz inne, setzt die Brille ab und reibt sich entschlossen die Tränen weg. Schluss damit! Das Leben muss weitergehen, so sieht sie es. Jetzt. Immer.

Als Nadine A. etwas über sechs Jahre alt war, wurde sie entführt. Sie war nicht weit weg von zu Hause, ihre Mutter hatte sie nur über die Straße zur Pommesbude geschickt. Der Täter, ein junger Mann aus der Gegend, sah das kleine Mädchen und lauerte ihm in seinem Lieferwagen auf. Als Nadine A. aus dem Imbiss kam, überwältigte er sie, warf sie auf die Ladefläche, schloss zu und fuhr schnell los.

Als Nadine A.s Mutter ihre Tochter vermisste – sie war über eine Stunde nicht zurückgekommen –, fing sie an, nach ihr zu suchen, und alarmierte schließlich die Polizei. Zu dem Zeitpunkt saß Nadine A. im Fußraum des Lieferwagens, den der Täter an einer Autobahnraststätte geparkt hatte. Er hielt ihr eine Pistole an den Kopf und zwang sie, seinen Penis anzufassen und ihn oral zu befriedigen. Er ließ lange nicht von ihr ab, missbrauchte sie über Stunden, auch später noch in einem Waldstück. Die Polizei suchte mittlerweile bereits mit Helikoptern und Hundertschaften nach dem Mädchen. Ohne Erfolg. Nadine A.s Eltern wurden genauso routinemäßig überprüft, die Beamten suchten im Haus, in der Garage und im Kofferraum des Wagens.

Am nächsten Tag kam der Anruf der Polizei: »Wir haben Ihr Kind. Setzen Sie sich mal hin, Sie müssen jetzt stark sein.« Die Mutter: »Ist sie tot?« Der Beamte: »Nein, sie lebt. Aber sie ist wohl missbraucht worden. Sie wird jetzt kriminaltechnisch untersucht. Dann können Sie sie abholen.« Später sagten die Polizisten, die Familie habe großes Glück gehabt: Von zehn entführten Kindern kämen zwei, maximal drei lebend zurück. Der Täter hatte Nadine A. irgendwo in ihrer Heimatstadt an einer Kreuzung aus dem Lieferwagen aussteigen lassen. Das Kind hatte Passanten gefragt, wo die nächste Polizeidienststelle sei. Und dorthin war das Mädchen gegangen.

Nadine A.s Mutter sitzt neben ihr, wirkt sehr bedrückt, wenn ihre Tochter all das erzählt. »Es war der Anfang der schlimmsten Zeit meines Lebens«, sagt die junge Frau dann. Der Täter wurde gefasst und starb in Haft. Bis heute weiß niemand, ob er Suizid beging oder »ob da jemand nachgeholfen hat«, so die Mutter. Zwar freuten sich alle, die Mutter, der Vater, die beiden Brüder, dass Nadine A. zurück war, doch die Stimmung war trügerisch.

So grausam es ist: Ihr eigener Vater hatte sich offenbar daran »aufgegeilt«, dass ein Fremder seine Tochter misshandelt hatte. Er fand sexuellen Gefallen daran. »Mein Vater fing in der Zeit damit an, mich zu missbrauchen«, sagt Nadine A. Es sei mit Fummeleien losgegangen. Dann wurde es schnell immer schlimmer. Abends, wenn die Mutter schlief, kam Gunter A. ins Zimmer seiner Tochter, legte sich zu ihr ins Bett, streichelte sie im Genitalbereich, zog sie aus. Manchmal leckte er ihre Scheide, manchmal zwang er sie, ihn oral zu befriedigen. Irgendwann verlangte er Geschlechtsverkehr in allen möglichen Praktiken. Über Jahre. Hunderte Male.

Da die Mutter im Schichtdienst arbeitete, konnte Gunter A. seine pädophilen Neigungen ungehindert an seiner Tochter ausleben. Nachmittags im Wohnzimmer, abends im Kinderzimmer, manchmal zwischendurch im Badezimmer. Je nachdem, wann die Mutter nach Hause kam und wann sie schlief.

Im Sommer fuhr die Familie mit dem Wohnwagen in den Urlaub. Dann musste Nadine A. bei ihrem Vater schlafen. Und der machte weiter. »Er hat gedroht, dass ich einen Riesenärger bekomme, wenn ich irgendjemandem davon erzähle«, sagt Nadine A. Sie habe Angst gehabt, die Familie zu zerstören, wenn sie sich jemandem offenbarte. Sie war eben ein Kind. Sie fühlte sich schuldig an ihrer misslichen Lage. Der Vater zwang sie, bei den Vergewaltigungen zu stöhnen. »Schau doch, es gefällt dir, was wir hier machen«, sagte Gunter A. dann zu ihr. Manchmal machte er ihr Geschenke, kaufte Spielsachen, um sein schlechtes Gewissen zu betäuben, erzählt Nadine A.

Sie kam in das Alter, in dem andere Mädchen sich zum ersten Mal verlieben. Händchenhalten, Herumknutschen mit Klassenkameraden, den Liebesratgeber der *Bravo* verschlingen, sich im Petting versuchen, mit ihrem Freund das erste Mal erleben. »Für so was hatte ich überhaupt keinen Kopf. Ich litt einfach vor mich hin«, sagt Nadine A. heute. Mit 16 Jahren ging sie zum Frauenarzt und ließ sich die Pille verschreiben, denn ihr Vater schlief ohne jede Verhütung mit ihr. »Er sagte immer, das sei sicher. Er zog seinen Penis vorher raus und spritzte mir auf die Brust oder zwang mich, sein Sperma zu schlucken«, sagt sie und wirkt unglaublich gefasst, während sie ihre schreckliche Geschichte erzählt.

Als Nadine A. 18 Jahre alt war, lernte sie einen jungen Mann kennen. Jetzt verliebte sie sich wirklich zum ersten Mal. Sie flüchtete von zu Hause und zog in die Stadt, in der er wohnte. All die Jahre hatte sie sich niemandem anvertraut. Jetzt erzählte sie es ihrem neuen Freund und auch einer langjährigen Freundin.

Die Mutter trennte sich von Gunter A. Sie war fassungslos, als sie von ihrer Tochter hörte, was all die Jahre passiert war. »Ich hätte mich doch sofort scheiden lassen von ihm, hätte ich davon gewusst! Doch er war nie seltsam, in 27 Jahren Ehe nicht. Ich habe nichts von seiner Pädophilie gemerkt. Er war ein ganz normaler Mann für mich. Auch wenn wir Sex hatten«, sagt die Mutter heute. Sie macht sich Vorwürfe, weil sie all die Jahre nichts mitbekommen hat.

Nadine A. zeigte ihren Vater schließlich an. Günter A. bestritt im Gerichtsverfahren die Vorwürfe. Das bedeutete, dass seine Tochter vor Gericht aussagen und unangenehme Fragen beantworten musste. Und sie konnte sich – so geht es vielen Opfern von Missbrauch in jungen Jahren – nur an einen Bruchteil der Geschehnisse genau erinnern, war zudem sehr aufgewühlt. Es sei eine Tortur im Zeugenstand gewesen, sie würde aber trotzdem jedem Mädchen raten, Anzeige gegen den Täter zu erstatten – egal, ob es ein Fremder oder ein Familienangehöriger ist. »Er hat mir etwas genommen, was mir keiner mehr zurückgeben kann«, sagt sie. Ihr Vater wurde wegen sexuellen Missbrauchs zu sechs Jahren Haft verurteilt.

In ihrer letzten Liebesbeziehung zu einem Mann konnte sie ihre Sexualität genießen, fügt Nadine A. noch hinzu. Es sei ein großer Unterschied, ob man jemanden liebe oder nicht. Allerdings weckte ihr Freund sie manchmal mit sexuellen Annäherungen am Morgen. »Dann bin ich immer hochgeschreckt und habe ihn angeschrien. Weil die Bilder und das Ohnmachtsgefühl hochkamen. Dann stand ich wieder am Abgrund.«

Nadine A. hat bis heute keine Therapie gemacht. Sie will selbst verarbeiten, was ihr da passiert ist. Sie kann sich nicht vorstellen, mit einem fremden Menschen das Thema anzugehen. Sie rauche lieber ab und an einen Joint, um sich zu beruhigen. »Ich will heute darüber reden. Die Leute sollen mich lieber für meine Ehrlichkeit hassen als für meine Lügen lieben.« Gott sei Dank habe sie einen intakten Freundeskreis, der ihr glaube.

Nur eine Arbeitskollegin, die über ihre Geschichte Bescheid weiß, hat ihr mal an den Kopf geworfen, sie wisse, was Nadine A. da mit ihrem Vater gemacht habe. Und dass es eine Schweinerei sei und Nadine A. sich alles ausgedacht hätte. »Du bist durchtrieben«, rief sie in Nadine A.s Richtung und hetzte andere Arbeitskollegen gegen sie auf.

Demnächst soll Gunter A. aus der Haft entlassen werden. Nadine A.s Mutter hat Angst, dass er versuchen könnte, sich der Familie zu nähern. »Ich will nie wieder etwas mit ihm zu tun haben. Aber was ist, wenn er seine Söhne kontaktiert? Die haben lange zu ihm gehalten damals und das Ganze für Lügen von Nadine gehalten.« Nadine A. hat ebenso große Angst. »Was, wenn der vor meiner Tür steht?« Sie sagt, sie habe mehrmals geträumt, ihren Vater mit einer Waffe zu töten, und sie hatte kein schlechtes Gewissen wegen dieser Träume: »Das klingt vielleicht hart. Aber dieser Mann ist kein Mensch. Er hat mein ganzes Leben zerstört.« Der jungen Frau kommen wieder die Tränen. Doch dann will sie wieder stark sein: »Man muss trotzdem immer weitermachen. Immer weiter. Muss.«

Vielleicht hat sie die beste Zeit ihres Lebens noch vor sich. Und diese Hoffnung kann ihr keiner nehmen.

Alt und Jung gesellt sich gern

Wie unverständlich die deutsche Gesetzgebung manchmal sein kann, zeigt sich im folgenden Fall.

Die 13-jährige Natalie N. ist ein hübsches Mädchen. Schwarze Haare, Pferdeschwanz, schlanke Figur, modisch geschminkt. Selbst wenn sie noch so jung ist, weiß sie längst, wie man sich für Männer interessant macht. Sie erscheint zum Interview aufreizend gekleidet in knallengen Jeans und weit geöffnetem Top. Ihre Mutter begleitet sie. Natalie N. erzählt ihre Geschichte. Bei einigen Details, die sie schildert, stockt sie oder wird rot.

Da war dieser 14-jährige Typ, Marvin S., von einer anderen Schule und – wie sie auch – in der siebten Klasse. Über Facebook tauschten sie Nachrichten und Liebes-Smileys aus. »Ich habe ihm geschrieben, dass er mir gefällt, und was man eben so schreibt, Komplimente halt«, sagt Natalie N. Sie verabredeten sich auf dem Pausenhof von Natalie N.s Schule, es kam schnell zum Streicheln und Küssen. Marvin S. fragte sie, ob sie ihm einen blasen würde. Das Mädchen war einverstanden. Sie hatte so etwas schon auf Pornoseiten im Internet gesehen, bückte sich hinunter und befriedigte ihn oral.

Was sie nicht bemerkte: Marvin S. hatte sein Handy gezückt und rund 20 Sekunden von der ganzen Aktion von oben gefilmt. Sie war so verliebt in Marvin S., dass sie ihm eine solche Tat nicht zugetraut hätte, sagt sie: »Ich hab ihm doch vertraut!« Sie gingen auseinander und chatteten abends noch miteinander.

Ein paar Tage später, die »Beziehung« war beendet, sprach ein Mitschüler Natalie N. an, fragte, ob sie wohl mit ihm auf die Toilette kommen würde. Sie meinte, was das solle. »Blas mir auch mal einen«, antwortete er. Er wies sie darauf hin, dass doch die ganze Schule das Video bei Facebook sehen könne. »Ich habe mich geschämt und wie eine Schlampe gefühlt«, sagt Natalie N. Tatsächlich hatte sich das Video viral im Netz verbreitet und ihren Ruf völlig ruiniert. Sie konnte daraufhin einige Wochen nicht zur Schule gehen, so angegriffen war ihre Psyche.

Im späteren Prozess wurde Marvin S. zu Sozialstunden verurteilt. Für den Richter wog am schwersten, dass der Beschuldigte das Video über das Internet verbreitet hatte. Der Täter wurde aber auch wegen sexuellen Missbrauchs eines Kindes verurteilt. Natalie N. war zur Tatzeit 13 Jahre alt und damit im Sinne des Gesetzes ein Kind. Marvin S.

war schon 14 und damit strafmündig, also kein Kind mehr. Nimmt ein 14-Jähriger mit einer 13-Jährigen »sexuelle Handlungen« vor, macht er sich strafbar. Er ist damit, juristisch gesehen, ein Missbrauchstäter, böse gesprochen, ein Kinderschänder.

Nicht strafbar ist hingegen, wenn zum Beispiel ein 70-jähriger Herr mit einem 14-jährigen Mädchen Sex hat. Als Ausnahme gilt nur, wenn das Mädchen seine Schutzbefohlene ist. Darunter versteht man, dass ein sogenanntes Über- und Unterordnungsverhältnis gegeben ist, wie etwa bei Lehrern und ihren Schülern oder bei Firmenchefs und ihren Auszubildenden.

Ungerecht erscheint, dass der 14-Jährige dafür bestraft wird, wenn er Sex mit der 13-Jährigen hat, der 70-Jährige aber nicht, wenn er mit einer 14-Jährigen intim wird. Der vorsitzende Richter im Prozess gegen Marvin S. führte aus, dass er es für falsch halte, Sex unter fast Gleichaltrigen zu bestrafen. Wie viele Juristen vertrat er den Standpunkt, sexuelle Handlungen zwischen Personen fast gleichen Alters nicht zu bestrafen, wenn beide unter 18 Jahren alt sind.

Wissenschaftler unter sich

In der Wissenschaft ist umstritten, ob Pädophilie überhaupt therapierbar ist. Handelt es sich um eine tief verwurzelte Pädophilie, die meistens in der Pubertät entsteht, gehen viele Experten heutzutage davon aus, dass diese Neigung niemals ganz beseitigt werden kann. Vielmehr wird darauf gesetzt, Pädophile darin zu schulen, Situationen zu vermeiden, in denen sie wieder straffällig werden könnten. Eine medikamentöse Behandlung ist eine weitere Möglichkeit. Ein anderer Weg sei lediglich noch die Kastration, so die vorherrschende Meinung der Wissenschaftler.

Doch was ist mit der Therapierbarkeit von Missbrauchsopfern? Überwiegend wird angenommen, dass eine Therapie von Opfern erfolgreich sein kann. Es gelte eine Grundregel: Je näher der Täter dem

Opfer stand, desto schwieriger ist es, dem Opfer zu helfen. Besonders wenn der Täter ein enger Verwandter sei, kämen viele Betroffene nicht über das Erlebte hinweg. In solchen Fällen ist auch die Scham viel größer, als wenn der Täter ein Außenstehender war. Das ist gerade bei jungen Menschen ein großes Problem, weil sie oft viel darauf geben, was andere Leute von ihnen denken.

Inside Pädophilie

> Deutschlandweit bekannt wurde der pädophile Serienmörder Jürgen Bartsch, der in den Sechzigerjahren vier Jungen sexuell missbrauchte und anschließend tötete. Bei der im Landeskrankenhaus Eickelborn nach seiner Verurteilung 1976 vorgenommenen Kastration kam es bei der Narkose zur Verwechslung zweier Chemikalien, wodurch Bartsch einen tödlichen Kreislaufzusammenbruch erlitt.

> In Deutschland können Männer ihre Zustimmung zu einer Kastration erst ab dem 25. Lebensjahr erteilen.

> Wer in Deutschland kinderpornografische Bilder oder Videos besitzt, dem drohen Geldstrafe oder höchstens drei Jahre Gefängnis. Wer aber zum Eigenkonsum 7,5 Gramm reines THC in seinem Auto über die Grenze von Holland nach Deutschland schmuggelt, bekommt eine Haftstrafe zwischen fünf und 15 Jahren, wenn er dabei zum Beispiel einen Schlagring griffbereit in seinem Auto liegen hat – und das, selbst ohne dass er ihn einsetzt oder dies vorhat.

> Das Internetportal Jail-Mail ermöglicht es Gefangenen, während der Haftzeit Kontakte »nach draußen« herzustellen. Insbesondere männliche Gefangene stellen sich dort mit Bild und Text dar und das Interesse ist bei vielen Frauen, die in Freiheit sind, groß. Einige Damen finden es besonders reizvoll, gerade mit Schwerverbrechern, die zu lebenslanger Haft und Sicherungsverwahrung wegen Vergewaltigung oder Mordes verurteilt worden sind, Kontakt aufzunehmen.

> Auf der untersten Stufe in der Knasthierarchie stehen im Männergefängnis Kinderschänder. Dann kommen die Frauenmörder. Beiden Tätergruppen ist gemein, dass sie sich an Schwächeren vergreifen. Davon abgesehen, richtet sich die Hackordnung in Gefängnissen heute nicht mehr so sehr nach Delikten. Das Sagen hinter Gittern hat in der Regel die Gruppe (zum Beispiel Rocker, Russen, Albaner etc.), die zahlenmäßig am stärksten in einer Justizvollzugsanstalt vertreten ist.

6. Zocker und Geldeintreiber

Blut und Leere

In dem Moment, als Henri K. das illegale Spielcasino betrat, dachte er: Das war's. Überall an den Wänden riesige Blutflecken, an manchen Stellen triefte das Blut nur so von der Tapete auf den Boden. Auf dem Teppich lagen Fleischstücke und Gehirnbrocken verstreut wie in einem Splatterfilm. Es roch nach Kadaver. Auf den Spieltischen der Zocker-höhle lagen Sägen, ein Metzgerbeil, Fleischermesser und ein Langdolch.

Die Männer, die ihn sofort überfielen und festhielten, als er durch den Eingang schritt, hatten zudem scharfe Waffen im Anschlag. Sie mussten damit die Casinobesucher, die vor Henri K. gekommen waren, erschossen haben, so wie es hier aussah. Als die Gangster seine 60 000 Euro, die er mitgebracht hatte, an sich nahmen – sie hielten ihm dabei eine Knarre an den Kopf –, war Henri K. das Geld völlig egal. Er überlegte nur, wie er sich vielleicht noch retten könnte. Er wollte nicht sterben!

»Als sie mein Geld hatten, fesselten und knebelten sie mich mit Klebeband. Dann brachten sie mich in einen Abstellraum, in dem weitere Geiseln waren. Ich wusste nicht, ob ich hoffen sollte«, sagt Henri K. und schneidet sich ein mundgerechtes Stück Rehrücken ab. Der 40-Jährige mag es gerne exquisit, er ist ein Gourmet. Er sitzt heute im Restaurant von Sternekoch Frank Rosin in Dorsten, isst dort neben dem Rehrücken noch Jakobsmuscheln, Papaya, Zander und Austern. Es gibt »Schmackofatz«: Leckereien aus den kulinarischen Tiefen der Spitzenküche. Dazu trinkt man Champagner und guten Wein. Das Restaurant ist feudal eingerichtet und bis auf den letzten Platz besetzt. Hier einen Tisch zu bekommen kann manchmal Wochen dauern.

Henri K. hat gute Tischmanieren, er fällt im Restaurant nicht auf. Früher, bevor ihn das Spielen fast ruiniert hat, ging er oft in solchen Läden essen. Zum Beispiel wenn er ein paar Tausend Euro in einer illegalen Rouletterunde gewonnen hatte.

Als er allerdings in dem blutgetränkten Casino ankam, war der Spaß am Zocken weit weg. An diesem Tag sollten die Ganoven siegen. Es war ein Tag mit klarem Himmel, als diese den illegalen Zockladen überfielen. Henri K. sagt, das Casino habe in ganz Deutschland einen guten Ruf gehabt. Es sei in einem ehemaligen Bürogebäude beheimatet gewesen. Er selbst spielte dort gerne Black Jack und Roulette. Organisiert war der Laden als eingetragener Verein, spendete regelmäßig für gute Zwecke und wurde lange von den örtlichen Behörden in Ruhe gelassen. So zumindest schildern es viele ehemalige Gäste. Nachts wurden in dem Casino Millionen verzockt, die spielfreudigen Besucher konnten sich über ein üppiges Büfett, kühle Drinks und hübsche Hostessen in Hotpants freuen. Zu gutem Whisky wurden Zigarren geraucht, man hielt zwischen den Spielen ein Schwätzchen – die Zocker waren wie eine große Familie. Es kamen Millionäre aus ganz Deutschland hierher. Manche zockten nur ein wenig, andere ließen sich beim Zocken zusätzlich von den anwesenden Edelprostituierten unter dem Tisch verwöhnen. Im Prinzip waren die Gäste durchweg spielsüchtig, egal, ob vermögend oder längst pleite.

Die Räuber wussten genau, was sie taten, als sie Henri K. und ein paar Dutzend weitere Gäste überfielen. Sie hatten die Tat gut geplant: Bevor der Laden am Samstagabend öffnete, überwältigten sie die Sicherheitsleute und alle anwesenden Mitarbeiter, betäubten sie mit Narkotika und schlossen sie in einem Abstellraum ein. Dann schmierten sie Schweineblut an die Wände im Inneren des Casinos und verteilten Fleischreste von toten Tieren im Raum.

Von außen ließ sich nichts erkennen. Doch jeder, der hereinkam, sollte glauben, dass hier ein Gewaltexzess im Gange war. Sobald die Tür aufging, wurden die nichtsahnenden Gäste direkt überwältigt. »An dem Abend haben die Täter fast anderthalb Millionen Euro in bar abgesahnt und eine Menge teurer Uhren, Ringe und Halsketten erbeutet«, sagt Henri K. Er werde diesen Moment, den Anblick des verdreckten Casinos und die Todesangst nie vergessen. Er glaubt, dass den Tätern Casinomitarbeiter bei der Planung der Tat geholfen haben. »Die Täter kannten die Abläufe und die Räumlichkeiten einfach viel zu gut.« Befreit wurden die Gefesselten sechs Stunden später – von einem Mitarbeiter, der zu sich gekommen war und sich seiner Fesseln entledigen konnte. Die Täter wurden nie gefasst. Sie stahlen sich mit vollen Taschen davon – und da die Zockerbude wie auch ein Teil des mitgebrachten Geldes der Besucher illegal war, wollte niemand eine Anzeige bei der Polizei stellen.

Henri K., verheiratet und Vater zweier Kinder, zockte nach dieser Erfahrung trotzdem munter weiter. Er sagt, dass er bis heute hochgradig spielsüchtig sei und in seinem Leben rund drei Millionen Euro, darunter das Erbe seiner Eltern, verzockt habe. »Beim Roulette ist die 17 meine Glückszahl. Mit der habe ich einmal 45 000 Euro gewonnen.«

Als er später an einer Selbsthilfegruppe für Spielsüchtige teilnahm, animierte er die Betroffenen nach dem Abend, mit ihm zocken zu gehen, und brachte so einige zur Sucht zurück. Bis er die Gruppe verlassen musste.

Sein Geld verdient er heutzutage mit der Spielsucht anderer, er betreibt ein paar Casinos mit Spielautomaten. »Wenn ich die Automaten nicht aufstelle, machen es andere«, erwidert er auf die Frage, ob er dabei kein schlechtes Gewissen habe.

Schreibtisch und Zigarre

Wenn Ekrem R. an seiner Cohiba zieht, denkt man: ein Genießer. Der Mann, der sich »der Bürgermeister« nennt, weil er sozusagen »Zockpolitik« macht, zündet die Spitze mit dem Feuerzeug an, nimmt ein paar kurze Züge, behält den Rauch im Mund und schmeckt ihn beim Ausatmen mit der Zunge nach. Zigarrenliebhaber inhalieren nicht; es geht nicht ums Nikotin, es geht um den Geschmack.

Rund 100 Euro verbrennt er am Tag nur mit den Zigarren, sagt er. Dazu trinkt er Cognac der Marken Hennessy und Rémy Martin, die harmonieren geschmacklich bestens mit den Zigarren. Obwohl Ekrem R. als Muslim aufwuchs, bezeichnet er sich als Agnostiker. Religiöse Verbote kennt er nicht. Sie würden ihn und sein Tun zu sehr einschränken, findet er. Und er fügt hinzu, dass er rund 15 000 Euro im Monat nur für sich zum Leben braucht. Um das Leben zu genießen. Ekrem R. inhaliert nicht nur Geld, er scheint förmlich nach Geld zu stinken.

Der Mann ist um die 50, wirkt wie ein Gentleman der alten Schule. Fester Händedruck, stets ein Lächeln im Gesicht, die Haare zurückgegelt, teurer Kaschmirpullover. Wenn er redet, schaut er seinem Gegenüber in die Augen; nicht penetrant, sondern mit einem Wohlwollen, das eine angenehm warme Gesprächsatmosphäre schafft.

In seinem Büro stehen außer dem Humidor mit den edlen Zigarren eine Bar, große Ledersessel, ein dazu passendes Sofa und ein Glastisch. Der Bürgermeister sitzt hinter einem riesigen Schreibtisch von 3,50 Meter Länge. Er hat ihn, wie alle anderen Möbel in dem Raum, extra in der Türkei fertigen lassen. Im Hintergrund läuft Musik aus dem Musical »Das Phantom der Oper«. Der Computerbildschirm zeigt das gesendete Bild der Sicherheitskamera, die auf den Eingang gerichtet ist.

Ekrem R. stammt aus Istanbul. Als er 14 Jahre alt war, brachte sein Vater die Familie als Gastarbeiter nach Deutschland. »In dem Alter lernst du eine Sprache nicht mehr so spielend, wie das Kinder können«, sagt er und es klingt ein bisschen wie eine Entschuldigung für die Art und Weise, mit der er sein Vermögen gemacht hat. Schließlich hätte er von seinen Fähigkeiten her Arzt oder Anwalt werden können. Aber er wuchs auf der Straße auf und wurde kriminell.

Der Bürgermeister war lange im illegalen Zockgeschäft aktiv, hat damit angeblich sehr viel Geld verdient. Er sei dort eher zufällig gelandet, behauptet er. Nach der Berufsschule arbeitete er als Bergmann in der Zeche. Er verlor den Job aber, weil er zu oft fehlte. Mit 17 eröffnete er mithilfe einer väterlichen Finanzspritze einen Laden für türkische Lebensmittel, den er nach zwei Jahren aber schon wieder verkaufte.

»Dann habe ich einen Raubüberfall begangen, für den ich in den Knast musste. Ich wurde nach Jugendstrafrecht verurteilt«, erzählt Ekrem R.

Als er aus der Haft entlassen wurde, eröffnete er erst eine Dönerbude und dann eine zweite. Es war in einer Zeit, als der Döner in Deutschland noch unbekannt war, und schnell verbreitete sich die Nachricht, dass man bei Ekrem R. das beste türkische Essen bekomme.

Während er als Imbissgastronom erfolgreich war und hohe Gewinne erzielte, war Ekrem R. längst zum Zocker geworden. Er steckte viel von seinem Geld in Automaten, lernte die Regeln anderer Glücksspiele und stand kurz vor der Sucht. Sein liebstes Spiel: das türkische Würfelspiel Barbut. Er überlegte: entweder enden wie ein abgehalfterter Bettler oder mit Glücksspiel Geld verdienen. Und das geht nur, wenn man zocken lässt, statt selbst zu zocken.

Der Bürgermeister eröffnete also sein eigenes Casino – eine illegale Zockerbude, versteht sich. Er wollte in der ersten Liga des Glücksspiels mitmischen. Um zu sehen, worauf es ankommt, reiste er sogar nach Monte Carlo und Las Vegas, wo vom Glücksspiel ruinierte Spieler als Obdachlose in der Kanalisation leben, um weiterhin jeden Cent in einen einarmigen Banditen zu werfen. In wechselnden Lokalitäten konnten Casinobesucher bei Ekrem R. zunächst Rommé, Baccara und Roulette spielen. Später kamen Pokerrunden dazu, in denen es um sehr viel Geld ging. Und natürlich stellte der Hausherr in dieser »goldenen Zeit« auch Automaten auf.

Die Bank nahm je nach Spiel fünf bis zehn Prozent Tischgeld vom Pot, also von der Summe des gesetzten Geldes. Bei hohen Einsätzen war das eine gute Einnahmequelle. »Legal konnte man so etwas nicht machen. Papa Staat ist böse«, sagt Ekrem R. und lächelt dabei. Die Steuern seien beim Glücksspiel einfach »unverschämt hoch angesetzt«.

Wer beim Bürgermeister als Spieler bekannt war oder einen solventen Eindruck machte, dem lieh Ekrem R. auch Geld, wenn er pleite war. Vor allem Selbstständige hatten bei ihm immer Kredit – im Gegensatz zu Arbeitern und Angestellten, denn bei Ekrem R. konnte man sich nur Summen ab 10 000 Euro leihen. Spielsüchtige waren ebenfalls nicht ausgenommen. »Jeder muss selbst wissen, wo sein Limit ist«, findet Ekrem R. Schließlich wollte er die Leute ja am Spieltisch halten, und er konnte es sich leisten, zinsfreie Darlehen in seinem Casino zu gewähren – vorausgesetzt, das Geld wurde hier wieder eingesetzt. »Über das Tischgeld habe ich ja trotzdem verdient. Das waren sozusagen die Zinsen. Manchmal habe ich an einem Abend auf diese Weise 90 000 Euro gemacht.« Viele Spieler blieben 72 Stunden am Tisch, versuchten mit Wachmachern nachzuhelfen – mit heißem Kaffee oder Amphetaminen.

Einmal gab es einen Überfall auf die Zockerstätte, 200 000 Euro erbeuteten die Täter. »Es muss da ein Tippgeber gewesen sein. Den suche ich bis heute. Und wenn ich ihn finde, wird er bereuen!«, so der Bürgermeister.

Das Geldverleihen wurde irgendwann sogar zur Haupteinnahmequelle, als Ekrem R. längst kein Casino mehr betrieb. Er nahm zehn Prozent Zinsen, pro Monat versteht sich. Für viele war er die letzte Anlaufstelle, der letzte Anker. »Andere verkaufen Tomaten, ich verkaufe Geld. Man muss sein Geschäft sauber führen und das tue ich, egal, ob es legale oder illegale Geschäfte sind«, so der Bürgermeister. Manchmal verlieh er 300 000 Euro an einem Tag. Man dürfe in diesem Metier nie kurzfristig denken. Geld komme, Geld gehe, sagt Ekrem R. Ausfälle habe es kaum gegeben. »Ich weiß, wie man an sein Geld kommt«, verrät er mit listigem Blick. Nur wenn ein säumiger Schuldner gestorben sei, habe er nicht auf Rückzahlung bestanden.

Außerdem habe er immer großzügig Aufschub gewährt, wenn jemand gerade nicht flüssig war. »Wenn der Strom zu Hause abgestellt wurde, konnte ich warten. Ich bin kein Unmensch.« Wichtig sei ihm nur gewesen, dass der Schuldner in einem solchen Fall persönlich bei ihm erschien und mit ihm sprach. Oft kamen auch die Ehefrauen und machten auf die missliche Lage aufmerksam. »Dann habe ich immer gewartet.«

Ekrem R. wurde irgendwann gefasst und wegen unerlaubten Veranstaltens eines Glücksspiels verurteilt. Er bekam eine Bewährungsstrafe. Seine Jugendstrafe war bereits aus dem Register gelöscht. Heute unterhält er einige Gastronomiebetriebe mit insgesamt 85 Mitarbeitern. Er spende hohe Summen für wohltätige Zwecke, zum Beispiel schenkt er Querschnittsgelähmten in der Türkei Rollstühle. »Wer so viel Glück im Leben hatte wie ich, der muss etwas zurückgeben«, findet er. Was das Geheimnis seines Erfolges in der Unterwelt sei? »Ich habe in meinem Leben nie Angst gehabt. Wer Angst hat, der macht unter Umständen fatale Fehler.«

Nie ohne Geld zurück

Auch Tarek M. ist ein Mann ohne Angst. Wer dem Mittvierziger in die Augen schaut, erkennt das an seinem unbeugsamen Blick. Seine Statur ist stämmig und muskulös. Sein Bizeps schwillt an wie eine dicke Mango, wenn er ihn anspannt. Und wenn er redet, merkt man: Dieser Mann ist nicht nur furchtlos, er ist total abgebrüht. »Ich bin noch nie ohne Geld zurückgekommen«, behauptet er. Eigentlich ist damit alles gesagt, doch die Details sind spannend. Denn der Mann verdient sein Geld auf kriminelle Art. Eines seiner Standbeine: Geldeintreiben.

Wer seine Schulden – unter anderem sind es Wett- und Spielschulden – nicht wie abgemacht begleicht, muss damit rechnen, dass früher oder später Tarek M. und seine Crew vor seiner Tür stehen. Und sie werden nicht zimperlich sein.

Wenn ein Schuldner nicht zahlen kann oder will, kommen Tarek M. und seine Jungs ins Spiel, denn auf juristischem Wege an sein Geld zu kommen ist in Deutschland oft schwieriger, als den Heiligen Gral zu finden. Deshalb beschreiten viele Gläubiger gar nicht mehr den Zivilrechtsweg, sondern holen sich ihr Geld von vornherein ohne die deutsche Justiz. Hier entsteht eine kriminelle Parallelgesellschaft, die im großen Stil funktioniert.

Zivilprozesse dauern oft Jahre und wenn man als Gläubiger endlich ein Gerichtsurteil erlangt hat, richten sich viele Schuldner »vollstreckungssicher« ein, das heißt, es ist nichts bei ihnen zu holen. Sie übertragen ihr Hab und Gut auf Dritte, zum Beispiel auf die Partnerin.

Dann ist die Macht von Gerichtsvollziehern stark eingeschränkt. Tarek M. sagt sogar: »Gerichtsvollzieher in Deutschland sind doch Warmduscher. Die machen nichts richtig und lassen sich von den Schuldnern regelrecht verschaukeln.«

Wie er vorgeht, wenn er das Geld einholen soll? Tarek M. überlegt einen Moment, dann holt er tief Luft und erzählt von seinem Beruf: »Ich entwerfe jetzt einfach mal einen Fall. Da ist Hans aus München, dem Thomas aus Hamburg eine Menge Geld, 50 000 Euro, in einer Zockrunde geliehen hat. Abgemacht war eine Rückzahlung innerhalb von vier Wochen. Nach drei Monaten ist immer noch kein Geld gekommen. Also ruft mich Thomas an und wir treffen uns in seiner Heimatstadt Hamburg.«

Der Klient muss Tarek M. je nach Aufwand und Höhe der verliehenen Summe Geld vorstrecken, für Spesen und Arbeitszeit. Liegt die Gesamtsumme unter 30 000 Euro, lehnt der Geldeintreiber den Auftrag ohne Umschweife ab. Als Vorschuss vereinbart er in der Regel zehn Prozent des vorliegenden »Streitwerts«. Dieser Vorschuss wird auch bei einem Totalausfall nicht zurückgezahlt. Doch Tarek M. hat, wie gesagt, keine Ausfälle. Sein Ruf in der Szene ist, dass er hartnäckig und brutal das Geld eintreibt. Empfohlen wird er per Mundpropaganda. »Meistens läuft das über Bekannte, für die ich schon tätig gewesen bin«, sagt er. Zwar gebe es immer einen Eintreiber, der für weniger Geld den gleichen Service anbiete, aber am Ende zähle meist das Vertrauen mehr als das Honorar.

Tarek M. geht in die Einzelheiten und beschreibt anhand des Beispielfalls jeden Schritt, den er bei einem solchen Job geht. Bei dem Treffen mit Thomas schreibt Tarek M. akribisch mit, nimmt jedes Detail auf, das er erfahren kann, wie ein Privatdetektiv oder Zielfahnder: Wie lautet der volle Name des Schuldners? Wo arbeitet Hans? Wo wohnt er genau? Hat er Frau und Familie?

Anschließend schickt Tarek M. seine Mitarbeiter los, meist zwei Männer. »Ich kann nicht alles alleine machen, dafür habe ich selbst zu viele parallel laufende Geschäfte.« Seine Männer fahren also zu Hans nach München. Sie werden ihn ein paar Tage observieren. Sie schauen, wann er morgens das Haus verlässt. Wie er gekleidet ist. Welchen Wagen er fährt. Wo er die Kinder morgens in der Schule oder im Kindergarten abgibt. Wo er arbeitet. Wo er Mittagspause macht. Mit wem er seine Freizeit verbringt. Wofür er sein Geld ausgibt. Ob er Hobbys und andere Aktivitäten pflegt: Fußball, Tennis, Schach, Kneipenbesuche. Welche Freunde er hat und wie diese sich kleiden, wo sie arbeiten, ob sie ihm Geld leihen. Und natürlich auch, ob Hans regelmäßig zocken geht und dafür Geld flüssig hat.

Frau und Kinder observieren sie auch: Wo geht die Frau shoppen und welchen Wagen fährt sie? Oder nimmt sie die Bahn? Sie checken auch die Wohnsituation ab: Wo im Haus befindet sich das Schlafzimmerfenster? Gibt es eine Alarmanlage? Oder gar einen Hund?

Alles wird notiert – Uhrzeiten, Gewohnheiten, zusätzliche Fakten – und fotografiert. Dass Hans ein Toupet trägt, ist ihnen ebenso wenig entgangen wie der Umstand, dass seine Frau derzeit zweimal wöchentlich zur Krankengymnastik geht. Die Akte, die sie auf diese Weise zusammenstellen, übergeben sie Tarek M. Mit allen Infos ausgestattet, fährt dieser mit seinem dunkelblauen BMW nach München, um seinen Job zu tun.

Als Erstes verfolgt der Geldeintreiber Hans auf dem Weg zur Arbeit, passt ihn auf dem Firmenparkplatz ab und macht ihm eine »Ansage«, wie er es nennt. »Säumige Schuldner sind meistens Angsthasen«, sagt Tarek M. aus Erfahrung. Er packt Hans, schaut ihm tief in die Augen und redet in ruhigem Ton mit ihm: »Du bist ein dreckiger Betrüger. Du hast jetzt drei Tage Zeit. Wir haben da diesen gemeinsamen Bekannten in Hamburg, der hat noch 50 Mille von dir zu bekommen. Wenn du nicht zahlst, sehen wir uns wieder und meine Sprache wird eine andere sein.« Namen nennt Tarek M. dabei bewusst nicht. Diskretion ist für seine Kunden wichtig, schließlich wird hier per Selbstjustiz Geld eingetrieben. Dann zeigt er dem Schuldner die Akte. »Ich weiß alles! Du solltest besser zahlen. Besser für dich, meine ich.« Tarek M. sagt, die Schlauen nähmen seine Ansage ernst. Die Dummen würden es bereuen, dass sie es nicht getan haben.

Wenn Hans so dumm ist, nicht zu bezahlen, spürt er bald Konsequenzen. Dann gibt es Drohungen gegen die Frau und die Kinder. Ein Foto des Kindes, wie es aus der Schule kommt, wird Hans' Frau bei einem »Schwätzchen« gezeigt. Das reicht meistens. Gerade wenn Frauen sich oder ihre Kinder bedroht wüssten, übten sie einen hohen Druck auf ihre Männer aus, so Tarek M.: »Da geht die Alte bei Gucci shoppen und erfährt von mir, dass ihr Mann Spielschulden hat und deshalb Ärger mit mir droht. Das ist oft das beste Argument für eine Rückzahlung. Fast jeder Mann hat Angst vor seiner Frau!«

Es gibt eine Menge weiterer Maßnahmen. Den Lack am Auto zerkratzen, die Reifen mit einem Messer kaputt stechen. Eine Todesanzeige mit dem Schuldner als Gestorbenen am Computer erstellen und ihm in den Briefkasten werfen (»Er musste von uns gehen, weil er seine Schulden nicht bezahlte!«). Nachts einen Stein ins Wohnzimmerfenster werfen. Oder Tarek M. stellt sich morgens mit verschränkten Armen vor das Schlafzimmerfenster, sodass Hans oder seine Frau ihn als Erstes sehen, wenn sie die Jalousien hochziehen. Der Schreckmoment ist garantiert. Psychoterror kann viel effektiver sein, als mit tumber Wucht Gewalt auszuüben.

Zu echter Gewalt komme es tatsächlich eher selten, da die Ansagen eindeutig seien. Doch es gebe Geldeintreiber, die den Schuldnern die Finger abgeschnitten hätten, wenn sie auf ihr Drängen nicht reagierten. »Die machen einfach schnipp, schnapp in irgendeiner Lagerhalle«, erzählt Tarek M. Er selbst habe bis jetzt nie so weit gehen müssen. Ob er so etwas tun würde, lässt er allerdings offen.

»Die Methoden sind böse und bei jedem verschieden. Für unseren Job musst du auf jeden Fall richtig dicke Eier haben«, sagt Tarek M. Es gibt Fälle, bei denen der Hund des Schuldners vergiftet oder erschossen wurde. Auch Kindesentführungen sollen vorkommen. Oder man drohe damit, die Ehefrau oder die Kinder mit HIV zu infizieren, schicke dem Schuldner Bilder einer mit Blut aufgezogenen Spritze. Dazu eine Nachricht: »Es wäre doch schade, wenn dein Kind damit gestochen wird.«

Die meisten Geldeintreiber kassieren 30 bis 50 Prozent der offenen Summe im Erfolgsfall. Für die Gläubiger spielt das keine Rolle, denn sie haben das Geld ohnehin abgeschrieben. Schließlich würden sie unter normalen Umständen keinen Cent zurückbekommen. Zudem hegen sie großen Groll auf die Schuldner und gönnen ihnen einen »netten Besuch« von Tarek M. Momentan ist der Geldeintreiber nach eigenen Worten an einem dicken Fall dran: Es geht um 750 000 Euro. Ob ihm die Schuldner nicht leidtun? Tarek M. zuckt mit den Achseln. Schulden seien eben Ehrenschulden. Und die Ehre ist in seinem Metier alles.

Inside Zocker und Geldeintreiber

> So schlimm einige Süchte, wie zum Beispiel die Spiel-, Drogen-, Alkohol- oder Kaufsucht, für die Betroffenen sind, strafrechtlich wirken sie sich für Beschuldigte oft günstig aus: Im Einzelfall kommt eine verminderte Schuldfähigkeit hierdurch infrage, die zu einem geringeren Strafmaß führen kann.

> Eine Sucht kann aber auch bewirken, dass der Betroffene ganz ohne Strafe ausgeht, wie etwa das Beispiel der Stehlsucht zeigt: Wer in einer Drogerie nur um des Klauens willen Gegenstände an sich nimmt, in der vorherigen Absicht, diese nach dem Verlassen des Geschäfts wegzuwerfen oder zu vernichten, begeht keinen Diebstahl. Eine solche Person hat nicht die erforderliche »Aneignungsabsicht«, wie man das in der Fachsprache nennt. Wenn ein Detektiv diese Person im Laden stellt, kommt sie straffrei aus der Sache heraus.

> Geldeintreiber, die im Wege der Selbstjustiz Forderungen eintreiben, rufen bei ihren Opfern oftmals schwerwiegende psychische Schäden hervor. Der deutsche Gesetzgeber wertet solche illegalen Geldeintreibungen allerdings dann nicht als Erpressung, wenn der Gläubiger, der das Geld eintreiben lässt, tatsächlich einen Anspruch auf Zahlung in der Höhe gegen den Schuldner hat. In diesem Fall ist das illegale Geldeintreiben nur als Nötigung oder Bedrohung strafbar, wobei die Konsequenzen hierauf in der Praxis oft nur gering sind.

> Auch (legale) Inkassobüros setzen in ihren Aufforderungsschreiben an (vermeintliche) Schuldner oft auf psychischen Druck. So wird in vielen Schreiben mit einem sofortigen Schufa-Eintrag oder der Beauftragung eines Gerichtsvollziehers für den Fall der Nichtzahlung gedroht, obwohl die Gläubiger oftmals noch nicht einmal ein Gerichtsurteil vorliegen haben, das juristisch aber Voraussetzung für die angedrohten Konsequenzen wäre.

7. Liebesschwindel

Im Atelier

Der Weg in den Kölner Keller ist düster. Kein Lichtschalter. »Das Atelier« kennt keinen Morgen, keinen Tag. Selbst die Eingangstür ist schwarz gestrichen. Absolute Stille. Auch nach dem Klingeln regt sich nichts. Nach gefühlten fünf Minuten öffnet Lady Allegra. Die Tür knarrt und knarzt dabei wie ein alter Schaukelstuhl beim Wippen.

Innen im Flur sind die Wände schwarz und rot getüncht. Kerzen brennen auf eisernen Ständern wie kleine Fackeln. Gitter an den Wänden, ein hölzerner Thron und ein Sarg, in dem schon so mancher Kunde stundenlang gelegen hat. Das Ambiente wirkt wie eine Mischung aus Mittelalterchic und Gruft. Genau so stellt man sich ein Dominastudio vor.

Auch Lady Allegra passt ins Bild. Ein eng geschnürtes ledernes Korsett mit tiefem Ausschnitt, komplett in Schwarz, die Augen dunkel geschminkt. Zu ihren Kunden ist die 59-Jährige hart und streng. Doch jetzt zeigt sie, dass sie auch freundlich sein kann, wenn sie nicht in ihrer beruflichen Rolle steckt. Sie lächelt gewinnend, erzählt hier einen Schwank, dort eine Anekdote. Man kann sich gut vorstellen, dass sie ihrem Ehemann eine liebevolle und empathische Partnerin ist. Keine strenge Fuchtel. Vielleicht ist es diese Gutmütigkeit, dieses Einfühlungsvermögen, das sie zum Opfer eines skrupellosen Heiratsschwindlers machte, aber dazu später mehr.

Zunächst folgt eine Führung durch die verschiedenen Räume des Ateliers. Hier ist alles möglich, wovon Sadomasokunden träumen: An den Wänden im größten Raum hängen Gasmasken, Peitschen, Rohrstöcke, Handschellen. In den Regalen liegen Gummihandschuhe, riesige Dildos und Gewichte, die man an Hoden und Penis befestigen kann, um dem Gast empfindliche Schmerzen zuzufügen. Sie wollen es nicht anders, oft haben sie im wahren Leben tolle Jobs und einen guten Verdienst. Sie bezahlen eine Menge Geld. »Manche legen sich hier auf den Gynäkologenstuhl und wollen, dass ich sie fiste«, sagt Lady Allegra. Dann schiebt sie ihren Arm bis zur Beuge in den Hintern. Schmerzen, die manche Kunden glücklich machen.

An einer Wand des Raumes steht ein Andreaskreuz – wahrscheinlich das bekannteste SM-Möbel, das es gibt. Es ist ein x-förmiges Kreuz aus Stahl, etwa zwei Meter groß. Die Namensgebung geht auf den Apostel Andreas zurück, der 50 Jahre nach Jesu Auferstehung an einem ebensolchen Hinrichtungswerkzeug gekreuzigt wurde. Der »passive« Gast, der auf Peinigung aus ist, kann hier leiden wie ein Märtyrer. Die Domina kann ihn von vorne oder hinten traktieren auf jede erdenkliche Weise. »Da er mit den Füßen auf dem Boden steht, ist es allerdings nur eine Kreuzigung light«, sagt Lady Allegra. Verletzungen seien bei dieser Folter selten.

In einem »Arztzimmer« können sich die Gäste mit Nadeln stechen lassen, einen Katheter gelegt bekommen oder die Brustwarzen mit Pinzetten zusammendrücken lassen. Andere genießen es, sich in ein kleines Verlies oder in den besagten Sarg einsperren zu lassen. »Einmal haben wir einen Gast im Sarg vergessen, als wir Feierabend machten. Gott sei Dank hatte der sein Handy dabei«, sagt Lady Allegra amüsiert.

Eine der bizarrsten Möglichkeiten, sich von ihr und ihren Kolleginnen demütigen zu lassen, ist, sich mit einer Schweinemaske auf dem Kopf an ein hölzernes Schulpult zu setzen und von der »Lehrerin« mit Maulschellen und Rohrstock peinigen zu lassen.

Herkömmlichen Sex gibt es eher selten, die meisten Dominas bieten ihn gar nicht an, wenn gewünscht, bestellen sie »Sklavinnen« ins Studio dazu. Zudem gibt es den Torso eines Frauenkörpers, aus Gummi gefertigt, in dessen nachgeformte Scheide der Kunde eindringen kann. So geht Sex im Atelier.

Am Anfang war das Netz

Schlagen, fisten, auspeitschen – beruflich mag Lady Allegra gerne züchtigen. Privat ist sie allerdings verschmust und suchte die große Liebe. Sie ist sensibel, sie will von einem Mann auf Händen getragen werden, ja Wertschätzung erfahren. Dominant und herrisch wie eine Gouvernante ist sie nur im Job. Doch aus diesen Sehnsüchten wurde ihr Albtraum.

»Romance Scam« oder »Love Scam«, zu Deutsch Liebesbetrug, heißt die Methode, wenn sich Schwindler auf Datingplattformen oder in den sozialen Netzwerken an ihre Opfer heranpirschen. Oft verwenden sie sogar gefälschte Identitäten oder Bilder, die Person, die sie im Netz verkörpern, gibt es demnach in Wirklichkeit überhaupt nicht.

Vor einigen Jahren lernte Lady Allegra Herbert P. im Internet kennen. Sie hat mehrere Beziehungen gehabt in ihrem Leben, doch die große Liebe war zunächst nicht dabei. »Ich dachte: Jetzt probierst du es einmal im Internet«, sagt sie. Sie legte sich einen Account bei einer Datingplattform an, surfte auf den Profilen der ebenfalls suchenden Männer, verglich die potenziellen Bewerber miteinander, schrieb Nachrichten.

Als Herbert P. – im Netz nutzt er den Nicknamen »Darkwitcher«, also dunkler Hexer – sie anschreibt und schließlich »Ein hübsches Bild hast du da!!!« in den virtuellen Raum hineinflötet, ist es fast geschehen um die Domina mit dem weichen Herzen. »Danke, du aber auch!«, schreibt sie zurück. »Deine Augen …«, antwortet der Liebeswerber. »Was arbeitest du?«, will sie wissen. Er, eigentlich ein gelernter Automechaniker, tischt ihr die erste Räuberpistole auf: Angeblich ist er der Inhaber einer Sicherheitsfirma, die vor allem Stars und Promis begleitet und beschützt. Außerdem betreibe er eine Bikerkneipe. »Natürlich hat mir das alles imponiert«, sagt Lady Allegra. Sie sei fasziniert gewesen von den Anekdoten, wie es gewesen sei, als er einmal den Musiker DJ Bobo beschützen sollte, und so weiter und so weiter. Sie schrieb: »Lass uns doch einmal real treffen!« Er lud sie zum Essen ein und damit begann – ohne dass sie es ahnte – das Martyrium der Domina Lady Allegra, bei dem sie selbst die Gepeinigte sein sollte.

Von Angesicht zu Angesicht

Beim Essen genoss Lady Allegra, dass sie sich bei diesem Typen »endlich mal wieder wie eine Frau fühlen durfte«. Im Gegensatz zu anderen Männern in ihrem Leben wusste Herbert P., welche Knöpfe man bei einer Frau drücken muss. Hier ein Augenzwinkern, da ein Kompliment, ohne schleimig rüberzukommen. Die Botschaft: Du bist interessant für mich. Du gefällst mir. Lass uns wieder treffen. Herbert P. zahlte die Rechnung an diesem Abend, was sich später für ihn auszahlen sollte.

Der Mann ist ein Volltreffer, dachte Lady Allegra. Im gleichen Alter, er hat Manieren, Taktgefühl und eine liebenswerte Art. Sicher, unter seinem Pullover wölbte sich ein kleiner Bauch, aber das machten seine lustigen Sprüche und die zarten Komplimente wett. Und sie selbst war schließlich auch nicht perfekt. »Ich war tatsächlich verliebt – nach einer ziemlich langen Durststrecke«, sagt sie mit ernstem Blick, der ein bisschen an eine gebrochene Frau in einem Aquarellporträt erinnert.

Spendabel war er und vertraute ihr schnell intime Dinge über sich an. Das ging so weit, dass er ihr – da waren sie erst ein paar Tage ein Paar – die PIN seiner Bankkarte nannte, damit sie nach einem Einkauf Geld für ihn abheben konnte. Sie genoss es, dass er ihr so bedingungslos vertraute. Die beiden machten gemeinsame Zukunftspläne, wollten sogar ein Schloss an der Kölner Hohenzollernbrücke anbringen, als Zeichen ihrer unsterblichen Liebe.

Abzocke mit Vorwand

Doch dann wandelte sich das hübsche Gesicht des Werbers langsam zur Fratze. Beim ersten erfolgreichen Versuch, Lady Allegra um ihr Geld zu bringen, erzählte ihr Herbert P., einer seiner Mitarbeiter, ein Bodyguard, sei unschuldig in Untersuchungshaft gekommen und er brauche Geld für eine Kaution, um ihn freizubekommen. Lady Allegra lieh ihrem Herbert das Geld. Sie dachte sich nichts dabei.

Aber das Anpumpen nahm von da an kein Ende mehr. Mal fragte Herbert P. nach kleineren Beträgen, dann nach immer höheren. Und Lady Allegra? Sie überlegte zwar manchmal, ob das alles so sein sollte, zückte am Ende aber doch die Geldbörse oder überwies. Einmal lieh sich Herbert P. ihr neues Handy aus. Er sagte, er wolle eine Partnerkarte für sie einsetzen lassen. Sie sah das Gerät nicht wieder.

Ob sie nicht hätte misstrauisch sein sollen? »Der Mann gab mir so viel Aufmerksamkeit. So viel Liebe. Vermeintliche Liebe. Damals war ich blind.« Wie ein Ringer seinen Gegner hatte Herbert P. sie im Würgegriff.

Wenn sie Zweifel äußerte, reagierte er höchst gereizt. Dann sagte er, sie würde ihm nicht vertrauen, glaube nicht an seine Liebe. Eine Zeitung schrieb später, Herbert P. sei nicht nur ein großer Tröster gewesen, sondern auch ein großer Vertröster. Genauso war es: Immer redete er sich heraus, wenn es um die Rückzahlung des Geldes oder die Einhaltung anderer Versprechen ging. Als Lady Allegra seine Firma nicht im Internet finden konnte, sagte er: »Meine Kundschaft werbe ich über Mundpropaganda.« Er präsentierte ihr sogar ein Mädchen, das er als seine Tochter aus einer früheren Ehe ausgab. Alles Lügen, wie sich später herausstellen sollte.

Sie fingen an – sie waren trotz ein paar Streits immer noch am Turteln –, vom Heiraten zu sprechen. Vor allem Herbert P. redete davon und das schmeichelte Lady Allegra sehr. Konnte an so einem Mann etwas falsch sein? Er schien sie wirklich zu lieben. Wenn sie miteinander schliefen, habe sie nie etwas von seiner Unaufrichtigkeit gespürt, sagt sie. »Er ist der perfekte Schauspieler! In allen Lebenslagen.«

Der Schauspieler erzählte ihr am Ende, dass er ein Haus für sie beide kaufen wolle. Es fehlten nur noch 10 000 Euro für die Anzahlung. Auch diesen hohen Betrag überwies Lady Allegra und freute sich auf das gemeinsame Heim. Sie kündigte sogar ihre Wohnung. Als Herbert P. sie zum dritten Mal mit den gepackten Umzugskisten sitzen ließ, immer einen neuen Vorwand brachte, warum sich alles verschieben würde, war Lady Allegra klar: Sie wurde hier betrogen. Um ihr Geld und – noch schlimmer – um ihre Gefühle. Sie schrieb Herbert P.: »Gib mir die Kohle wieder und lass mich in Ruhe!« Der Heiratsschwindler erdreistete sich, sie noch wie ein frecher Schuljunge zu verhöhnen. Und er sprach sogar Morddrohungen gegen sie aus, terrorisierte sie per Telefon. Lady Allegra hat einen fünfstelligen Betrag in ihr Geldgrab namens Herbert P. versenkt.

Alle gegen Herbert

Lady Allegra wollte nicht, dass dies alles ungesühnt bleibt. Sie suchte im Internet nach weiteren Opfern und fand über dreißig Frauen, denen Herbert P. ähnlich lieblich klingende Worte in die Ohren gesäuselt hatte. Das jüngste Schwindelopfer war 27 Jahre alt, das älteste 60. Er hatte die Frauen nicht nur mit einer Geschlechtskrankheit – der Trichomonadeninfektion – angesteckt, sondern sie insgesamt um einen sechsstelligen Betrag geprellt.

Die Frauen gründeten eine Selbsthilfegruppe und zeigten Herbert P. an. Er wurde von einem Schöffengericht zu zweieinhalb Jahren Haft verurteilt. »Bei so vielen geschädigten Frauen hätte ich mir eine viel höhere Strafe gewünscht«, sagt Lady Allegra.

Vor Gericht versuchte Herbert P. noch, Lady Allegra zu diskreditieren, und behauptete, sie hätte Kontakte zu einem kriminellen Rockerclub. Lady Allegra selbst wurde lange verhört, musste SMS-Nachrichten von Herbert P. vorlesen, in denen er versprach, ihr die geliehenen Beträge zurückzuzahlen. Auf Geld konnten die Damen allerdings in Wirklichkeit nicht hoffen, denn der Straftäter war längst pleite – und reuelos durch und durch. Er kündigte vor Gericht zwar eine Ratenzahlung an, geflossen ist bis heute aber nicht ein Cent.

Nach seiner Entlassung aus dem Gefängnis rief Herbert P. noch einmal bei Lady Allegra an und verspottete sie. Außerdem wurde er in einschlägigen Internetforen beim Chatten gesichtet. Die Domina sagt, sie habe aus dieser Erfahrung gelernt und könne andere Frauen nur vor Liebesschwindlern warnen. Sie ist froh, heute glücklich verheiratet zu sein.

Girls just wanna have money

Was Lady Allegra mit ihrem Heiratsschwindler passiert ist, gibt es umgekehrt genauso: junge Frauen, die sich an vermögende Männer heften und sie um viel Geld bringen. Sie sind dabei nicht unbedingt kriminell im Sinne des Strafgesetzbuchs, doch auch ihre Methoden sind perfide.

Samantha, 23 Jahre alt, ist so eine Frau, die gerne die Grenzen des Erlaubten touchiert. Ihr blondes, schulterlanges Haar trägt sie offen. Der Duft von Chanel umweht sie in einem Dunstkreis von zwei Metern. Ihre kastanienbraunen Augen zwinkern fröhlich. Man glaubt gerne, dass man sich leicht in diesen Augen verlieren kann. Sie erzählt ohne Scheu davon, wie sie ältere reiche Männer ausnimmt. »Ich merke, wenn irgendwo was zu holen ist«, sagt Samantha mit der nonchalanten Art, die ihr zu eigen ist. Die wichtigste Regel sei, so erzählt sie weiter, sich rar zu machen und die Männer zunächst abzuweisen.

Wo sie ihre reichen alten Sugardaddys trifft? Die Beziehungen bahne sie im Netz an, auf Portalen, wo reifere auf jüngere Menschen treffen. Oft sind es Ehemänner und Familienväter zwischen 50 und 60, die hier nach etwas Abwechslung, vielleicht sexuellen Abenteuern oder nach ihrem wahren Liebesglück suchen, wenn sie es zu Hause längst aus den Augen verloren haben. Solche Männer hat Samantha so schnell im Griff wie ein Dompteur seine Raubkatzen. Sie spielt ein Spiel, bei dem sie zwischen Ignoranz und ihren Reizen hin- und herpendelt.

Besonders nützlich ist die Funktion auf solchen Seiten, mittels deren man sehen kann, wer sich kürzlich das Profil des Mannes angeschaut hat. So setzt Samantha mit einem hübschen Profilbild virtuelle Duftmarken bei den Männern, die für sie interessant sein könnten. Die Herren staunen über das Profilbild der Besucherin, ihnen schmeichelt das vermeintliche Interesse und sie schreiben die junge Frau sofort an. »Wenn die Männer im Netz mit einer Nachricht Wohlwollen bekunden, gehe ich erst einmal gar nicht darauf ein, blocke die Avancen und ein mögliches Date ab«, sagt sie. Die hartnäckigen Verehrer hat sie dann schnell am Haken. Was Männer nicht haben können, das wollen sie umso mehr, so sieht sie es.

Wenn sich Samantha am Ende doch zu einem Date »überreden« lässt, achtet sie gleich auf die wichtigen Details. Dabei spielt die Optik selbst nur mittelbar eine Rolle: »Teilweise sehen die Männer aus wie die letzten Vögel, das interessiert mich nicht.« Vielmehr sei das Aussehen nur unter einem Kriterium wichtig: Es gebe nämlich Herren, deren äußerliche Merkmale darauf hindeuten, dass sie geizig sind und nicht gerne viel Geld investieren. »Das ist optisch der folgende Typ: solari-umgebräunt, Fönfrisur, Kleidung mit großen Abzeichen. Wenn die so aussehen, lasse ich die Finger davon, denn die haben fast immer einen Igel in der Tasche«, sagt sie.

Weiter interessiert sie: Ist das Restaurant, in das der Verehrer sie ein-lädt, schick genug? Der Anzug des Mannes vom exklusiven Designer? Was für eine Uhr trägt er? Stimmen die Parameter mit ihrer Checkliste überein, treibt Samantha das Spiel weiter.

Mitnehmen, was geht

Die »Beziehungen« lässt Samantha immer erst ganz gemächlich in Fahrt kommen. Bei den ersten Dates checkt sie weiter, was zu holen ist: Job, Auto, Haus, Boot – oder gar Flugzeug? Was hat der solvente Herr zu bieten? Zwischendurch lässt sie auch mal ein Date ausfallen, um sich weiterhin als »schwer zu haben« zu kennzeichnen.

Wenn der Mann für gut genug, also für reich befunden wird, kann Samantha absahnen. Sie lässt sich zu allem einladen, Klamotten, Schu-he und Schmuck schenken, fährt mit den Männern in den Urlaub auf Kreuzfahrten oder Städtereisen. Sie fliegt Businessclass, schläft in Fünf-Sterne-Häusern und isst sich durch den Michelin-Guide. Oder sie ver-zockt mal eben 10 000 Euro ihres reifen Verehrers im Casino.

Manche Männer verlieben sich und wollen eine Beziehung, dann öffnet sich die Geldbörse immer weiter. Und Samantha wird dreister und dreister mit ihren Forderungen. Sie tischt dann Geschichten auf, wie etwa dass sie für einen Motorradrocker anschaffen gegangen sei und nur mit 25 000 Euro Abfindung aus dieser Abhängigkeit herauskäme.

Oder sie bringt einen Vollstreckungsbescheid mit, in dem steht, dass sie 15 000 Euro Schulden hat. Wie sie das anstellt? Sie geht zu einem Anwalt und gibt sich dort mit falschem Namen aus, nennt sich beispielsweise Andrea Winkler. Sie behauptet, von ebendieser Samantha einen offenen Betrag von 15 000 Euro zu beanspruchen. Sie legt dann ein selbst verfasstes Schreiben vor, das mit »Schuldanerkenntnis« überschrieben ist. Der weitere Inhalt: »Hiermit bestätige ich, Samantha, Andrea Winkler einen Betrag von 15 000 Euro aus einem bewilligten Darlehen zu schulden. Die Rückzahlung ist fällig bis zum … Unterschrift Samantha.«

Der Anwalt veranlasst einen Mahn- und anschließend einen Vollstreckungsbescheid gegen Samantha, denkt dabei, dass diese die Gegnerin sei. Tatsächlich aber sitzt Samantha gerade vor ihm. Bald darauf bekommt Samantha Post vom Gericht, die sie selbst in Auftrag gegeben hat. »Ich habe mich noch nie so über einen gelben Brief gefreut wie über den«, sagt sie und prustet los dabei.

Sie zeigt den Vollstreckungsbescheid ihrem Sugardaddy und behauptet, dass ihr die Zwangsvollstreckung drohe. Sie habe Angst, in die Schufa aufgenommen zu werden, und der Gerichtsvollzieher habe vor ihrer Tür gestanden. Für 14 Tage habe sie ihn gerade noch mal vertrösten können, sie brauche dringend Geld in bar. Ihr Verehrer händige ihr das Geld in der Regel umgehend aus, sagt sie.

Oder sie behauptet, dass ihr Auto kaputt sei und sie kein Geld für die Reparatur übrig habe. Natürlich präsentiert sie ihrem solventen Lover den Kostenvoranschlag einer Werkstatt: Motorwechsel, 8 000 Euro. Dem Automechaniker, der diesen für sie fingiert hat, gibt sie ein kleines Taschengeld.

Die verliebten Männer zahlen bereitwillig, das Mädchen tut ihnen leid. Vielleicht denken sie auch schon an die Scheidung von ihrer Ehefrau und planen im Kopf eine gemeinsame Zukunft mit Samantha.

Oft hat die junge Frau mehrere Männer gleichzeitig laufen. »Da muss ich aufpassen, dass ich mir alles merke und niemanden verwechsle oder selbst etwas mehrmals erzähle.« Sich selbst in einen der Männer zu verlieben sei tabu. »Ich bin kein so gefühliger Mensch«, sagt sie selbst über sich. Leid täten ihr die Männer selten, schließlich betrögen sie ihre Ehefrauen. Sie beklaue ja keine dementen Omas.

Zum Sex komme es wider Erwarten mit den Männern gar nicht: »Ich bin mehr Psychologin und Kummerkasten. Die Typen erzählen von ihren Problemen. Und wenn sie doch mehr wollen, weise ich sie ab.« Sie behauptet dann, dass sie noch nicht bereit sei, nicht noch mehr Gefühle entwickeln wolle, denn er sei ja verheiratet und so weiter. »Ich bekomme, was ich will, und gebe selbst gar nichts von mir.« Während sie das sagt, wirkt sie tatsächlich emotionslos. Man merkt, dass sie einfach eine kluge Geschäftsfrau ist.

Samantha hat etwas Geld gespart. Geld, das sie von »ihren« Sugardaddys bekommen hat. Sie will sich mit einer Geschäftsidee selbstständig machen. Die Zeiten als Abzockerin könnten bald zu Ende sein, sagt sie.

Blauer Salon und rosarote Brille

Auf Schalke schreien sie wieder. Die Arena ist ein brodelnder Topf gewesen an diesem Abend und jetzt, da das zwei zu null gefallen ist, stehen alle auf und brüllen ihre Freude heraus. Der Gegner heißt heute Frankfurt und sogar in den Logen, wo die gut betuchten Gäste das Spiel verfolgen, kocht die Stimmung plötzlich über wie sonst in der Nordkurve. So gibt es das wohl nur auf Schalke.

Eine dieser Logen ist der »Blaue Salon«, wo nur dem Eintritt gewährt wird, der aus dem Spielerkreis eingeladen wurde. Nach dem Spiel klatschen sich die Edelfans ab, gehen zum Büfett, wo sie ihre Currywurst klassisch oder mit Mango-Curry-Sauce genießen können. Spieler, Trainer und Manager kommen in den Blauen Salon und nehmen mit den Gästen dort einen Absacker.

Was all das mit diesem Kapitel zu tun hat? Hier soll es zum Schluss um die Spielerfrauen gehen, Freundinnen oder Gattinnen der Fußballprofis. Sie haben den Ruf, ihre Männer – mal mehr und mal weniger – zu schröpfen, in manchen Fällen sogar auszunehmen. Oder tut man den jungen Frauen damit unrecht? Kerstin Lasogga war selbst lange mit einem Fußballer liiert und ist die Mutter des Profispielers Pierre-Michel Lasogga. Sie sagt: »Es gibt Frauen, die es nur auf den Ruhm der Spieler und vor allem auf ihre Geldbörse abgesehen haben.« Sie selbst habe mehrfach mitbekommen, wie einige Spielerfrauen, gerade bei Reisen zu Auswärtsspielen, in den Boutiquen die Kreditkarten ihrer Partner regelrecht hatten »glühen lassen«. Wegen ihres üppigen Gehalts falle das vielen Profis nicht auf, sofern sie überhaupt ihre Kontoauszüge oder Kreditkartenabrechnungen prüften.

»Andere Spielerfrauen meinen es ehrlich und verlieben sich einfach in so einen gut gebauten Fußballer«, sagt Kerstin Lasogga weiter. Für die Spieler sei es oft schwierig zu erkennen, ob es eine Frau ernst meint. Am besten sei es, wenn sich Spieler und Frau vor dem großen Durchbruch in der Karriere kennengelernt hätten. »Die Traumfrau lernst du als berühmter Fußballprofi wohl nur dann kennen, wenn du alleine mit einem Fahrrad durch einen skandinavischen Wald fährst und dort eine Frau triffst, die weder von dir noch von deinem Verein je gehört hat«, erzählt Kerstin Lasogga weiter.

Im wahren Leben gingen viele Beziehungen auseinander. Natürlich sei es für die Frauen oft nicht leicht, weil Fußballspieler stark umschwärmt und nicht unbedingt immer treu seien. Kerstin Lasogga hat beispielsweise die Trennung von Sylvie Meis und Rafael van der Vaart aus der Nähe mitbekommen sowie das Nachspiel mit Sabia Boulahrouz.

Strafrechtlich kann es sowohl für Spieler als auch für Spielerfrauen Probleme geben, wenn es um teure Geschenke geht. Das weiß Verena Kerth gut. Sie ist so etwas wie die Inkarnation einer Spielerfrau, selbst wenn sie mit Torhüter Oliver Kahn nie verheiratet war. »Klar habe ich von Oli teure Geschenke bekommen«, sagt Verena Kerth, ohne den Versuch zu unternehmen, irgendetwas zu verheimlichen, was längst in den Zeitungen stand.

Für die Fernsehsendung *Promi Shopping Queen* hat sie ihren Kleider-schrank geöffnet und damit für sie unangenehme Fragen aufgewor-fen, denn auch das Finanzamt sieht offensichtlich fern. Aber kann der Staat Geschenke an Spielerfrauen besteuern, auch wenn sie von bereits versteuertem Einkommen bezahlt und zusätzlich mit 19 Prozent Um-satzsteuer beglichen wurden? Die Antwort nach dem deutschen Gesetz lautet eindeutig: Ja, er kann. Dies gilt prinzipiell für jede Schenkung unter Lebenden, durch die eine Seite einseitig bereichert wird. Dabei ist das deutsche Recht »gefühlskalt« und berücksichtigt nicht »Gegen-leistungen« in Form von »gutem Aussehen«, »Abenteuer« oder »Sex«.

Ist die beschenkte Frau mit dem Spieler nicht verheiratet, gibt es le-diglich einen persönlichen Freibetrag von 20 000 Euro im Jahr. Man-che Spieler flachsen darüber und sagen: »Wenn die ersten 20 000 Euro voll sind, muss eben die nächste Frau her.«

Für die Fußballhelden aus der Bundesliga ist das Ganze mitunter so heikel wie eine rote Karte im Spitzenspiel. Als Steuerschuldner gilt nämlich nicht nur die beschenkte Person, sondern auch der Schenker selbst. Wenn etwa – wie bei Kahn und Kerth – eine Trennung im Raum steht und die Beschenkte nicht mehr die finanziellen Mittel hat, um die Steuern zu zahlen, kann der Fiskus an den Spieler noch Jahre spä-ter herantreten. Einem geschenkten Gaul schaut man nichts ins Maul? Das Finanzamt schon. »Die Medien haben das Ganze mächtig auf-gebauscht«, sagt Verena Kerth. Sie sei froh, dass sie nicht mehr mit solchen Schlagzeilen auffalle.

Inside Liebesschwindel

> Dominas dürfen ihre Kunden quälen und auch mit diversen Werkzeugen verletzen, wenn der Betroffene in die sadomasochistische Behandlungs-weise einwilligt. Strafbar macht sich die Domina erst dann, wenn das »Opfer« in Lebensgefahr gebracht wird.

> Der Tätertypus des Betrügers ist leicht zu erkennen: Der klassische Betrü-ger redet oft weltmeisterlich, er schmeichelt anderen gern, verteilt viele Komplimente, legt größten Wert auf Statussymbole wie teure Autos oder

wertvolle Uhren, er kleidet sich überwiegend in Markenware, wobei er größten Wert legt auf gut sichtbare Schriftzüge des Herstellernamens. Insgesamt führt er sich gern auf wie ein »Staatsmann« nach dem Motto »Was kostet die Welt«!

> Einige Männer ab dem mittleren Alter haben ein starkes erotisches Verlangen nach jungen Frauen. Der Begriff »Lolita-Syndrom« geht zurück auf Vladimir Nabokovs Roman *Lolita*, in dem sich die Hauptfigur in ein blutjunges Mädchen verliebt.

> Ehefrauen von Fußballprofis haben einen Freibetrag von 500 000 Euro pro Jahr, soweit es um Geschenke geht. Nach dem Gesetz sind »übliche Gelegenheitsgeschenke« steuerfrei. Ob ein Geschenk darunter fällt, richtet sich danach, ob für die betreffende Person ein solches Geschenk an der Tagesordnung ist. Eine Uhr für 10 000 Euro kann daher ein Fußballprofi mit einem Gehalt von 400 000 Euro monatlich steuerfrei verschenken, ein Angestellter mit einem Monatseinkommen von 2000 Euro aber nicht. Damit stehen Geringverdiener steuerrechtlich in diesem Bereich schlechter da als Spitzenverdiener.

8. ROCKER

Konkurrenz? Gibt's nicht!

Da war dieser Typ, Peter N., der im Internet die große Welle machte. Er schrieb davon, die Dependance eines Motorradclubs neu gründen zu wollen. Sie hatten ihn als Bedrohung empfunden. Das hieß, dass er wegmusste. Dass er das Maul gestopft bekommt. Motorradrocker machen keine halbe Sachen, wenn es um drohende Konkurrenz geht. Sie sind dann wie angeschossene Raubtiere – extrem gefährlich und unberechenbar.

Markus M. ist von breiter Statur, hat einen trainierten Körper und wirkt nicht wie einer, der lange diskutiert, wenn es einen Streit auszufechten gilt. Er ist ein hochrangiges Mitglied in einem der bekanntesten Rockerclubs der Welt. Einem Club, ursprünglich aus den USA, der in starker Konkurrenz steht zu der Organisation, der Peter N. angeblich nahesteht.

Markus M. wollte die Eintragungen von Peter N. nicht auf sich beruhen lassen. Er schrieb den Blogger übers Netz an und gab sich als Fan und potenzielles Mitglied für den neuen Club aus. Das Treffen für Sonntagnachmittag war schnell abgemacht. Als Ort schlug Markus M. ein Gasthaus mitten im Wald vor. Peter N., der sich in Wahrheit im Internet nur wichtig machen wollte, ahnte nicht, welcher Ärger ihm bevorstand. Er nahm – total arglos, wie er war – sogar seine beiden Kinder, sechs und neun Jahre alt, mit in die Waldschenke.

Markus M. kam mit zwei Bikerkollegen aus seinem Club und sie merkten schnell, dass Peter N. ein Aufschneider war. »Er war sogar ein richtiger Spinner«, sagt der Rocker rückblickend. Sie wollten ihn aber nicht so leicht davonkommen lassen, da er sie mit seinen Internetgeschichten hibbelig gemacht hatte, und das schrie geradezu nach Strafe.

Was tun, um den Aufschneider zu züchtigen? Markus M. und ein anderes Clubmitglied traten vor Peter N., öffneten ihre Jacken und zeigten das Logo ihres Clubs, das auf ihren T-Shirts gedruckt stand. Und man sah im gleichen Moment die Stich- und Schusswaffen, die die beiden unter der Jacke trugen. »Da ist der Typ richtig weiß geworden«, sagt Markus M. stolz.

Sie teilten Peter N. mit, dass er ruhig bleiben solle, andernfalls knalle es direkt in der Gaststätte, und forderten ihn auf mitzukommen. Er musste in seinem eigenen Wagen auf dem Beifahrersitz Platz nehmen. Einer der Rocker fuhr, hintendrin saßen ein weiterer und die Kinder von Peter N. Die Rocker eskortierten ihn so zum Clubhaus. Dort angekommen, sagte Peter N. zu seinen Kindern: »Ihr werdet euren Vater nie wieder sehen. Die bringen mich jetzt hier um.« Die Kinder blieben im Auto und Markus M. sagte zu Peter N., er solle die Kleinen nicht verrückt machen. »Denen wollten wir auf keinen Fall einen Schrecken einjagen oder ihnen gar etwas antun«, sagt Markus M. Kinder zu schonen – das sei Ehrensache für jeden Rocker.

Als sie das zweistöckige Clubhaus betraten, bekam Peter N. erst einmal von einem der Rocker zur »Begrüßung« mit dem Knauf einer Pistole einen heftigen Schlag auf den Hinterkopf. Er ging zu Boden wie ein Boxer beim K. o. Mit Sternen vor den Augen stand er auf. Sie gingen nun in die obere Etage. Die Rocker zwangen ihn, sich vor einen PC zu setzen. Er musste im Internet eine Entschuldigung für sein Verhalten schreiben und die Gründung seines neuen Rockerclubs als Lüge bezeichnen, um damit alles geradezurücken. Gleichzeitig durchsuchte einer der Kuttenträger den Geldbeutel seines Opfers und »spendete« die darin enthaltenen 150 Euro an die Clubkasse.

Dann erklärten die Männer Peter N., der immer noch um sein Leben fürchtete, dass er in den nächsten 48 Stunden weitere 5000 Euro an den Club zahlen müsse. Als Wiedergutmachung. Sollte er die Polizei informieren, knalle es sofort.

Peter N. ging schließlich doch zur Polizei, die ihm zusicherte, dass er nach seiner Aussage ins Zeugenschutzprogramm aufgenommen würde.

Anlass dieses Programms war die Befragung von Zeugen in einem früheren Rockerprozess. Sie mussten damals ihre Identität offenlegen und wurden danach bedroht. Die Idee hinter dem Programm ist, Zeugen, die wirklich auspacken, angemessen und wirksam zu schützen. So wird besonders oft verfahren, wenn es sich um einen Prozess gegen die organisierte Kriminalität handelt. Die Zeugen, oft sind es Kronzeugen, sprich: Menschen, die vorher selbst straffällig geworden sind, bekommen eine neue Identität. Einen neuen Namen und Wohnort inklusive Personalausweis, Geburtsurkunde und Führerschein. Finanzielle und berufliche Hilfen sind ebenso möglich. Manche Zeugen stimmen nur unter dieser Bedingung einer Aussage vor Gericht überhaupt zu. Wenn sie Schulden haben, müssen sie diese weiter bedienen, der Staat wickelt in diesem Fall den Rückzahlungsprozess ab, sodass der Gläubiger nicht weiß, wie sein Schuldner heute heißt. Wenn es für den Betreffenden eine anhaltende Bedrohung gibt, bleibt er unter Umständen ein Leben lang im Zeugenschutzprogramm. Bei den meisten Menschen wird diese Maßnahme nach ein paar Jahren zurückgenommen und sie können in ihre alte Identität »zurückkehren«.

Markus M. und seine Kollegen wurden – da sie Waffen eingesetzt hatten – wegen schwerer räuberischer Erpressung angeklagt. Für dieses Delikt sieht das Gesetz eine Mindeststrafe von fünf Jahren Haft vor; nur wenn ein minder schwerer Fall vorliegt, kann hier die Strafe geringer ausfallen.

Der Prozess begann und die Rocker machten zunächst von ihrem Schweigerecht Gebrauch. Jetzt wurde Peter N. als Zeuge in den Gerichtssaal gebeten. Er wurde von 15 SEK-Beamten begleitet, die allesamt Knöpfe im Ohr hatten, über Funk miteinander verbunden waren. Es galt die höchste Sicherheitsstufe, weil es um eine Zeugenaussage gegen einen Rockerclub ging. Der Richter betonte, er wolle eine »vernünftige Lösung« für alle Beteiligten finden.

Bevor Peter N. als Zeuge vernommen wurde, wendete sich der Richter an die angeklagten Rocker, die allesamt in U-Haft saßen, und führte aus: »Ihr seid Männer. Männer sollten zu ihren Taten stehen. Also überlegt euch, ob ihr nicht ein Geständnis ablegt. Für diesen Fall sieht das Gericht von der hohen Mindeststrafe ab, legt einen minder schweren Fall zugrunde und ihr bekommt Haftverschonung noch am heutigen Tage.«

Das Problem dabei: Rocker dürfen grundsätzlich keine Geständnisse abgeben. So ist die Regel in den Clubs. Eine Ausnahme gibt es nur, wenn sie sich ausschließlich selbst belasten. Niemand soll mit hineingezogen werden – und der Clubpräsident muss zudem einverstanden sein. Rund 20 Rocker saßen bei dem Prozess im Publikum. Einer von ihnen nahm mit dem Präsidenten Kontakt auf und sprach mit der Verteidigung, sagte, der Club-Obere müsse noch entscheiden, was das Geständnis angehe. Nach anderthalb Stunden stimmte der Präsident zu. Die Angeklagten legten ein Geständnis ab und bekamen dreieinhalb Jahre Haft mit Haftverschonung und anschließendem offenen Vollzug.

Nun musste Peter N. nicht mehr als Zeuge aussagen, doch er blieb im Zeugenschutzprogramm. Ob er irgendwann wieder seine wahre Identität angenommen hat, ist unbekannt.

Ein Mann wie ein Baum

Es ist keine Rockerkneipe, in die Ufuk K. eingeladen hat. Das Lokal, in dessen Hinterzimmer er Gäste empfängt, hat schon bessere Zeiten gesehen. Schummriges Licht, schmuddeliger Teppich, durchgesessene Sofas. Er ist 43 Jahre alt, hat eine Furcht einflößende Statur. Ein Mann wie ein Baum. Breites Kreuz. Breite Brust. Breites Selbstbewusstsein. »Ich darf hier nicht alles erzählen, das geht bei den Rockerclubs nicht, es ist uns nicht erlaubt. Aber ich will davon berichten, wie ich zu dem wurde, der ich heute bin.«

In seinem Stadtteil hätten bei den türkischen Teenagern kriminelle Dinger dazugehört wie Pickel und Popmusik. Mit 15 fing er an zu klauen. Meist teure Klamotten und Turnschuhe, Adidas Torsion, damals waren diese Treter heiß begehrt. Die Sicherungsetiketten der Schuhe umwickelte er mit Alufolie – sodass der Alarm nicht auslöste, wenn sie den Laden verließen. Mit 17 verübte Ufuk K. Einbrüche mit seinen Kumpels. Die lohnendsten Zeiten dafür seien die Vorweihnachtszeit und der Ramadan gewesen: »Da waren die Leute abends viel unterwegs.« Schnell gewöhnte er sich an das Geld und seine Vorzüge. »Das kam bei den Frauen an, wenn man sie mal zu was anderem einladen konnte als Currywurst und Pommes.«

Es sei in seinem Viertel damals völlig normal gewesen, dass ein junger Kerl zu einer Gang gehörte. Vor allem die Türken hätten sich gerne zusammengeschlossen. Ufuk K. fing mit Bodybuilding und Boxen an. Und er begann als Türsteher zu arbeiten. 150 bis 200 Mark brachte ihm das pro Abend ein. Bald hatte er eine Freundin, die anschaffen ging. Zuerst auf eigene Rechnung, dann mit ihm als ihrem Zuhälter. Schnell lernte er die Sprache des Rotlichts. Der Zuhälter ist der »Lude« oder der »Stenz«. Wenn die Dame »Stier läuft«, hat sie nichts verdient. Verdient sie »Handgeld«, reicht es gerade mal für die Miete.

»Ich war irgendwann ein Bestandteil dieser Rotlichtwelt. Und ich habe mich dabei wohlgefühlt«, sagt Ufuk K. Er trug teure Klamotten und eine Breitling am Arm, fuhr einen dicken BMW, hatte bald drei Huren, die für ihn arbeiteten – seine Hauptfrau und zwei weitere »Partien«. Er machte über 2000 Mark am Tag. Wenn es Ärger mit anderen Luden gab, wusste sich Ufuk K. zu wehren, er hatte längst den Ruf, ein unbeugsamer Kerl zu sein. Keiner wollte Ärger mit ihm bekommen.

In einer Zeit, als es mit dem Rotlichtmilieu abwärtsging und er sich schon etwas auf illegale Zockrunden verlagert hatte, fragten die Kuttenträger bei ihm an. Die Tradition, nach der nur Deutsche als Mitglieder aufgenommen wurden, war da gerade vorbei.

Ufuk K. sagte Ja, er wurde »Prospect«, gemeint ist hier Anwärter, dann »Member«, also Mitglied im Club. Bis er aufgenommen wurde, hatte er eine 16-monatige Probezeit zu bestehen. In der musste er nicht etwa Straftaten begehen, wie viele annehmen, sondern sich als vertrauenswürdig und zuverlässig erweisen. Der Club »durchleuchtet« seine künftigen Member regelrecht. Zum Beispiel wird gecheckt, ob sie Kontakte zu anderen Rockerclubs oder gar zur Polizei pflegen.

Ufuk K. verdiente sein Geld fortan vor allem mit einer Sicherheits-firma; Türsteher und Personenschützer arbeiteten für ihn. Seine Jungs hatten einen beinharten Ruf. »Wenn Ufuks Leute kommen, ist Ruhe«, wussten die Diskothekenbesitzer und schutzbedürftigen Promis in der Gegend.

Logisch, dass er viel vom verdienten Geld im Clubhaus abgab. Es ist Usus, dass Rocker einen Anteil an die Clubkasse spenden. Es geht los bei 100 Euro im Monat, viele zahlen freiwillig 1000 Euro und deutlich mehr. Manche der Mitglieder erzielen ihre Einkünfte mit Zuhälterei, Drogenhandel, Schutzgelderpressung oder Einbrüchen – sie können es sich leisten. Das gilt natürlich nicht für alle Rocker. Viele haben einen legalen Beruf und verwandeln sich erst nach der Arbeit in harte Jungs auf dem Motorrad.

Natürlich braucht jedes Member ein teures Motorrad der Marken Harley Davidson, Triumph oder Victory, wobei die Harleys in der Gunst ganz oben stehen. »Das Fahren ist essenziell, das gehört zum Lebensgefühl dazu. Das ist dieses Ding mit der Freiheit und so weiter.« Die Rocker genießen es, im Pulk über die Autobahnen und Landstra-ßen zu pesen, jeder trägt dabei die Kutte mit den Clubsymbolen. Sie fahren gemeinsam die verschiedensten Ziele an oder treffen sich bei sommerlichen Rockfestivals, wo sie grillen, trinken, diskutieren.

Wenn es, wo auch immer, irgendeinen Ärger gab, waren die Rocker-kollegen zur Stelle, sagt Ufuk K. Doch die Methoden änderten sich: »Früher waren Baseballschläger die Waffen, heute sind es Messer oder Neun-Millimeter-Pistolen«, erklärt er dazu.

Kommt ein Rocker vor Gericht, engagiert der Club die besten Straf-verteidiger und kümmert sich finanziell um dessen Familie. Oft komme es gar nicht zum Strafverfahren oder es verläuft nach einer Durchsu-chung im Clubhaus oder in den Privatwohnungen im Sande. Teilweise werden Rocker vorgewarnt, vor allem sind sie aber auf Durchsuchun-gen durch die Polizei vorbereitet. »Wir würden nie im Clubhaus oder in einer Member-Wohnung brisantes Material aufbewahren, dafür gibt es doch genügend andere Plätze. Die Polizei durchsucht doch fast immer nur dort, wo ein Rocker mit Namen auftaucht«, sagt Ufuk K.

Rocker seien untereinander loyal. Niemals würde ein echter Rocker einen Kollegen, nicht mal einen Rocker eines verfeindeten Clubs, »anzinken«, also bei der Polizei oder Gericht verraten. Das Ehrenwort gelte noch etwas. Man sei miteinander wie unter echten Brüdern, sagt Ufuk K. »Wenn ausnahmsweise doch einer den Weg zur Polizei geht, ist er keiner mehr von uns und wird seines Lebens nicht mehr froh!«

»Dazu kommt die typische Geselligkeit unter den Rockern«, erzählt Ufuk K. Man trifft sich regelmäßig in den Clubhäusern. Hier können Brüder aus aller Welt kostenlos übernachten. Es gibt große Platten mit Essen oder man grillt im Sommer. Man redet über Motorräder, Rockmusik und das Leben an sich. »Klar geht es auch um Straftaten, die in den Clubs besprochen werden, aber davon darf nichts nach außen dringen!« Ufuk K. ist loyal und dabei bleibt es.

Genauso selbstverständlich: Wenn ein Member ein eintrittspflichtiges Bordell in der Stadt betreibt, können es seine Clubkollegen jederzeit kostenlos besuchen, umsonst darin essen und trinken. Es gibt im Rotlichtmilieu eine Art Gebietsschutz. Die verschiedenen Rockergangs haben sich das Land aufgeteilt, was Straßenstrich und Puffs angeht. Daher gibt es heute nur noch selten Verteilungskämpfe.

Es ist für Member Pflicht, ein Tattoo ihres Clubs auf der Haut zu tragen. »Auf welchem Körperteil, bleibt jedem selbst überlassen«, sagt Ufuk K., dessen Körper mit Tätowierungen nur so übersät ist.

Ob er bereut, dass er diesen Weg eingeschlagen hat? »Nein!«, sagt Ufuk K. sofort. Klar, er hätte den väterlichen Betrieb übernehmen und ganz legal viel Geld verdienen können. Aber das sei für ihn nie infrage gekommen. Das anrüchige Geschäft zog ihn schon immer an wie das Blut im Meer die Haie.

Ufuk K. wird sein Leben lang Rocker bleiben. Die Member hielten zusammen, seien verschworen wie ein Wolfsrudel. Für immer. »Es gibt im Club einfach eine Art von Loyalität, die man sonst nicht kennt. Eine Loyalität, die bis zum Tod geht, wenn es sein muss.« Da ist es wieder, dieses Wort: Loyalität. Dass das sprichwörtlich so ist, zeigt sich, wenn ein Rocker beerdigt wird – sei es nach einem Motorradunfall oder einer Schießerei. Dann stehen Hunderte Männer in Kutten auf dem Friedhof und geben ihrem Bruder das letzte Geleit. Danach knattern die Motoren.

Rockerbräute

Nur ganz selten kann man etwas über die Frauen der Motorradrocker lesen. Dabei zeigen einige von ihnen eine andere Perspektive auf das Thema.

Nancy S. ist 32 Jahre alt, kommt aus Nordrhein-Westfalen und hat eine Menge durchgemacht. Es gibt Leute aus dem Rockerumfeld, die noch sehr böse auf sie sind. Auch wenn sie diesen Teil ihrer Vergangenheit heute verschleiert: Nancy S. war eine Rockerbraut. »Es fällt mir nicht leicht, diese Geschichte zu erzählen, aber ich will es versuchen«, sagt sie leise, streicht sich eine Strähne aus der Stirn und holt tief Luft.

Es fing völlig harmlos an. Nancy S. war jung und wollte Geld verdienen. Sie wurde Kellnerin.

Als ihr eine Freundin erzählte, dass sie in einem »Laufhaus«, also einem Bordell, an der Bar das Zigfache verdienen könne, überlegte sie nicht lange und trat den Job an. Sie war sich sicher: Sie würde niemals anschaffen gehen. Das kam gar nicht infrage!

Der Verdienst an der Bar war tatsächlich sehr gut. Die Bardamen bekamen Prozente beim Champagnerverkauf und sollten diesen auch immer ordentlich anheizen. Wollte ein Gast die Barfrau zu einem Getränk einladen, öffnete sie gleich eine große Flasche. Von den 280 Euro, die so eine kostete, flossen 140 Euro Provision in ihre eigene Tasche.

Ansonsten hatten im Laufhaus die Rocker das Sagen. Sie ließen dort »ihre« Mädels arbeiten, duldeten keinen Drogenverkauf durch Fremde und wollten nicht, dass Kunden beklaut wurden. »Der Laden sollte sauber laufen, damit die Freier wiederkommen«, sagt Nancy S.

Wichtig sei gewesen, den Freiern das Gefühl zu geben, dass die Bardame und die jeweilige Prostituierte durch den genossenen Alkohol betrunken werden. Viele Freier legten es komischerweise darauf an, die Frauen »abzufüllen«. Darauf sind diese aber eingestellt und benutzen für sich entweder präparierte Flaschen mit Wasser statt Alkohol oder sie schütten ihr Getränk heimlich weg, wenn der Freier zur Toilette geht oder gedankenverloren an die Wand starrt.

Die Rocker seien sehr nett gewesen und einer habe sich dann besonders für sie interessiert. Der Kuttenträger kam immer öfter, benahm sich fast wie ein Gentleman der alten Schule. Obwohl er ein harter Junge war, machte er ihr Komplimente und lud sie ein, mit ihm auszugehen. Sie kamen zusammen, redeten schnell von Häuserbau und Kinderkriegen. Sie fand nichts verdächtig dabei, dass er sie einem mit ihm befreundeten Pärchen vorstellte. Die andere Frau hieß Paula und schien es gut getroffen zu haben. Auch sie war mit einem Rocker zusammen, hatte eine Louis-Vuitton-Tasche unterm Arm und fuhr einen dicken Mercedes ML. »Mir hat das mächtig imponiert. Damals war ich noch richtig dumm«, sagt Nancy S. heute.

Sie freundete sich mit der offensichtlich wohlhabenden Paula an und die begann – zusammen mit Nancy S.' Lover, sie mit allen Mitteln zu »poussieren«. Der Begriff kommt aus dem Französischen und bedeutet so viel wie »umgarnen« und »umschmeicheln«. Das Ziel dabei: die Frau gefügig machen für die eigenen Interessen.

Paula erzählte ihr, dass sie anschaffen gehe, damit reich würde und dass überhaupt nichts dabei sei. Sie schlug Nancy S. vor, es einmal zu probieren. Der eigene Freund war der gleichen Meinung, denn nur so würde es mit Haus und Familie schnell gehen. Nancy S. war völlig verunsichert: Sie wollte das nicht tun, fragte sich aber andererseits, ob es denn wirklich so schlimm war, wie sie dachte. Als Paula Drogen mitbrachte, meist Speed, probierte sie das Zeug und wurde lockerer. »Ich dachte: Warum nicht? Geh' anschaffen und steck die Kohle ein«, sagt sie heute.

Paula erzählte von einem Stammkunden, der Lust auf einen Dreier habe. Der wurde herbeitelefoniert und schon war Nancy S. eine echte Hure geworden. »Der Typ grunzte und stöhnte so eklig beim Sex.« Allerdings zahlte er jeweils 150 Euro an die beiden und das Ganze war nach weniger als einer halben Stunde vorbei.

Als sie noch neu war, war sie »frisch«, wie man in der Szene sagt, das heißt, sie machte viel Geld. Die Zimmermiete für die unwirtlich eingerichteten Räume im Laufhaus lag pro Tag bei 150 Euro. Sie verdiente locker ein paar Hundert Euro täglich. Das Geld gab sie bei ihrem Freund ab. Wie ein Blutegel nährte er sich von ihr. Er bezahlte seine Schulden mit dem Geld, schloss Handyverträge ab oder ging tanken. Als es nicht mehr so gut lief im Puff, wechselte Nancy S. auf den Straßenstrich, wo »einmal Ficken mit Anblasen« 30 bis 50 Euro kostet. Den Sex mit den Freiern vollzog sie in deren Autos oder in ihrem eigenen Ford Fiesta. Von wegen Benz!

Sie nahm immer mehr Drogen, um ihr Leben aushalten zu können. Durch den Stoff verlor sie das Hungergefühl und magerte merklich ab. Ihr Freund, der starke Rocker, war praktisch nie da, er kümmerte sich um die Belange seines Clubs. Wenn sie mal ins Clubhaus mitdurfte, er sie auf seiner Harley mitnahm, genoss sie die familiäre Stimmung. Doch sie merkte schnell, dass sie zu den Verlierern in dieser Familie gehörte.

Als sie ihm sagte, dass sie mit der Prostitution aufhören wolle, drehte er durch. »Du zerstörst all unsere Pläne«, schrie er sie an.

Nancy S. nahm psychiatrische Hilfe in Anspruch. Sie wollte raus aus diesem Dasein als Straßenhure, auch weil ihr Rocker sie schließlich nicht mehr nur anschrie, sondern auch zu schlagen begann. Sie trennte sich von ihm, ging in eine Klinik zum Drogenentzug. Sie kann es bis heute nicht glauben, dass sie sich von so einem Kerl hat poussieren lassen.

Inzwischen ist sie glücklich verheiratet, hat eine kleine Tochter. Ihr Mann weiß nichts von ihrer Vergangenheit als Rockerbraut.

Warum Frauen auf Bad Boys stehen

Lucky M., 53 Jahre alt, sitzt in einer Kneipe, vor sich ein »Blondes« mit dicker Blume. Er hat eigene Bordelle und einen Saunaclub betrieben, bewegt sich noch heute im Dunstkreis von Rockern und Türstehern. »Das Rotlicht kriegst du aus ’nem alten Puffvater nie raus«, sagt er.

Lucky M. ist der richtige Ansprechpartner, wenn es darum geht heraus-zubekommen, was einige Frauen an Bad Boys wie Rockern so anzie-hend finden. Schließlich hat er jahrzehntelange Erfahrung mit Frauen aus dem Nachtleben, deren Partner echte Bad Boys waren. Für ihn ist klar: »Diese Frauen wollen keinen Himbeertoni und keinen Brause-paul!« Ein ganzer Mann sei bei ihnen gefragt.

Für Lucky M., der gestenreich und lautstark erzählen kann, ist klar: Stärke ist für diese Frauen das Kriterium, sie wollen beschützt werden. »So ein Rocker hat Muskeln und fitte Jungs in seiner Gang. Mit dem passiert dir nichts. Das Kriminelle, Verruchte zieht einige Frauen ma-gisch an.« Dabei ist es laut Lucky M. nicht einmal wichtig für diese Damen, dass man sie gut behandle. Oft schlügen Rocker und Zuhälter ihre Frauen sogar oder beschimpften sie zumindest regelmäßig wüst. Hauptsache, da sei eine starke Schulter, an die sie sich lehnen kön-nen. Alphatiere sind offenbar für bestimmte Frauen die erste Wahl. »Manchmal denke ich: Die wollen in die Fresse. Die stehen auf Arsch-löcher. Sie wollen einfach keinen weichen Kerl, der ihnen wie ein Da-ckel hinterherhechelt. Mit solchen Typen spielen die Ladys Tom und Jerry«, sagt Lucky M. Er habe viele Frauen auf diese Weise zugrunde gehen sehen. Für Lucky M. ist klar: Diese Frauen bekommen exakt das, was sie sich ausgesucht haben.

Geschundene Kuttenträger

Aber die harten Rocker sind manchmal – zumindest ein bisschen – auch Opfer. Thorsten D., 44 Jahre alt, kam als Kampfsportler mit Rockerkreisen in Kontakt. Er war Freefighter, kämpfte in Käfigen ohne Regeln und da waren Freundschaften mit Unterweltgrößen schnell ge-schlossen.

Er unternahm auch privat etwas mit den Rockern. Einmal wurde die Gruppe, mit der er unterwegs war, auf dem Parkplatz eines Schnell-restaurants von der Polizei gestoppt – ohne jede Veranlassung. Die Männer hatten nichts weiter getan, als ein paar Hamburger zu essen:

Sie saßen in der Filiale einer Fast-Food-Kette und trugen dabei ihre Kutten. Etwas Kriminelles führten sie nicht im Schilde. Die zufällig vorbeikommende Polizei unterstellte ihnen aber genau das und rief Unterstützung herbei.

Dabei ist mittlerweile unumstritten, dass allein das Tragen von Kutten strafrechtlich nicht verboten ist, jedenfalls solange der Club, dessen Logo getragen wird, nicht verboten wurde. Finge man nämlich an, das Tragen von Kutten mit Logos von erlaubten Vereinigungen zu verbieten, wäre das eindeutig ein Schritt in Richtung Überwachungsstaat. Man darf nicht von einem auf alle schließen. Das zeigt sich beim Tragen von Rockeremblemen genauso wie bei Fußballtrikots: Nur weil einige Chaoten sich mit dem Trikot am Leib prügeln, wird ja auch nicht gleich das Tragen von Fankleidung dieses Vereins verboten.

»Jedenfalls gingen die alles andere als zimperlich mit den Jungs um«, sagt Thorsten D., während er seine Geschichte weitererzählt, und schüttelt dabei heftig den Kopf. Er echauffiert sich nicht zum ersten Mal über dieses Geschehnis.

Da hätten auf einmal zwanzig Polizisten um die fünf Rocker herumgestanden. Sie mussten die Hände auf den Rücken nehmen, wurden mit Kabelbindern gefesselt, bekamen Faustschläge in die Nierenregion und mussten sich in den Schnee knien.

»Ich will die Einsatzleitung sprechen!«, verlangte Thorsten D., der gar nicht verstehen konnte, dass die Rocker die Polizei gewähren ließen. »Aber die waren das einfach so gewohnt«, sagt er rückblickend. Die Einsatzleiterin sagte, dies sei keine gewöhnliche Verkehrskontrolle. Bei solchen »kriminellen Subjekten« müsse man anders als üblich vorgehen. Thorsten D. wollte die Beamten wegen Nötigung anzeigen, aber sie weigerten sich, ihm ihre Namen mitzuteilen. Sie nahmen ihn nicht ernst, sagten nur, er solle sich doch über nichts mehr wundern, wenn er solche Freunde habe.

Er erzählt von Begebenheiten, wo Rockern die Maschinenpistole an den Hinterkopf gehalten wurde oder bei Hausdurchsuchungen der Hund erschossen wurde, weil er etwas zu laut bellte. Selbst Frauen und

Kinder würden aufs Heftigste von Polizisten bei Hausdurchsuchungen eingeschüchtert. »Ihr gerade geborenes gemeinsames Kind wird seinen kriminellen Vater frühestens wieder in Freiheit sehen, wenn es zur weiterführenden Schule geht«, sagen die Beamten dann laut Thorsten D. »Das sind amerikanische Verhältnisse. Rocker werden gehasst. Und wenn sie mit der Polizei in Berührung kommen – selbst wenn sie gar nichts angestellt haben –, wird einfach der Rechtsstaat ausgehebelt«, wettert Thorsten D. Doch er macht sich keine Illusionen: Natürlich seien viele Rocker keine harmlosen Zeitgenossen. »Aber man darf sie doch nicht einfach grundlos schlechter behandeln als andere. Am Ende bei ihnen sogar die Gesetze übergehen. Wo kommen wir da hin?« Man sieht, dass Thorsten D. jetzt wütend ist.

Inside Rocker

> Der Begriff »Rocker« steht in Deutschland für Mitglieder einer motorradfahrenden Subkultur. Die Clubs, in denen sich die Rocker zusammenschließen, nennt man MCs (Motorcycle Clubs). Im Gegensatz zum deutschsprachigen Raum bezeichnen sich Anhänger dieses Lebensstils international als »Biker«.

> Mitglieder der Hells Angels lassen sich u. a. »Affa« (Angels Forever, Forever Angels) tätowieren, abwertend werden Rocker dieses Clubs als »Angler« bezeichnet.

> Rocker der Bandidos haben u. a. »BFFB«-Tattoos (Bandidos Forever, Forever Bandidos). Konkurrenten nennen Mitglieder dieses Clubs »Tacos«.

> Wenn Rocker Gerichtsprozesse ihrer »Brüder« als Zuschauer verfolgen, darf ihnen durch das Gericht das Tragen ihrer Kutten im Gerichtssaal untersagt werden. Hintergrund ist, dass durch das massenhafte Tragen solcher Kutten Prozessbeteiligte eingeschüchtert und beeinflusst werden könnten.

9. Jugendkriminalität

Mit offenen Mündern

Viel Platz haben die Boliden nicht. Wie Sardinen in der Dose schmiegt sich ein Luxusauto an das andere. Das Autohaus Süd auf der Bochumer Straße in Recklinghausen ist ein Unikum. Es gilt als das hochpreisigste im ganzen Ruhrgebiet. Hier gibt es nur Nobelkarossen. Gleich neben dem Eingang steht zum Beispiel ein orangefarbener Porsche 911 Coupé aus dem Jahr 1972. Der Wagen hat nur 3300 Kilometer auf dem Tacho, ist poliert und generalüberholt, kostet 290 000 Euro. Eine Reihe weiter blitzt und glänzt der Lack eines roten Bentley Continental GT Speed, Baujahr 2009, 119 000 Euro, mit über 600 Pferdestärken – die Beschleunigung drückt den Fahrer in den Sitz, als führe er einen richtigen Rennwagen. Und ganz hinten in der Ecke wartet ein schwarzer Maybach, die wohl dekadenteste Limousine, die je in Deutschland gebaut wurde, für 439 000 Euro auf seinen nächsten – sicherlich solventen – Besitzer.

Die Bochumer Straße war einst eine Prachtmeile mit Boutiquen, Feinkosthändlern und Arztpraxen. Mit dem Niedergang des Bergbaus änderte sich das Stück für Stück. Heute mieten vor allem Schnellrestaurants, Trinkhallen und hier und da kleine Geschäfte die verfügbaren Gewerbeflächen. Vielleicht steht keine Straße so sehr für das Auf und Ab des Ruhrgebiets wie diese.

Von innen verströmt das Autohaus in Recklinghausen-Süd den eher spröden Charme der Siebziger- und Achtzigerjahre. Ockerfarbene Fliesen, niedrige Betondecken. An der Wand hängen Kunstdrucke von Andy Warhols Marilyn-Monroe-Bildern. Es hat sich nicht viel verändert in den letzten Jahrzehnten. Sosehr sich draußen alles gewandelt hat, so betont beständig ist das Innere des Autohauses geblieben.

Der Verkäufer erzählt, dass es oft eigens beauftragte Autoexperten sind, die hier auf Geheiß ihrer reichen Klientel herkommen, um wieder ein neues Schmuckstück für die ohnehin gut zugestellte Garage zu erwerben. Hier kauft man nicht, hier lässt man kaufen.

Es sind die jungen Gettokids, die sich als Grundschüler die Nase an den Schaufenstern des Autohauses platt gedrückt haben. Augen und Mund weit aufrissen, wenn sie die großen Vermögen auf vier Rädern sahen. So ging es Generationen von Jungs aus diesem Stadtteil – bis heute. »So einen will ich auch«, raunen sie und wissen dabei, dass ihre Herkunft und Schulbildung diesen Wunsch nicht gerade begünstigen. Sie sind diejenigen, die der Rapper 50 Cent in seinem bekannten Song als »Window-Shopper« bezeichnet.

Zu den bekanntesten Straftätern aus Recklinghausen-Süd wurden zwei junge Männer durch verschiedene Medienberichte. In denen war zu lesen, wie sie in das Haus von Dieter Bohlen eindrangen. Dort fesselten sie die Hausangestellten, zwangen Bohlen, den Tresor zu öffnen, und flohen mit knapp 30 000 Euro Beute. Später wurden sie verhaftet. Aber das ist eine andere Geschichte.

Ein teuflisches Viertel

An dieser Stelle soll die Geschichte von Taifun C. erzählt werden.

Taifun C. sitzt in einem Café in Recklinghausen-Süd, nur ein paar Steinwürfe von dem Nobelautohaus entfernt. Der Boden ist abgewetzt, die Tische schlecht gewischt. Dudelnde Spielautomaten blinken im Hintergrund. Hier treffen sich die jungen Türken des Viertels. Türkische Limo in den Flaschen, türkischer Fußball im Fernsehen, türkische Tischreden in den Sitzgruppen.

Taifun C. ist Anfang 20 und war schon in jungen Jahren hochkriminell. Er selbst sagt, es sei ein Wunder, dass er noch nie im Knast gesessen hat. »Wer hier aufwächst, kommt schnell auf krumme Dinger. Man kann das ruhig Parallelgesellschaft nennen, denn es ist eine«, findet Taifun C. Für ihn war Recklinghausen-Süd ein Sumpf, aus dem es schwer ist hinauszuwaten.

Als er sieben Jahre alt war, wohnten in der Nachbarschaft fast nur türkische Landsleute. Die Kinder stromerten durchs Viertel und führten sich auf, als gäbe es keine Regeln für sie. Taifun C. durfte in dieser Zeit schon bis drei Uhr morgens von zu Hause wegbleiben.

Und da er nicht einfältig war, merkte er schnell, welche Gegebenheiten hier galten: »Ich habe in meiner Familie nie jemanden arbeiten sehen. Und trotzdem war immer Geld da.« Sein Vater und ein paar Onkel verdienten ihr Geld beispielsweise mit Automatenmanipulation.

Wie das funktionierte? Der Spielautomat wurde mit einer eingeführten Schablone oder einem Draht so manipuliert, dass er bei bestimmten Zahlenkombinationen einen Impuls bekommt und massenhaft Zwei-Euro-Stücke ausspuckt. Um nicht aufzufallen, warfen sie die Münzen in präparierte Hosen, die man mit schwerem Material befüllen konnte. Einer aus der Gruppe musste die Spielhallenaufsicht ablenken, sodass sie nicht bemerkte, dass gerade jemand zu viel »gewonnen« hatte.

Der Vater war mit den Onkeln auf Deutschlandtournee gewesen. Jetzt kamen sie heim. Das Gewicht des vielen Münzgeldes drückte das Heck ihres Wagens zu Boden. Im Kofferraum lagen über 100 000 Euro in Münzen. Als Taifun C. zum Auto kam, sagte sein Vater nur: »Nimm! Taschengeld! So viel du willst!« Der Vater hatte eine Münzzählmaschine zu Hause. Er gönnte sich und seiner Familie einen guten Lebensstandard. Und wenn das Geld weg war, ging es eben wieder auf Tour, Automaten schröpfen.

Taifun C. gefielen diese halbseidenen Strukturen von Recklinghausen-Süd. Mit 15 rauchte er den ersten Joint. Da besuchte er das Gymnasium und überlegte, wie er schnell zu viel Geld kommen konnte. Der Vater starb in dieser Zeit völlig unerwartet, jetzt gab niemand mehr acht auf Taifun C. »Und meine Mutter hatte es eh schwer, sich gegen mich zu behaupten«, sagt er. Er zieht sein Handy aus der Tasche und zeigt ein Bild aus dieser Zeit, er hält darauf ein Geldbündel mit 4000

Euro in der Hand. Das war seine Welt damals. Taifun, der Macker. Er war gewieft darin, sein Auskommen zu verbessern.

Es zog ihn nach Holland, wo er Haschisch und Haze kaufte und die Drogen in Recklinghausen gewinnbringend weitervertickte. Er fuhr immer mit dem Fahrrad über die grüne Grenze und wurde nie erwischt. So ging das über Jahre.

Als Taifun C. 17 war – da ging er schon nicht mehr zur Schule –, begann er, mit Ecstasy-Pillen zu dealen. Er gab seinen Kunden sogar eine Geld-zurück-Garantie, sagte zu ihnen: »Wenn ihr mit dem Zeug nicht den Trip eures Lebens habt, bekommt ihr eure Kohle zurück.« Die Kunden waren hochzufrieden mit ihren Trips.

Er habe in dieser Zeit einige Menschen kaputt gemacht, sagt Taifun C. Ihm tue das heute sehr leid.

Neue Geldquellen

Taifun C. wollte irgendwann sein Geld nicht mehr als Drogendealer verdienen. Er und ein paar Kumpels fingen dann an, Einbrüche zu begehen. Sie observierten die verschiedensten Gebäude, kundschafteten aus, wann die Bewohner gingen und die Wohnungen oder Büros leer standen. Dann legten sie los. Manchmal klingelten sie bei den Leuten. Wenn jemand öffnete, gaben sie sich als Telekom-Mitarbeiter aus, die eine Umfrage machten. Öffnete niemand, stiegen sie ein. Sie knackten hier den Safe in einer Schule und erbeuteten 1500 Euro, da eine Privatwohnung mit teurem Schmuck im Schlafzimmer – 3000 Euro. Sie machten den gestohlenen Schmuck oder die Fernseher und Stereoanlagen zu Geld. »Fürs Gold hatten wir einen festen Abnehmer. Und weil ein Juwelier, wenn er Gold ankauft, immer einen Personalausweis des Verkäufers kopieren muss, stellten wir Junkies dafür an, die für die Ausleihe ihres Ausweises 20 Euro von uns bekamen«, berichtet Taifun C.

Im Alter von 18 Jahren überfiel der junge Mann das erste Mal eine Tankstelle. Er und seine Komplizen stürmten hinein, zogen ihre – falschen – Schusswaffen und holten sich das Geld. Taifun C. ist es wichtig zu sagen, dass er einen Satz gegenüber den Mitarbeitern aussprach: »Das geht nicht gegen dich. Wenn du mitmachst, passiert dir nichts. Ich will nur das Geld!«

Wenn er kein Ding drehte, schnupfte Taifun C. jetzt immer öfter Kokain, hörte Rap-Musik-Titel wie »Zieh die Bitch ab!« – seine Lieblingskünstler waren Xatar und Haftbefehl –, fühlte sich dabei wie ein Gangster von großem Format. Langsam drehte er durch. Das Koks machte ihn bräsig im Kopf. »Ich dachte im Supermarkt plötzlich, dass mich alle Leute kennen, dass ich jetzt prominent bin. Das ehrte mich einerseits, andererseits fühlte ich mich verfolgt«, sagt Taifun C. heute.

Das Faszinierende ist, dass er weiter nie erwischt wurde bei seinen Taten. Er fuhr im Koksrausch viel zu schnell mit dem Auto. Sogar rote Ampeln ignorierte er. Als er einmal doch in eine Polizeikontrolle geriet, schmiss er beim Davonlaufen seine Waffe ins Gebüsch. Am Ende passierte wieder nichts.

Das perfekte Verbrechen und der Ausstieg

Dann wollte Taifun C. das perfekte Verbrechen begehen. Er schaute in dieser Zeit jede Folge von *Aktenzeichen XY ungelöst*, wollte aus den Fehlern anderer lernen, wie ein gelehriger Pokerspieler, der sein Zockerverhalten optimiert.

Das Ziel diesmal: mit Komplizen ein Spielcasino überfallen und alle Einnahmen einsacken. Taifun C. legte sich selbst einen Gesichtsverband an, der nur noch ein Auge und ein Nasenloch frei ließ. Er ging mit der Maskerade in die Spielspelunke und fing an, mit der Frau an der Kasse zu plaudern. Er erzählte ihr, dass er einen Unfall beim Grillen gehabt hätte, er hätte Spiritus ins Feuer gegossen und Verbrennungen dritten Grades erlitten. Die Frau hörte zu. Sie mochte ihn bald und vertraute ihm.

An einem der darauffolgenden Abende wartete Taifun C. – er hatte wieder seine Mullbindenmaskierung angelegt –, bis alle Gäste gegangen waren. Dann lockte er die Kassendame zu den Toiletten und schrie seinen Satz: »Das ist ein Überfall! Gib mir das Geld, dann passiert dir nichts!« Die Komplizen stürmten ebenfalls in den Laden und leerten Kasse und Tresor. Sie erbeuteten an diesem Abend 27 000 Euro. Es war ihr größter Coup.

Am nächsten Tag machten sie, was sie immer taten nach einem erfolgreichen Überfall: »Wir sind ein Steak essen gegangen, haben uns neues Koks besorgt und abends ging es in den Puff.«

Das »fast perfekte Verbrechen« war die einzige Tat, derentwegen Taifun C. ins Visier der Polizei geriet. Seine Komplizen und er wurden vor ein Jugendgericht gestellt, im Puff hatte einer geprahlt, sie hätten gerade eine »große Sache« im Spielcasino gedreht. Die Komplizen wurden verurteilt, sie waren auf den Aufnahmen der installierten Kameras zu erkennen. Nur Taifun C. wurde freigesprochen, weil man ihm dank seiner Maskierung die Tat nicht nachweisen konnte. Er genoss weiter das Leben und was es ihm bot. Tagsüber ging er gerne shoppen, kaufte Klamotten ein, die etliche Schränke füllten. Replay, Diesel, G-Star und Nike seien seine Marken gewesen. Er sparte kein Geld aus seinen Geschäften.

Drogen, Einbrüche, Überfälle: Taifun C. war nun ein Multifunktionsganove, wurde aber weiterhin nicht durch die Justiz belangt. »Das Beste ist, man plaudert mit möglichst wenig Leuten über die Taten und hat keinen dabei, der gerne prahlt. Angeben ist der größte Fehler«, sagt er.

Den Plan, einen Millionärssohn zu kidnappen, verwarf er wieder. Zu gefährlich. Er trat fast in einen Motorradrockerclub ein, überlegte es sich dann im letzten Moment aber noch einmal anders. Er wollte nicht in Abhängigkeit anderer geraten.

Mit 19 lernte Taifun C. seine Freundin kennen, mit der er bis heute zusammen ist. Sie brachte ihn in die Spur. »Ein gutes Mädel. Ich vertraue ihr«, sagt er. Inzwischen hat er sie geheiratet. Durch die Partnerschaft nehme er keine Drogen mehr und kriminell sei er lange nicht mehr gewesen. »Ich habe sogar einen legalen Job angenommen, bin jetzt Verkäufer in einem Baumarkt.« Er will ein guter Mensch bleiben, eine Familie gründen, vielleicht ein Haus kaufen. Warum sollte er nicht für immer die Kurve gekriegt haben? Jetzt, wo er wisse, was im Leben zählt.

Früh eingefahren

Ein anderer hatte nicht das Glück, niemals wegen seiner Taten überführt zu werden. Der Jugendknast ist modern und sieht von außen fast schmuck aus. Viel Beton, aber auch viel Glas. Es ist vor allem der hohe Zaun, der daran erinnert, dass das hier ein Gefängnis ist, in dem Verbrecher für ihre Taten büßen. Auf den Gängen hängen bunte Bilder, von Häftlingen gemalt, die Wände sind in einem hellen Grünton gestrichen.

Halil L., 22 Jahre alt, war ein junger Mann, der von schnellen Autos träumte. Er sitzt im Besucherraum. Kleine Statur, sauber rasiert, die schwarzen Haare kurz geschnitten, Bluejeans und ein dunkles Lacoste-T-Shirt. Etwas schüchtern wirkt er, auf eine angenehme Art. Sieht man ihm in die Augen, hält er dem Blick manchmal nicht stand, schaut auf den Boden. Unsicherheit.

Für Halil L. muss – anders als bei Taifun C. – die zweite Chance erst noch kommen. Er sitzt gerade eine Freiheitsstrafe von sechseinhalb Jahren wegen schweren Raubes und Bandenkriminalität ab. Er wurde nach Jugendstrafrecht verurteilt.

Der Neid aufs Pausenbrot

Halil L. sagt, seine kriminelle Karriere habe sehr früh angefangen. Seine Eltern kamen in den Achtzigerjahren als Flüchtlinge aus dem Libanon nach Deutschland. Er wurde in den Neunzigerjahren in einer Asylbewerbereinrichtung geboren und wuchs dort auch auf.

Und er merkte ziemlich schnell, dass er in Deutschland nicht ein Gleicher unter Gleichen war. Das fing bei der Pausenverpflegung an: »Ich habe die dick belegten Käsebrote meiner Mitschüler gesehen und war einfach nur neidisch. So etwas bekam ich nie zum Essen mit in die Schule«, sagt er. Für ihn gab es billiges Brot von Aldi. Den Kakao vom Pausenkiosk konnte er sich auch nicht leisten.

Doch Halil L.s Strategie war es nicht, die Ungleichheit hinzunehmen und wie ein Aussätziger durchs Schulhaus zu schlurfen. Er holte sich, was er anders nicht bekommen konnte. Es fing damit an, dass er den Mitschülern einfach das Pausenbrot wegnahm und dass er morgens in den Schulkeller ging, den angelieferten Kakao flaschenweise stahl, um ihn später an einem unbeobachteten Ort zu trinken, zum Beispiel in einem Wäldchen nahe der Schule.

Sein Verhalten im Unterricht gefiel den Lehrern nicht. Er beteiligte sich nicht, saß nicht still, machte Lärm, ärgerte und schlug andere Kinder. Bald bekam er Pausenverbote, das heißt, er musste in der Pause unter der Aufsicht eines Lehrers im Klassenzimmer bleiben.

Halil L. zettelte immer brutalere Schlägereien mit Mitschülern an. Meist gewann er. Oder er zog andere ab. »Abziehen« ist heute unter Jugendlichen eine gängige Vokabel, die ausdrückt, dass anderen Gegenstände unter Anwendung oder Androhung von Gewalt weggenommen werden.

»Das Heftigste war, dass ich einmal einen Stuhl nach einem Lehrer geworfen und ihn am Kopf getroffen habe«, gibt Halil L. zu. Als er wegen dieses Ausrasters einen einmonatigen Schulverweis bekam, genoss er es, nicht zur Schule zu müssen, empfand es fast als eine Belohnung. Die Eltern bekamen oft blaue Briefe von der Schule zugeschickt. Aber der Vater war meistens in der Spielhalle und drückte die Tasten der Automaten, die Mutter verstand die deutsche Sprache kaum und war überfordert. Seine Eltern ließen ihn einfach weitermachen, sie hatten eigene Sorgen. Halil L. hat sieben Geschwister. Die Familie lebte in dieser Zeit nur mit einer Duldung in Deutschland, die immer wieder verlängert werden musste.

Nach etlichen Verweisen verließ Halil L. die Hauptschule ohne Abschluss, da war er 15 Jahre alt. Ihm machte das nichts aus. Und er sagt, die Lehrer hätten ihn ohnehin auf dem Kieker gehabt. »Die meinten zu mir: Aus dir wird sowieso nichts! Ich habe mich in der Schule ausgegrenzt gefühlt.« Die Schule war für ihn sein Boxring, in dem er sich als starker Kämpfer beweisen musste.

Lange vor dem letzten Schulverweis hatte er mit dem Klauen begonnen. Zu Grundschulzeiten waren es Bonbons und Zuckerstangen. Später lernte er, dass es andere kleine Gegenstände gibt, die man gut stehlen und danach weiterverkaufen kann: Rasierklingen, Zigaretten, Discmans, dann MP3-Player und Handys. Mit 14 Jahren war Halil L. ein erfahrener Ladendieb. Halil L. wuchs zu einem Kleinkriminellen mit immer mehr Kaltschnäuzigkeit heran. Er dachte nie daran, dass diese Entwicklung Konsequenzen haben würde.

Er ließ sich auch nicht von Verurteilungen wegen Delikten wie Körperverletzung und Diebstahls beeindrucken. »Es gab doch sowieso höchstens Sozialstunden oder einen Wochenendarrest«, sagt er. Seine »Karriere« als Kleinkrimineller wurde noch einmal gepusht, als der Teenager zu seinem großen Bruder zog. »Der war immer mit tollen Autos und Frauen versorgt. Wir hatten großen Spaß!« sagt er. Halil L. wusste, dass sein Bruder sein Geld mit Raubüberfällen und Drogenhandel verdiente. »Er fragte mich bald, ob ich richtig einsteigen wolle. Ich habe Ja gesagt.« Sein erstes Ziel: einen Mercedes, getunt von der Firma AMG, zu besitzen, wie sein Bruder ihn fuhr. Es war eine Mischung aus Gruppenzwang und eigenem Antrieb, endlich zu etwas zu kommen.

Einkaufen gehen

Halils L.s Bruder Nabil L. hatte einen Plan: nicht mehr nur Peanuts, sondern das große Geld verdienen. Das wollte er mit Raubüberfällen auf eine Supermarktkette erreichen. Sie wussten, dass kurz nach Ladenschluss um 22 Uhr das Geld abgeholt wurde. Sie fuhren zu dem Geschäft, Halil L. war der Fahrer. Sein Bruder und ein weiterer Komplize rannten mit schwarzen Sturmhauben maskiert in den Markt. Die Täter bedrohten die Mitarbeiter mit einer scharfen Waffe, Modell Ceska 75, neun Millimeter.

Nabil L. und ein weiterer Komplize stürzten zum Filialleiter, der am Brotregal stand, und nahmen ihn in den Schwitzkasten. Nabil L. zerrte ihn ins Büro, bedrohte ihn mit der Waffe und schlug ihm mit dem Griff auf den Kopf. Ohne jede Vorwarnung. Der Filialleiter erlitt eine Platzwunde. Halil L.s Bruder ließ nicht nach, stieß den Mann zu Boden und trat zu. Eine Kehlkopfprellung und Hämatome an Brust und Rücken wurden später ärztlich bei dem Opfer diagnostiziert.

Am Ende erbeuteten die beiden Täter das Geld aus den Kassen und aus dem Tresor, nachdem sie den Filialleiter zur Herausgabe der Zahlenkombination gezwungen hatten. Zusätzlich nahmen sie mehrere Stangen Zigaretten mit. »Ich war so aufgeregt. Aber alles ging gut«, resümiert Halil L. heute noch einmal. Er brachte Beute und Komplizen sicher mit dem Fluchtauto nach Hause.

Das Trio machte weiter. Sie überfielen weitere Supermärkte der gleichen Kette. Dabei bedrohten sie die Mitarbeiter nicht nur, sondern taten ihnen auch bei den folgenden »Einkäufen« wieder Gewalt an, zwangen sie, sich auf den Boden zu legen, wenn sie die Kassen geöffnet hatten. Einmal, sie waren diesmal vor Ladenschluss gekommen, wollten Kunden den Supermarktangestellten helfen. Da warfen die Täter volle Bierflaschen nach ihnen. Manche der Helfer trafen sie am Kopf. Sie machten einfach alles und jeden nieder.

Mit der Zeit waren die Überfälle fast so etwas wie Routine, so als ginge man zum Bäcker Brötchen holen. Sie machten pro Tat 15 000 bis 20 000 Euro und teilten die Beute gerecht auf. »Das Geld war schnell weg«, sagt Halil L. »Wir sind feiern gegangen, haben an Automaten gezockt und uns in Bordellen vergnügt.« Ans Erwischtwerden dachte er auch jetzt nicht. Diesen Gedanken blendete er völlig aus.

Ein schnelles Ende

Der Zugriff des Sondereinsatzkommandos (SEK) erfolgte an einer Kreuzung. »Wir kamen gerade von einer Schlägerei mit einer Russengang und hatten den nächsten Überfall vor«, sagt Halil L. Er und sein

Bruder saßen in seinem Opel Astra. Sie hatten die Sturmmasken, eine Axt, ein Brecheisen und eine Pistole dabei. Die Beamten schlugen ohne Vorwarnung die Scheiben ein, und als sie sahen, dass Nabil L. eine Waffe trug, »flippten sie völlig aus«, sagt Halil L. Sie zogen die beiden Brüder aus dem Wagen und schlugen dabei mehrfach zu. Halil L. zeigt etwas verschämt die beiden Narben, die er davontrug – eine über der Lippe, die andere an der Augenhöhle.

In der U-Haft sei er überhaupt nicht klargekommen, sagt Halil L. Er habe plötzlich über sein ganzes Leben nachdenken müssen. Die Schule. Die verpassten Chancen. Seine Familie, die jetzt so enttäuscht von ihm sein musste. Er habe sogar Suizidgedanken gehabt.

Noch einmal hart wurde es für Halil L., als im Gerichtssaal die Zeugen verhört wurden. Gerade die Mitarbeiterinnen der Supermärkte, die teilweise durch die erlebten Überfälle so traumatisiert waren, dass sie nicht weiterarbeiten konnten, taten ihm leid. »Ich hatte bei meinen Taten gar nicht darüber nachgedacht. Aber jetzt merkte ich, was wir da eigentlich angerichtet hatten.«

In der Kriminologie nennt man dieses Phänomen »Opferempathie«, wenn Täter Einfühlungsvermögen zeigen für die Situation der Menschen, denen sie Schaden zugefügt haben. Halil L. will nie wieder kriminell sein. Er hat in der Haft seinen Hauptschulabschluss nachgemacht und ein Antigewalttraining absolviert. Er hat sein handwerkliches Geschick entdeckt und will nach seiner Entlassung als Schreiner arbeiten. Seine Familie und seine Freundin halten zu ihm. »Es gibt ein Leben nach dem Knast«, ist er sich sicher.

Kind bleibt Kind

Lydia R. schaut sehr traurig drein, wenn sie über ihre Söhne spricht – 16, 19 und 27 Jahre alt. Die Familie lebt in Recklinghausen-Süd, dem Ort, dem wesentliche Teile dieses Kapitels gewidmet sind. Der älteste Sohn war nie kriminell, die beiden jüngeren schon. Der Jüngste habe sich seinen älteren Bruder zum Vorbild genommen und Leute überfallen und beraubt. Deshalb wurde er angezeigt. Und weil er zuvor einige Delikte begangen hatte, droht ihm jetzt ein längerer Knastaufenthalt. Er sitzt bereits in U-Haft. Seine Mutter besucht ihn einmal pro Woche und meistens muss sie dann weinen.

Warum zwei ihrer Söhne vom rechten Wege abgekommen sind, einer aber nicht? Bei ihrem ältesten Sohn sei der Vater noch präsent gewesen. Dann erkrankte er an Krebs und konnte sich nicht mehr um seine Söhne kümmern. Die Eltern trennten sich bald darauf, der Vater war nur noch in Krankenhäusern und in der Reha. Als der mittlere und der jüngste Sohn 15 beziehungsweise zwölf Jahre alt waren, in einer entscheidenden Phase, fehlte ihnen die Vaterfigur völlig. »Sie hatten keine Orientierung. Ich konnte das nicht ausgleichen in der Erziehung«, sagt Lydia R. Vielleicht sei ihr Herz zu weich, jedenfalls habe sie sich nicht durchsetzen können. Die Kinder seien ihr auf der Nase herumgetanzt, weil sie nicht hart durchgegriffen habe. »Dann bekam ich vor lauter Überforderung einen Burn-out, da war es vorbei.« Lydia R. rät allen Eltern zu einer konsequenten Erziehung. Und falls der Vater fehle, brauche es eine andere männliche Bezugsperson für die Söhne.

»Außerdem würde ich Eltern raten, aus dem sozialen Brennpunkt wegzuziehen«, sagt Lydia R. Ihre Söhne seien sehr vom Umfeld in Recklinghausen-Süd beeinflusst worden. Das Sein bestimmt hier das Bewusstsein. »Woanders wäre es bestimmt nicht so weit gekommen«, glaubt sie.

Kriminologen haben dieses Problem längst erkannt. Viele von ihnen sind der Meinung, dass das Aufwachsen in einem sozialen Brennpunktgebiet junge Menschen mitunter kriminell werden lässt – und zwar deutlich öfter, als wenn sie in bürgerlichen Vierteln aufwachsen würden. Das gelte besonders für die Straßenkriminalität, gemeint sind damit Raubtaten, Körperverletzungsdelikte und der Rauschgifthandel. Zudem begingen sie deutlich öfter Einbruchsdelikte. Die Logik dahinter: Der Mensch ist ein Herdentier. Dort, wo er gemeinschaftlich Mangel leidet und schlechten menschlichen Einflüssen ausgesetzt ist, neigt er eher zur Delinquenz.

Weit weg in Rio

»Ich habe die Jugendrichter in Deutschland immer massiv kritisiert. Zu lasch, zu lau, zu langsam, das war meine Rede«, sagt indes ein anderer Interviewpartner. 10 000 Kilometer von Recklinghausen-Süd entfernt, einmal über den Atlantik, in Rio de Janeiro, Brasilien. Hier lebt Ronald Barnabas Schill, besser bekannt als »Richter Gnadenlos« und ehemaliger Innensenator von Hamburg.

Er sei nie der Meinung gewesen, dass man Jugendliche wegen Delikten wie Schwarzfahren, Ladendiebstahl oder Sachbeschädigung gleich einsperren sollte. Wann er trotzdem für harte Strafen auch für junge Straftäter oder Ersttäter plädiert? »Bei schweren Delikten wie bei Raub oder räuberischer Erpressung, zum Beispiel dem Abziehen von Mitschülern, sollten die Täter zur Abschreckung zu einem Arrest in einer kargen Einzelzelle verurteilt werden.« Schill sagt, ihm seien die Opfer immer sehr wichtig gewesen. Er war dafür bekannt, besonders hart zu urteilen – daher sein Spitzname.

Diese Haltung ist eine Diskussion wert. Hat Schill damit recht? Die Kriminalstatistik zeigt, dass Menschen vor allem im jugendlichen und heranwachsenden Alter kriminell werden, die Kriminalität beginnt mit 14 bis 15 Jahren und erreicht ihren Höhepunkt zwischen dem 18. und 21. Lebensjahr. Danach fällt die Kriminalitätskurve steil ab – nur wenige »Intensivtäter« bleiben weiterhin massiv kriminell. Daher könnte man den Standpunkt vertreten, dass die Bestrafung der meisten jungen Menschen überhaupt nicht erforderlich sei, dass sie ohnehin und ohne gerichtliche Sanktionen auf den rechten Weg kommen. Doch erst wenn sie alt genug sind. Danach müsste man nur Wert darauf legen zu erkennen, wer zu den Intensivtätern gehört, und für diese müsste man frühzeitig besondere Maßnahmen einleiten.

Der Ruf nach härteren Strafen ist zwar in der Bevölkerung beliebt, allerdings wissen die wenigsten, dass die Umsetzung nicht zu weniger Kriminalität führen würde. Was viele Befürworter harter Strafen völlig vergessen: Diese haben keine abschreckende Wirkung, das zeigt nicht nur das Beispiel USA. Es gibt in vielen amerikanischen Bundesstaaten die Todesstrafe, trotzdem ist die Kriminalitätsbelastung weiterhin hoch. Was ebenfalls niemand berücksichtigt, wenn der Ruf nach härteren Strafen laut wird, ist die Täterperspektive. Ein Täter lässt sich nicht davon abschrecken, dass ihm eine besonders hohe Strafe droht. Insbesondere junge Täter denken überhaupt nicht an die Folgen ihres Handelns. In der Regel geht ein Täter davon aus, dass er nicht auffällt, ansonsten würde er die Straftat nicht begehen. Es gibt auch keinen Täter, der sich vor einer Tat sagt: Ach, für Bankraub gibt es ja maximal drei Jahre in Deutschland, deshalb mache ich ihn. Wenn es acht Jahre dafür gäbe, würde ich es lassen. Was man ebenso wenig vergessen darf: Gerade junge Menschen geraten oftmals erst im Knast auf den völlig falschen Weg, denn dort lernen sie andere Straftäter kennen, die noch krimineller sind als sie selbst, und lassen sich von ihnen beeinflussen.

Viel wichtiger als härtere Strafen sollte daher sein – gerade bei Straftaten von jungen Menschen –, dass die Täter schnell verurteilt werden. In Deutschland ziehen sich Jugendstrafverfahren aber oft über Jahre. Wenn ein 15-Jähriger erst mit 18 Jahren vor Gericht gestellt wird, ist er in seiner Entwicklung schon so weit fortgeschritten, dass er sich oft an die Tat gar nicht mehr richtig erinnern kann. Gerade in der Entwicklungsphase zwischen dem 12. und 20. Lebensjahr verändern sich junge Menschen oft innerhalb kürzester Zeit, sodass eine Jahre nach der Tat verhängte Strafe sie gar nicht mehr erreicht und oft aufgrund ihrer erlangten Reife auch nicht mehr nötig ist.

Ein Ansatz wäre, Warnsignale, die Lehrer oder Eltern wahrnehmen, frühzeitig zu beachten und verstärkte Aufklärungsarbeit schon in der Schule zu leisten. Besonders müssten junge Menschen darauf vorbereitet werden, mit Situationen umzugehen, in denen sie Täter oder Opfer von Kriminalität werden können.

Nur wenn man die Ursachen von Kriminalität angeht, kann langfristig wirksam etwas dagegen getan werden. Leider wird der Gedanke der Prävention gerade in der politischen Diskussion vernachlässigt, stattdessen immer wieder den Bürgern vorgespiegelt, mit härteren Strafen wäre etwas zu bewirken.

Inside Jugendkriminalität

> Gerichtsverhandlungen gegen Jugendliche (14- bis 17-Jährige) sind nicht öffentlich. Bei Heranwachsenden (18- bis 20-Jährigen) kann das Gericht die Öffentlichkeit ausschließen, was nur ausnahmsweise geschieht. Alle anderen Strafgerichtsprozesse in Deutschland sind öffentlich. Im Einzelfall kann ein Teil eines Strafprozesses nicht öffentlich sein, etwa wenn es um die Vernehmung eines traumatisierten Opfers geht.

> Wenn Eltern bei ihren Kindern Betäubungsmittel finden, dürfen Eltern diese sofort vernichten oder zur Polizei bringen. Bewahren sie diese aber auf, machen sie sich selbst wegen Besitzes von Betäubungsmitteln strafbar.

> Eltern haften grundsätzlich nicht für das Verhalten ihrer Kinder. Kinder haften aber sehr wohl für ihre Eltern, insbesondere im Alter, wenn diese pflegebedürftig sind. Schilder auf Baustellen mit dem Aufdruck »Eltern haften für ihre Kinder« sind juristisch daher falsch. Eltern haften nur für die Verletzung der sie treffenden Aufsichtspflicht.

> Die in Mode gekommenen teuren Abmahnungen von Abmahnanwälten bei illegalen Internetdownloads, etwa von Musikdateien oder Filmen, durch ihre minderjährigen Kinder können Eltern unter Umständen umgehen, obwohl der Internetanschluss auf sie läuft. Die Erziehungsberechtigten müssen lediglich nachweisen, dass sie ihrer Aufsichtspflicht nachgekommen sind, indem sie ihre Kinder ausreichend über die Gefahren des Internets aufgeklärt haben. Dann haben die Abmahnschreiben in der Regel keinen Erfolg.

10. Flüchtlingsschleuser und Rückkehrer

Ein Hotel in Paris

Es fällt schwer, sich im Hotel Costes auf ein Gespräch zu konzentrieren. Die Kellnerinnen tragen schwarze, körperbetonte Kleidung, sind bestens geschminkt und sehr freundlich dazu. Das Costes ist ein Treffpunkt der Supermodels von morgen. Draußen laufen geschäftige Menschen die Straße entlang. Frauen eilen mit großen Schritten und noch größeren Einkaufstüten aus den Edelboutiquen, um ihre ergatterten Schätze nach Hause zu tragen. Taxifahrer halten vor dem Hotel, lassen Fahrgäste aussteigen, nehmen neue in Empfang.

Die Terroranschläge auf den Club Bataclan und andere Ziele liegen zwar noch nicht lange zurück, aber die Menschen sind nicht in Schockstarre. Überall volle Straßen, volle Bordsteine, volle Cafés. Als Ausländer hat man den Eindruck: Paris will sich nicht unterkriegen lassen. Die Seine mit ihren vielen Armen und Brücken, der beleuchtete Eiffelturm, die allzeit würdig-klotzige Kathedrale Nôtre-Dame. Paris ist, gerade in seiner schwersten Stunde, vor allem eines: wunderschön.

Das Hotel Costes sei der beste Ort in Paris, wo man etwas besprechen könne, das nicht für anderer Leute Ohren bestimmt ist, sagt Rasit O. Es ist früher Abend. Das Restaurant des Hotels füllt sich, aber es ist weitläufig und verwinkelt. Tatsächlich eine höchst diskrete Atmosphäre.

Das sei ihm alles so unangenehm, schiebt Rasit O., Libanese und 40 Jahre alt, vorweg, will man mit ihm über seine Straftaten der Vergangenheit sprechen. Er habe die Menschen nur unterstützen wollen. Flüchtlinge seien doch in der Regel »arme Schweine« und er habe ihnen nur geholfen, ihr endgültiges Ziel zu erreichen: Deutschland.

In den vergangenen Jahren, seitdem die Krisen, vor allem in der arabischen Welt, prekärer werden, kommen immer mehr Flüchtlinge am internationalen Flughafen Charles de Gaulle in Paris an. Viele von ihnen wollen in die Bundesrepublik.

Rasit O. war Taxifahrer, hatte aber – bevor er Flüchtlingsschleuser wurde – schon einen lukrativen Zusatzjob: Er fuhr steinreiche Araber, meist aus den Golfstaaten, durch Paris, zeigte ihnen die edlen Hotels, dinierte mit ihnen in luxuriösen Restaurants, wo sie zusammen Tausende von Euros verprassten. Er brauste mit einer Mercedes S-Klasse die Champs-Élysées rauf und runter, besuchte mit seinen Kunden den Eiffelturm, den Louvre, Nôtre-Dame oder die Bastille. Er ging mit ihnen shoppen bei Louis Vuitton, Dior, Chanel oder Yves Saint Laurent. Gerne sahen sich die Araber auch die tanzenden Frauen im Moulin Rouge an. Rasit O. »schleuste« seine Gäste – ganz legal – durch den Luxus.

Eines Tages saß eine syrische Flüchtlingsfamilie in seinem Taxi: Mutter, Vater, zwei Kinder. Ob er Arabisch spreche und sie irgendwie nach Deutschland bringen könne, wollten sie wissen. Rasit O. fragte sich: Für wie viel Geld würde er es riskieren, ein illegaler Menschenschleuser zu sein? 700 Euro verlangte er von der syrischen Familie für seine Dienste. Später – Menschen sind eben gierig – pendelte sich der Preis bei 900 Euro ein. Manchmal war es auch deutlich mehr, je nach Länge der Route. Entweder wurde bar bezahlt oder das Geld über Western Union überwiesen.

Rasit O. war schnell klar, dass das ein neuer Geschäftszweig für ihn war, der mehr abwarf als das Geschäft mit Stadtfahrten in Paris. So wurde er ein Rädchen im Getriebe der Schlepperbanden Europas. Das von diesen Banden gesponnene Netzwerk verläuft etwa von Syrien über die Türkei bis Griechenland und in diesem Falle weiter nach Frankreich. Und jedes Rädchen wird mit Liebe zum Detail sorgsam geölt.

Rasit O.s eigene Familie war 1990 aus dem Südlibanon vor Krieg und Gewalt nach Deutschland geflohen. Damals war er 17 Jahre alt, ein junger Mann mit vielen Träumen und Sehnsüchten. Er weiß also, wie man sich fühlt, wenn das Leben nur besser werden kann. Er kam durch die damalige Tschechoslowakei mit dem Auto nach Deutschland, beantragte in Düsseldorf Asyl und sein Antrag wurde bewilligt. Er lebte lange Zeit in Hessen, lernte Deutsch und kannte sich auf Deutschlands Straßen bestens aus. Das galt auch für die Grenzübergänge zu Frankreich. »Ich bin Europäer«, sagt Rasit O. überzeugt. Und fügt hinzu, dass er von den Deutschen Werte wie Respekt, Fleiß, Sauberkeit und Ehrlichkeit gelernt habe.

In Frankreich, wo er mittlerweile seit 13 Jahren lebt, hat er inzwischen Frau und Kinder. Das Taxifahren hielt die Familie lange über Wasser. »Ich fahre einfach gerne Auto und erkunde die Stadt. Paris ist so groß – das ist ein lebenslanges Lernen.« Wenn man mit Rasit O. durch die Stadt fährt, sieht man schnell, dass er fast jeden Schleichweg und viele Abkürzungen kennt. Er fährt sicher und weiß, wie man durch den sieben- bis achtspurigen Kreisverkehr am Arc de Triomphe kommt.

Als er mit den Schleuserfahrten anfing, sollte sich sein Leben grundlegend verändern. Er fuhr die Flüchtlinge für Geld nach Aachen, Frankfurt, Hamburg oder Köln – wohin auch immer sie wollten. Einige der Emigranten hatten vor, von Deutschland aus in skandinavische Länder weiterzureisen. Rasit O. wusste, wann und wo die Grenzüberfahrt am sichersten war. An den offenen Grenzen im Schengenraum wurden damals nur noch stichprobenartige Kontrollen vorgenommen. »Eigentlich hätten sie mich nie erwischen dürfen«, sagt er.

Menschenschleuser sind hoch organisierte Banden. Sie warten schon in Syrien auf Leute, die fliehen wollen. Die Flüchtlinge haben dort meist ihr ganzes Hab und Gut verkauft. Haus, Wohnung, Auto – alles verramscht. Oder sie haben sich Geld geliehen von Verwandten und Freunden. Zu Beginn der Flüchtlingskrise kostete eine komplette Schleusung von Syrien nach Deutschland rund 15 000 Euro. Mit der Masse an Flüchtlingen fielen die Preise.

Oft flüchten nur die Männer und lassen ihre Familien zurück, in der Hoffnung, sie irgendwann nachholen zu können. Sie verwenden meist gefälschte Papiere, die die Schlepperbanden ihren Kunden vor der Reise besorgen, schöne Passfotos inklusive. Die Schleuser denken an jedes Detail. Sie sind Profis mit Profit. Wichtig ist es, die griechische Grenze passieren zu können, denn dann ist man in der EU und die Weiterreise ohne Grenzkontrollen möglich. »Zur Not muss man die Grenzer bestechen, das ist in Griechenland aber kein Problem, fast jeder bereichert sich dort, wenn er irgend kann. Das ist ein ganz korruptes Land«, sagt Rasit O.

Rasit O. organisierte sich schnell in dem neuen Geschäft. Zuerst fuhr er selbst, war so gut vernetzt im Schleusernetz, dass er angerufen wurde, wenn neue »Kundschaft« unterwegs war. Oft empfahlen Flüchtlinge ihn auch anderen Flüchtlingen als Fahrer. Er erwartete die Neuankömmlinge am Flughafen mit einem Willkommensschild. Alles war im Vorhinein abgeklärt.

Zunehmend übernahm Rasit O. Flüchtlinge, die über Land nach Frankreich eingereist waren, etwa auf den Ladeflächen von Lkws. Auch sie brachte er zu ihrem »Reiseziel«. Später organisierte er mehr, ließ andere für sich fahren und koordinierte ein Dutzend Taxifahrer, kassierte dafür Provisionen von meist 200 Euro pro Fahrt, wenn er im Hintergrund blieb. Für ihn war das nichts anderes, als würde er die Dienstpläne in einem Supermarkt zusammenstellen.

Fuhr er selbst eine Tour, fühlte er sich fast wie ein Heilsbringer. »Du siehst diese geschundenen Menschen, bringst sie an ihr Ziel und schaust in glückliche Augen. Manchmal weinten die Menschen sogar vor Glück. Sie sagten tausendmal Danke, luden dich vielleicht noch zum Essen ein. Ist doch ein schöner Job!«, sagt er und lächelt selbst dabei, als dächte er gerade an all die Menschen, die nur er glücklich gemacht hat.

Wichtig sei gewesen, die Flüchtlinge neu einzukleiden, damit sie nicht ärmlich aussahen und bei den Grenzpolizisten oder unterwegs verdächtig wirkten. Diese »Modeberatung« übernahmen oft schon die Schleuserkumpanen in Griechenland, mit denen Rasit O. in ständigem Austausch stand.

Dann wurde Rasit O. doch erwischt auf dem Weg, der ihm Geld und seinen Kunden die Freiheit bringen sollte. Am Ende führten ihn genau diese Wege in die Unfreiheit. Sein Telefon wurde abgehört, er stand in Kontakt mit den Schleuserchefs in Griechenland. Weil auch diese in ihrem Land durch die Polizei überwacht wurden, kam man schließlich auf Rasit O. als eine ihrer Kontaktpersonen. Er wurde in Frankreich festgenommen und sofort nach Deutschland überstellt, weil die Staatsanwaltschaft dort bereits ermittelte und Deutschland der Tatort war. Er kam in Untersuchungshaft. Der Vorwurf: gewerbsmäßiges Einschleusen von Ausländern, eine Tat, die in Deutschland hart bestraft wird.

»Der Knast war furchtbar – ich wünsche diese Erfahrung meinem ärgsten Feind nicht«, sagt Rasit O. und lächelt jetzt überhaupt nicht mehr. Seine Gesichtszüge sind angespannt, der Blick ist düster, vor allem wenn er von den schmutzigen Toiletten und der fehlenden Privatsphäre spricht.

Die Reue, die er beteuerte, hielt den Richter nicht davon ab, ihn zu einer Freiheitsstrafe von zwei Jahren und zehn Monaten zu verurteilen. Es kam ihm zugute, dass er noch nicht vorbestraft war. Ihm wurde die Möglichkeit eingeräumt, dass er den Rest seiner Haftstrafe in Frankreich absitzt. Er wird dort noch einige Zeit im offenen Vollzug verbringen müssen. Solange das nicht erledigt ist, lebt er von Sozialhilfe. Er möchte demnächst in einem legalen Job arbeiten, wenn er die Haftstrafe endgültig verbüßt hat.

Aufhorchen lässt einen, was Rasit O. am Schluss des Gesprächs sagt: »Ich finde, es kommen im Moment zu viele Flüchtlinge nach Europa. Vor allem Deutschland könnte unter dieser Last zusammenbrechen.« Man müsse sich überlegen, wie man den Zustrom begrenzen kann. So ist aus einem ehemaligen Menschenschleuser ein Menschenmahner geworden. Er selbst will sich nie wieder im Schleusergeschäft umtreiben, sagt er, bevor er geht.

In den Fängen des Krieges

Als Omar S. in das Auto einsteigt, ist nicht ganz klar, wer gerade aufgeregter ist: der Interviewer oder der Interviewte.

Omar S. schnauft und schnaubt, als wäre er gerade einen Sprint gelaufen. Seine Jeans hat Löcher. Seine Nägel an den feingliedrigen Händen – sie sehen fast aus wie Frauenhände – sind zerkaut. Er riecht nach Zigaretten. Sein Gesicht ist mit einem bis unter die Augen geschobenen Halstuch und einer Kapuze vermummt. Seine Stimme pendelt zwischen Krächzen und Schreien. Was er sagt, ist schlimm genug. Aber wie er es sagt, macht es umso gespenstischer.

Schon das Zustandekommen des Treffens war dramatisch. Zuerst gab es einen Termin, eingefädelt über einen Mittelsmann, doch wenige Stunden vor der Verabredung kommt eine SMS mit einer Absage. Der frühere Gotteskrieger werde nicht kommen, er wolle doch nicht über seine Vergangenheit sprechen.

Dann, sechs Tage später, will er doch reden. Plötzlich. Auch bei diesem Treffen läuft nicht alles wie geplant. Zuerst will sich der Mann an einer Autobahnraststätte in Süddeutschland treffen. Dann disponiert er kurzfristig um: Er nennt einen öffentlichen Parkplatz vor einem Schwimmbad. Der Rastplatz sei zu heikel. Wegen der Videoüberwachung.

Auf dem Parkplatz geht alles rasch. Ein Opel. Eine Lichthupe. Ein Händedruck zur Begrüßung. Omar S., der kampferprobte frühere IS-Kämpfer, will nur im Auto sprechen. Und er hat einen Freund und Übersetzer dabei, der ihm Sicherheit gibt. Ganz alleine hätte er sich nicht hergetraut. Mit Menschen sprechen kann manchmal mehr Mut erfordern, als Menschen zu töten.

Jedenfalls ist Omar S. jetzt außer Atem und extrem nervös. Er pustet die kalte Luft aus, die er davor eingesogen hat. Er will jetzt reden.

Der Exdschihadist, Anfang 30 mag er sein, erzählt, dass er schon vor einigen Jahren nach Deutschland gekommen sei. Als Flüchtling. Er musste in seiner Heimat Syrien mitansehen, wie sein Großvater von Regierungssoldaten erst über Monate schikaniert und dann per Kopfschuss getötet wurde. »Ich wollte einfach nur diese Hölle verlassen. Die Angst um mein Leben ablegen. Eine Zukunft haben«, sagt Omar S. Gerechtigkeit habe er gesucht.

In Europa habe er sich schnell sehr wohlgefühlt. Hier in Deutschland sah er Perspektiven. Er lernte eine Frau kennen, eine Russin, mit ihr wollte er sich ein Leben in Süddeutschland auf dem Dorf aufbauen. Schnell eine Arbeit finden. Einen Mittelklassewagen mit Kombiheck fahren. Kinder in die Welt setzen. In eine hoffentlich bessere Welt, als er sie kannte.

Doch Omar S. lernte andere Araber kennen, die ihm von ihrem Verständnis des Islam erzählten. Wie man ihn lesen müsse. Wie man ihn leben müsse. Der junge Mann hörte interessiert zu, ging mit seinen neuen Freunden in die Moschee, wo er »weise Männer« traf. Er entfernte sich von seinen jüngsten Lebenszielen: eine Arbeit zu finden und eine Familie zu gründen. Wichtiger war ihm jetzt, was der Imam zu sagen hatte, wenn er freitags predigte. Dieser sprach vom Paradies und von den vielen Jungfrauen – vom Preis, den jeder im Jenseits erhält, der im Diesseits bereit ist, einen anderen Preis zu zahlen, sein Leben für Allah zu opfern.

Der Imam sprach nicht von Syrien oder dem Irak und auch nicht vom Islamischen Staat. Er sprach von Gotteskriegern und der Pflicht des Muslims, für seine Religion zu kämpfen. Er sprach über das Buch der Bücher und er sprach danach Gebete in seinen zauseligen Bart. »Ich war überzeugt, dass mein Weg der richtige ist«, sagt Omar S.

Als er und seine Freunde immer mehr vom Dschihad redeten, war irgendwann klar, dass sie sich dem Islamischen Staat anschließen wollten. Omar S. reiste mit einigen seiner Moscheebrüder über die Türkei nach Syrien. Seiner Freundin sagte er nur, er würde bald wiederkommen. Bei der Terrormiliz waren sie gleich willkommen, bekamen genug zu essen und zu trinken, dazu eine Ruhestatt zum Schlafen. In den kommenden Wochen wurde Omar S. als Kämpfer ausgebildet wie in einem Hollywood-Kriegsfilm. In einem Camp in der Wüste – so wie man es in Deutschland immer im Fernsehen erfuhr.

Er lernte zu schießen, zu erstechen, Gliedmaßen und Köpfe von Feinden mit dem Messer abzutrennen. Oder wie man einem Menschen mit der Pinzette die Fingernägel ausreißt. Omar S. sagt, er habe nicht nur Köpfe abgetrennt, sondern auch Arme und Beine, Ohren, Finger und Penisse. Als »Übungsmaterial« dienten echte Menschen – Kriegsgefangene aus der Umgebung. Mit Sprengstoff wurden sie ebenfalls vertraut gemacht und »natürlich haben wir über einen möglichen Tod als Suizidattentäter geredet«. Als Kämpfer machte er später von diesem Wissen Gebrauch. Anderthalb Jahre blieb er beim IS. Er mordete fast jeden Tag. Er vergewaltigte und plünderte.

Die Terrororganisation bringt Feinde wie Christen, Jesiden, Kurden und Schiiten erbarmungslos um. Die Männer werden getötet, die Frauen als Sexsklavinnen gefangen gehalten. »Keiner musste bei uns auf seinen Sex verzichten. Es waren immer Frauen verfügbar. Sie wurden dahin gebracht, wo wir stationiert waren. Und Geld bekamen wir reichlich«, erzählt er. Jeden Morgen hätten die Kämpfer »aufputschende Getränke« bekommen, um ihren Kampfesmut zu steigern und die Angst zu vertreiben. Sie sollten echte Kampfmaschinen bleiben, die nichts infrage stellen.

Dennoch kamen Omar S. Zweifel. Er träumte schlecht und verkraftete seine eigenen Taten nicht mehr. »Es war Sünde, was ich da tat. Sünde, Sünde, Sünde!«, wiederholt er dreimal. Er sagt es auf Arabisch: »Haram, haram, haram!«

Eines Nachts schlich er sich aus dem Camp, ging auf den Basar im nächsten Ort und mit der Hilfe eines Mannes gelang ihm die Flucht per Geländewagen in die Türkei. Von dort aus kam er über die Balkanroute als Flüchtling, mit falschen Papieren reiste er in Deutschland ein. Er hoffe auf Asyl, bisher habe er seine Vergangenheit verschleiern können.

Omar S. sagt, er wolle jetzt möglichst bald eine Arbeit finden und eine Familie gründen. Mit seiner russischen Exfreundin hat er aber noch keinen Kontakt aufgenommen. Mit seinen Eltern, die noch in Damaskus leben, will er keinen Austausch. Er schämt sich, will aber auch nicht lügen über sein jüngstes Vorleben. Natürlich würden sie ihn fragen: Was hast du getan? Und was könnte einer wie er nur darauf antworten?

»Ich bereue es sehr, was ich getan habe. An Allah glaube ich aber trotzdem noch. Er wird mir verzeihen. Jetzt kann ich noch einmal ein besserer Mensch werden«, sagt Omar S. zum Schluss. Er könne oft nachts nicht schlafen, erzählt er, brauche vielleicht einen Psychologen. Er fürchte sich vor Strafverfolgung und der Polizei – nur deshalb habe er das erste Treffen platzen lassen. Jeder Mensch habe eine zweite Chance verdient.

Omar S. ist sich sicher: Das Schlimmste hat er hinter sich. Er glaubt aber, dass es in Deutschland Terroranschläge geben wird. Nicht unbedingt durch Rückkehrer wie ihn, aber jeder verirrte Muslim sei ein potenzieller Täter. »Man wird es nicht vermeiden können«, sagt er lapidar. Er selbst sei gereinigt, sofern ein Mensch gereinigt sein könne.

Inside Flüchtlingsschleuser und Rückkehrer

> Schwierig für die Psyche des Menschen ist oft der Schritt zur allerersten Tat, zum Beispiel bei der Tötung eines anderen Menschen. Ist die hohe Hemmschwelle allerdings einmal überschritten, fällt das weitere Töten dem Betreffenden leichter und die seelische Abstumpfung setzt sich fort.

> Syrien-Rückkehrer oder für den IS tätig gewesene Flüchtlinge, gleich welcher Nationalität, können auch in der Bundesrepublik für in Syrien begangene Tötungen vor Gericht gestellt werden. Dies setzt insbesondere voraus, dass die Tat in Syrien nicht zur Verurteilung gelangt und nicht verjährt ist. Mord verjährt in Deutschland nie.

> Bei sinkenden Flüchtlingsbooten im Mittelmeer ist unter Umständen auch die Tötung eines Flüchtlings zur Rettung eines anderen Menschen zulässig. Sinkt das Schiff und hat der syrische Familienvater bereits eine sichere Rettungsweste um, sein fünfjähriger Sohn hingegen nicht, so darf der Vater einem anderen auf dem Boot befindlichen Flüchtling die letzte vorhandene Rettungsweste vom Leib reißen, um diese seinem Sohn anzuziehen, auch wenn damit der Tod des anderen Flüchtlings durch Ertrinken sicher ist.

11. Nachtleben

Männer vor die Tür

Die Brüste der Tänzerin wippen im Takt der Musik nach oben und unten. Mit ihren langen Beinen gleitet die Frau über die Bühne und zieht ein Kleidungsstück nach dem anderen aus, bis sie barbusig dasteht und ihre Hüften kreisen lässt. Es sieht fast aus, als würde sie über dem Boden schweben. Der Rhythmus ist schnell, die Bässe vibrieren im Oberkörper der Gäste, als kündigte sich gerade ein Erdbeben an. Der Stripclub an der berühmten Straße »Große Freiheit« gilt als beste Adresse der Stadt für derartiges Schauspiel.

Draußen auf der Hamburger Reeperbahn leuchten und blinken die Neonreklamen wie eh und je, tauchen die »sündige Meile« in buntes Licht. Der Stadtteil St. Pauli huldigt der Reizüberflutung. Ältere Herren stehen vor den Stripclubs und sprechen Passanten an, versuchen, sie in ihren Laden zu lotsen. Man nennt diese Männer im Volksmund »Koberer«. Ihre Kollegen, die Türsteher, bewachen die Clubs und sorgen dafür, dass es keinen Ärger gibt. Oder sie greifen ein, wenn der Ärger längst angefangen hat.

Aber ist das wirklich so?

Mohammed C. ist ein Kenner der Szene. Der Stripclub als Treffpunkt ist gut gewählt, hier fühlt sich der Mann aus dem Milieu zu Hause. Der 35-Jährige kennt sich aus, wenn es ums Nachtleben und speziell ums Türstehergewerbe geht. Er war schließlich selbst fast ein Jahrzehnt Teil davon. Sein Gesicht ist von einem dichten Vollbart umrahmt. Seine Oberarme sind dick wie Kanthölzer und seine dunklen Augen sehen verwegen aus. Das ist ein gefährlicher Mann, denkt man, wenn man ihn sieht. Man möchte mit ihm keinen Ärger bekommen.

»Auch wenn das offiziell niemand zugibt, wird das gesamte Nachtleben von den Größen der Unterwelt beherrscht«, sagt er. Es seien die Clans, die Rockergangs und andere Verbrecherbanden, die die Türen der Clubs und Diskotheken in ganz Deutschland kontrollierten.

Wie sie diese Kontrolle bekommen? Mohammed C. sagt: »Es läuft immer nach dem gleichen Schema ab. Zuerst wird Ärger angezettelt, dann Macht demonstriert.« Da gibt es zum Beispiel einen neuen Club hier auf St. Pauli. Der Betreiber hat mehrere Hunderttausend Euro in den Um- und Ausbau der Diskothek investiert. Er beauftragt eine Sicherheitsfirma damit, seine Tür zu schützen. Schon am Tag der Eröffnung kommen die Verbrecher und provozieren die Türsteher, »hauen ihnen vielleicht vor die Fresse«, wie Mohammed C. es ausdrückt. Ein Streit und ein Handgemenge sorgen gleich für ein schlechtes Image des Clubs. Die Störenfriede stellen dabei sicher, dass sie in der Überzahl sind und den Kampf gegen die Türsteher gewinnen.

Oder sie fangen im Club selbst an, die Ruhe zu stören, verteilen wahllos Maulschellen an Besucher auf der Tanzfläche. Damit bewirken sie, dass sich die Gäste unsicher fühlen und flüchten. Teilweise versteckt man Drogen auf der Toilette der Diskothek, die Polizei wird angerufen und man erzählt, in dem Laden würde mit Betäubungsmitteln gehandelt. Eine weitere Variante: Das Ordnungsamt wird informiert, dass Minderjährige in der Disco seien. Es kommt in der Folge zu aufwendigen Razzien, die das ganze Geschäft durcheinanderbringen. Ein Anruf bei der Lokalzeitung kann genauso bewirken, dass negativ über den Club berichtet wird und seine Reputation leidet.

Nach solchen »Maßnahmen« besucht die Gang den Betreiber. »Wenn du so etwas in Zukunft vermeiden willst, dann lass uns deine Tür sichern. Wir sorgen für Ruhe«, sagen sie ihm. Sie verlangen eine feste Gewinnbeteiligung. »Für 20 Prozent vom Reinerlös garantieren wir Partynächte ohne jedes Problem«, heißt es. So kassieren die Türsteher Schutzgeld von den Diskothekenbetreibern, wie es andernorts auch Restaurants, Eisdielen oder Bordelle zahlen müssen. »Früher hieß das Schutzgeld, heute nennt man es Security«, erklärt Mohammed C. Die

Zeiten änderten sich eben. Seriöse Sicherheitsfirmen haben gegen die Vertreter der organisierten Kriminalität keine Chance.

Nimmt der Betreiber das Angebot nicht an, kommen weiterhin Krawallmacher in den Club. So lange, bis der Inhaber der Diskothek darauf eingeht, weil er gar nicht anders kann. Er hat keine Alternative, denn er fürchtet um die Investitionen, die er in den Club gepumpt hat. Müsste sein Laden schließen, wäre das verlorenes Geld.

Sollte ein Clubmanager unbelehrbar sein und die Geschäftsbeziehung nicht zustande kommen, werfen die Ganoven Stinkbomben in den Club. Die enthaltene Buttersäure riecht furchtbar, greift Augen, Haut und Atemwege an. Der Laden muss erst einmal dichtmachen. Die Reinigung ist praktisch unmöglich, wenn überhaupt, dauert sie mehrere Wochen oder gar Monate – so fürchterlich stinkt es. Das ist der Ruin für viele Diskotheken.

»Es kam vor, dass wir in einen Club rein sind und auf den Spiegel an der Bar geschossen haben, sodass er in tausend Teile zersprang«, erzählt Mohammed C. und seine Miene hellt sich in dem Moment etwas auf. Die Leute seien in Panik aus dem Club gestürmt. »Wenn der Discochef es nur so lernt, dann gibt es eben die harte Tour.«

Die verschiedenen Verbrecherbanden steckten so Stück für Stück ihre Territorien ab. Haben sie einmal die Macht über eine bestimmte Tür, geben sie diese nicht mehr kampflos ab. »Manchmal kommt es zwischen den Gruppen auch zum Krieg und es wird ausgefochten, wer die Tür am Ende bekommt«, sagt Mohammed C.

Wer die Tür hat, kriegt das Geld

Wenn die Verbrecher die Türen erst einmal kontrollieren, bauen sie neben den Schutzgeldeinnahmen ihre Zusatzgeschäfte im Club auf: den Drogenhandel und das »Anwerben« junger Mädchen, die dann der Prostitution nachgehen sollen. »Es ist ganz einfach: Wer im Club dealen will, muss Prozente an die Türsteher abdrücken. Kommt ein

Fremder und verkauft Drogen, bekommt er vor die Fresse. Das macht er nur einmal«, so Mohammed C.

Da in Clubs und Diskotheken traditionell viel Ecstasy, Koks und Co. konsumiert wird, machen die Dealer gutes Geld. Über die Hälfte dieses Geldes landet in den Geldbörsen der Türsteher. Die Preise für Betäubungsmittel sind in Diskotheken deutlich höher als draußen. So kassieren Dealer etwa in Münchner Clubs bis zu 150 Euro pro Gramm Koks, auf der Straße wären es maximal 50 bis 80 Euro. Ein »guter« Dealer macht an einem Abend 5000 Euro. Bei zehn Dealern macht das einen Umsatz von satten 50 000 Euro. Oftmals ist der Stoff mit Backpulver oder zerdrückten Schlaftabletten gestreckt, was den Gewinn beim Weiterverkaufen noch steigert.

Wenn ein Gast im Club allerdings beim Konsumieren der Drogen erwischt wird, schmeißen ihn die Türsteher trotzdem raus und tun so, als würden sie ihren Laden sauber halten. »Oft genug nehmen sie den beim Konsum erwischten Besuchern noch Handy und Portemonnaie ab. Die kennen da keine Skrupel und Anzeigen der Gäste gibt es fast nie, die haben natürlich selbst Angst vor der Polizei, weil sie die Drogen gekauft haben«, sagt Mohammed C.

Auf der Bühne in dem Hamburger Stripclub steht jetzt eine Harley Davidson. Eine leicht bekleidete Dame sitzt auf dem Motorrad, sie beugt sich nach vorne, dann nach hinten. Es sieht aus wie Bullenreiten in Zeitlupe. Die Männer am Tresen bestellen noch eine Runde Pils. Wahrscheinlich ahnen die Gäste nichts von den vielen krummen Dingern, die in den Etablissements des Nachtlebens gedreht werden. Oder sie wollen davon nichts wissen. Augen zu und Prost.

Ebenso beliebt wie der Handel mit Drogen ist in Clubs das Anwerben von jungen, attraktiven Mädchen, damit diese der Prostitution nachgehen. Viele Türsteher sind gleichzeitig Zuhälter.

Die »Anwerbemethoden« der Türstehergangs sind dabei besonders forsch. »Die Mädchen lässt man zuerst immer umsonst rein«, sagt Mohammed C. Dann gaukle ihr einer der Männer vor, er wäre in sie verliebt. Einen Monat lang trage er sie auf Händen. Sobald sie ihm etwas vertraue, lasse er sie kostenlos verschiedene Drogen probieren, versorge sie von da an damit. »Und wenn sie abhängig ist, muss sie für ihn anschaffen gehen, damit sie weiter ihr Koks bekommt.« Die meist noch sehr jungen Mädchen – sie sind in der Regel gerade einmal volljährig oder wenig älter – gerieten so in eine völlige Abhängigkeit. Sie würden abgezockt und irgendwann fallen gelassen, wenn sie verbraucht sind und kein Geld mehr verdienen. Weigerten sie sich, auf den Strich zu gehen, oder gäben den Türstehern nicht das ganze Geld, riskierten sie Schläge. »Die Frauen werden in der Branche wirklich wie Dreck behandelt«, sagt Mohammed C. und man meint, in seinem angespannten Gesicht so etwas wie Mitleid zu entdecken.

K. o. durch Drinks

Doch das Nachtleben hat noch mehr Schauergeschichten zu bieten. Eine beliebte Methode, um Discogäste auszunehmen oder sexuell zu missbrauchen, sind K.-o.-Tropfen, auch »Date-Rape-Drogen« genannt.

Carla W., zur Tatzeit Anfang 20, war übers Wochenende zu Besuch in einer deutschen Großstadt. Sie war zum Feiern gekommen. In einer Großraumdisco lernte sie zwei Männer kennen, die ihr unbemerkt etwas ins Getränk mischten. Später ging sie völlig benommen mit ihnen ins Hotel.

Was dort genau passierte, daran erinnerte sie sich erst Tage danach. Gedächtnislücken sind bei der Verabreichung von K.-o.-Tropfen sehr häufig. Sie wurde nach ihrer Schilderung brutal vergewaltigt, hatte blaue Flecken an den Beinen, am Unterleib und am Rücken. Langsam kam die Erinnerung zurück.

Am Ende verfiel sie in eine Psychose und landete in der Psychiatrie. Die Ermittlungen wurden eingestellt, weil aufgrund ihrer Erinnerungslücken Zweifel aufkamen.

Der Fall Carla W. zeigt zwei Auffälligkeiten, die typisch sind für Geschehen, die als Vergewaltigungsvorwurf bei den Ermittlungsbehörden landen.

Erstens: Ein Großteil der Bevölkerung denkt bei Vergewaltigungsvorwürfen an ein Geschehen in einem Park, bei dem eine Frau nachts einen dunklen Weg entlanggeht, der Täter aus dem Gebüsch springt und sie sexuell missbraucht. Doch das ist nur selten so. Vergewaltigungen sind in der Regel Beziehungstaten, das heißt: Täter und Opfer kennen sich, wenn auch nur flüchtig. Oft verstehen sie sich erst einmal gut, flirten vielleicht ein wenig miteinander in einer Bar oder Disco. Man trinkt gemeinsam und begibt sich danach zusammen in die Wohnung oder ins Auto. Am nächsten Tag gehen die Schilderungen über die Freiwilligkeit der sexuellen Handlungen weit auseinander.

Zweitens: Weil viele Ermittlungsverfahren mit dem Vorwurf der Vergewaltigung eingestellt werden, zeigen betroffene Frauen solche Delikte in vielen Fällen nicht an. Sie befürchten auch, »durch die Mangel gedreht zu werden«, sei es durch Befragungen bei der Polizei oder später im Gerichtssaal. Zudem machen sich einige Frauen selbst Vorwürfe, fragen sich, ob sie nicht eine Mitschuld tragen, weil sie sich schlecht gewehrt oder nicht laut genug Nein gesagt haben. Die Dunkelziffer ist bei diesem Delikt daher besonders hoch.

Kommt es dennoch zur Anzeige, ist es auch für die Ermittlungsbehörden schwer. Vor allem weil K.-o.-Tropfen maximal zwölf Stunden im Urin nachweisbar sind, im Blut sogar nur sechs Stunden. Bei vielen Frauen ist daher, wenn es zur ärztlichen Untersuchung kommt, kein Nachweis mehr möglich. Nur in den Haaren ist unter Umständen eine längere Nachweisbarkeit gegeben. Die Tests sind aber sehr teuer und es muss feststehen, nach welcher Substanz genau gesucht werden soll.

Zudem konsumieren viele Frauen Alkohol vor dem Geschehen – in einer Disco an sich ja nichts Ungewöhnliches – und man kann nicht scharf trennen, ob die Bewusstseinseintrübung durch den Alkohol oder die K.-o.-Tropfen verursacht worden ist. Dieser Umstand spielt den Tätern bisweilen in die Hände. Die Beschuldigten bestreiten oft die Vorwürfe und erklären, dass der Sex einvernehmlich war. Hat die Frau Erinnerungslücken – so wie Carla W. – und hält sie sich vielleicht für mitschuldig, zieht sie eine Anzeige schnell zurück oder Verfahren werden eingestellt, weil ein Tatnachweis nach dem Grundsatz »Im Zweifel für den Angeklagten« nicht zu führen ist.

Falsche Fährten

Die Einstellung vieler strafrechtlicher Ermittlungsverfahren wegen des Verdachts auf Vergewaltigung oder die Nichtanzeige solcher Taten ist die eine Seite. Andererseits werden auch oft genug Männer zu Unrecht beschuldigt. Allein der Vorwurf einer Vergewaltigung reicht häufig für eine Vorverurteilung. In Gerichtsverhandlungen heißt es dann zu Beginn in Richtung des Angeklagten: »Wenn Sie jetzt die Tat zugeben, kommen Sie hier noch mit einer milden Strafe davon. Wenn wir erst die Frau in den Zeugenstand laden, lernen Sie die Härte dieses Gerichts kennen.« Dann steht es wie beim Fußball 0 zu 3 gegen den Angeklagten, obwohl das »Spiel« noch nicht einmal angepfiffen ist.

Es gibt Gutachter, übereifrige Aussagepsychologen, die die Version der Frau für stimmig halten und damit das Verfahren weiter in eine bestimmte Richtung beeinflussen. Viele Glaubhaftigkeitsgutachten sind anfängerhaft erstellt und eine regelrechte Katastrophe. Vergleichbare Konstellationen wie im prominenten Fall Kachelmann gibt es zuhauf. Dabei werden manchmal sogar Widersprüche in der Aussage der Frau so gedeutet, dass sie ihre Glaubwürdigkeit stützen. Es heißt dann: »Würde die Frau die Geschichte immer gleich schildern, hätte sie das Ganze ja nur auswendig gelernt.« Entlastungszeugen werden von Richtern und Staatsanwälten manchmal als unglaubwürdig abgetan. Belastungszeugen wird dagegen auch bei großen Widersprüchen Glauben geschenkt.

Dabei haben mittlerweile namhafte Psychologen herausgefunden, dass die bisherigen Kriterien zur Feststellung, ob eine Aussage glaubhaft ist oder nicht, keinerlei Bedeutung haben. Forscher aus den USA beispielsweise sind der Ansicht, dass der Detailreichtum einer Aussage überhaupt nichts zu bedeuten hat. All das, was in den letzten Jahrzehnten als Grundlage zur Wahrheit von Aussagen angenommen wurde, sei überholt. Es gebe überhaupt keine sichere Möglichkeit, eine Aussage als glaubhaft oder nicht glaubhaft einzustufen. Wahr oder unwahr – es handele sich um ein reines »Lotteriespiel«.

Noch schlimmer: Eine Frau kann einen Beschuldigten bislang leicht hinter Gitter bringen, wenn sie ein paar Kriterien bei ihrer Aussage berücksichtigt. Dazu gehört, dass sie die Anzeige nicht selbst erstattet, sondern eine Freundin. Allein deshalb glaubt mancher Richter eher dem angeblichen Opfer. Gerade wenn die Frau den Angeklagten vor Gericht mit ein paar Aussagen in Schutz nimmt, sind Richter geneigt, ihr zu folgen. »Die Zeugin hat doch überhaupt keine überschießende Belastungstendenz, warum sollte eine solche Person lügen?«, heißt es dann.

So erging es auch Benno M., einem angeblichen Vergewaltiger. Er war angeklagt, seine zur Tatzeit 16-jährige Freundin zweimal vergewaltigt zu haben. Das zuständige Gericht erließ einen Haftbefehl gegen ihn und er saß bis zur Hauptverhandlung viereinhalb Monate in Untersuchungshaft.

Es lag ein aussagepsychologisches Gutachten einer Psychologin in diesem Gerichtsverfahren vor, wonach die Aussage der jungen Frau glaubhaft sei. Benno M. wurde von einem durch das Gericht bestellten Pflichtverteidiger vertreten, der ihm mitteilte, dass er bei dieser Aktenlage schon so gut wie verurteilt sei. Der vorsitzende Richter wandte sich zu Beginn des Prozesses an den Angeklagten: »Wenn Sie jetzt ein Geständnis ablegen, kommen Sie mit zweieinhalb bis drei Jahren Haft davon. Falls Sie bestreiten und wir Ihnen die Tat nachweisen sollten, werden es fünf bis sieben Jahre Gefängnis, je nachdem, wie es der Geschädigten heute geht.«

Der Angeklagte besprach sich mit seinem Verteidiger und legte ein Geständnis ab, obwohl er ihm versicherte, die Tat nicht begangen zu haben. Der Pflichtverteidiger sprach für ihn, betonte die Reue des Mandanten und dass er sich bei der geschädigten Frau entschuldigen wolle. Der vorsitzende Richter lobte die Einsicht des Angeklagten, er habe dem Opfer eine schwere Aussage erspart und würde daher günstig davonkommen. Der Richter wollte nur noch kurz das Opfer zu den Folgen der Tat hören.

Was dann kam, erschütterte alle Beteiligten: Als das angebliche Vergewaltigungsopfer den Gerichtssaal betrat, wunderte man sich bereits über die freizügige Kleidung der jungen Frau. Sie sagte: »Vorausschicken möchte ich, dass der Angeklagte das mit der Vergewaltigung gar nicht war. Ich habe mir das Ganze nur ausgedacht, weil ich ihn leiden sehen wollte. Ich war mit ihm zusammen, ich habe ihn geliebt und er hat mich mit meiner besten Freundin betrogen und fallen gelassen. Also hatte er es verdient, dass er bestraft wird.«

Der Angeklagte widerrief daraufhin sein Geständnis und wurde freigesprochen. Die viereinhalb Monate, die er unschuldig in Untersuchungshaft gesessen hatte, wird er jedoch nie vergessen.

Die ebenfalls anwesende Aussagepsychologin schlich sich leise aus dem Gerichtssaal. Gegen das vermeintliche Vergewaltigungsopfer wurde wegen Falschverdächtigung ermittelt. Die Frau bekam eine Bewährungsstrafe. Anders als Benno M. musste sie nicht einen Tag ins Gefängnis.

Geschlagene Schläger

Türsteher haben an arbeitsreichen Tagen viel auszuhalten. Da gibt es pöbelnde Gäste, die mit Beleidigungen um sich werfen wie mit faulen Tomaten. Die »Gorillas« brauchen ein dickes Fell. Manchmal schlagen sie vielleicht bei einer Kleinigkeit zu, wenn sich der Ärger über mehrere Arbeitsnächte aufgestaut hat. Dann trifft es Gäste, die gar nichts getan haben. Der Zufall sucht sich seine Opfer. Auf der anderen Seite werden Türsteher auch selbst Opfer von Gewalt, wie ein Vorfall in einer Großraumdiskothek zeigt.

Youssef K. und seine Freunde wurden am Eingang von den Türstehern abgewiesen. Es kam zu Handgreiflichkeiten. Um sich an den Türstehern zu rächen, scharten die beiden 13 weitere Männer um sich.

Sie fuhren eine Woche nach dem Vorfall bewaffnet zur Diskothek. Ihre Autos parkten sie in einiger Entfernung, kein Zeuge sollte ihre Kennzeichen erkennen können. Die Gruppe teilte sich auf: Sieben Mann gingen direkt zum Haupteingang, die anderen sechs schlichen sich von hinten an.

Die Bewaffnung der Männer war ausgefeilt zusammengestellt wie in einem Gangsterfilm: unter anderem zwei Vierkanteisenstangen, ein Baseballschläger, der Griff eines Eishockeyschlägers, drei Klappmesser mit einer 10-Zentimeter-Klinge, ein Küchenmesser, eine scharfe Schere, ein spitzer Schraubendreher. Nach einem Wortgefecht mit den Türstehern am Eingang zückte jeder aus der Gruppe seine Waffe. Sie prügelten auf die Türsteher ein, schlugen Glasscheiben zu Bruch. Die Schlag- und Schnittverletzungen, die Youssef K. und der Rest der Gang den Türstehern beibrachten, hätten teilweise tödlich sein können, sagte ein Sachverständiger im Zuge des Prozesses.

Die Kassiererinnen der Disco hatten nach dem Vorfall mit starken Ängsten zu kämpfen, konnten teilweise ihren Beruf nicht weiter ausüben. Der entstandene Sachschaden ging in die Tausende, der Umsatzrückgang in den folgenden Wochen in die Zehntausende. Die Videoüberwachung der Diskothek überführte Youssef K. und seine Komplizen. Am Ende wurden die Schläger zu Freiheitsstrafen verurteilt. Youssef K. bekam wegen gefährlicher Körperverletzung und Sachbeschädigung zwei Jahre und sechs Monate. »Wir sind in den Schuppen nicht reingekommen, weil wir Ausländer sind. Die Türsteher sind ausländerfeindlich«, sagt Youssef K. Ausländerfeindlichkeit und Diskriminierung müssen oft als Rechtfertigung für eine Tat herhalten.

Auch wenn dieses Beispiel anderes vermuten lässt, sind Türsteher in der Regel jedoch eher Beschuldigte als Opfer. »Kaum einer in diesem Gewerbe ist gutmütig oder harmlos. Ohne Gewalt geht bei Türstehern meist gar nichts. Gewalt ist die Währung, mit der sie bezahlen«, bestätigt Mohammed C. »Andererseits sind betrunkene Gäste oft so provokant und aggressiv, dass sie sich über ein heftiges Einschreiten der Türsteher auch nicht wirklich beschweren dürfen.« Mohammed C. hat gerade seinen Tequila Sunrise in dem Hamburger Stripclub ausgetrunken und will nun gehen. Eine Stripperin fragt ihn beim Verlassen des Clubs, ob sie für ihn auf dem Tisch tanzen solle. »Nur 30 Euro«, sagt sie. Mohammed C. schaut sie an, lächelt und geht.

Inside Nachtleben

> Türsteher, die keine »Zusatzgeschäfte« im Club unterhalten, quittieren oft ihren Job, weil sie durch die zahlreichen Strafverfahren wegen angeblicher Körperverletzung oft höhere Anwaltskosten als Einnahmen haben.

> Die Überprüfung einer belastenden Zeugenaussage, etwa eines Vergewaltigungsopfers vor Gericht, mithilfe eines Lügendetektors ist in Deutschland nicht zulässig. Anders als Professor Undeutsch, der ein Leben lang für den Einsatz solcher Polygrafen warb, sieht der Bundesgerichtshof den Lügendetektortest als völlig ungeeignetes Beweismittel an.

> Wenn Beschuldigte in Strafsachen, etwa bei dem Vorwurf der Vergewaltigung, nicht rechtzeitig einen Verteidiger benennen, wird ihnen unter Umständen durch das Gericht ein Pflichtverteidiger zur Seite gestellt. Diese vom Gericht ausgewählten Pflichtverteidiger werden oft »Kellneranwälte« genannt, weil sie den Ruf haben, dem Gericht das Geständnis des Beschuldigten auf dem Silbertablett zu servieren.

> Anwälte von Vergewaltigungsopfern gelten oft als »Taschentuch-Anwälte«, weil sich ihre Tätigkeit häufig auf das Überreichen eines Taschentuchs zur Trocknung der – echten oder gespielten – Tränen der Mandantschaft beschränkt.

> Der Stoff, der in den meisten Fällen als K.-o.-Tropfen eingesetzt wird, heißt Gammahydroxybuttersäure (GHB), auch »Liquid Ecstasy« genannt. Potenzielle Täter können ihn im Internet bestellen oder sogar nach Anleitung aus dem Netz zu Hause herstellen. Da man K.-o.-Tropfen nicht sehen, riechen oder schmecken kann, haben Opfer kaum eine Möglichkeit, sich vor der heimlichen Zuführung der Tropfen zu schützen.

12. ROMA

Familienbande

Babac A. hat einem Treffen zugestimmt, auch wenn ihm der Ort der Begegnung eher fremd ist. Die Lobby im Kölner Hotel Savoy wirkt edel und stylisch. Bequeme Sofas und Sessel stehen rund um die Bar. Man kann sich hier in Ruhe unterhalten. Ein Caesar's Salad mit Putenbrust kostet 18 Euro.

Während des Treffens läuft der Modeltrainer Jorge Gonzales durch den Eingangsbereich, bekannt aus der Fernsehsendung *Germany's next Topmodel*. Er wird nicht der einzige Prominente sein, der heute hier eincheckt. Vor allem bei Bohemiens ist das Savoy eine geschätzte Adresse.

Babac A. hat eine kräftige Figur. Beim Lächeln zeigt er Grübchen. Schaut man ihm auf den offenen Mund, fällt außerdem ein Goldzahn auf, der sein Gebiss ziert. Er wirkt nicht wie der vermeintlich typische Roma, der bettelnd in der Fußgängerzone sitzt. Vielleicht passt das Savoy doch sehr gut zu ihm, denn man hat bei Babac A. nach ein paar Minuten das Gefühl, dass er ein gebildeter Vertreter seiner Roma-familie ist. Ein smarter Anführer, der über seinen eigenen Horizont hinauszuschauen bereit ist. Er ist einer von ganz vorne, einer, der die dicken Dinger dreht.

Babac A. meint, er sei »mit so einer Sache« aufgefallen und verurteilt worden. Er muss deshalb bald eine Haftstrafe antreten. Auch die Frau des Roma-Bandenbosses saß bis vor Kurzem ein. »Bei uns sind alle mal dran!«, sagt er. Es klingt wie: »Beim Mensch-ärgere-dich-nicht verliert jeder mal ein Spiel.« Er und seine Frau werden trotzdem weiter würfeln.

Babac A. ist 1978 in Polen geboren. Zwei Jahre später wanderten seine Eltern mit ihm und zwei weiteren Geschwistern nach Deutschland aus. »Es war die Diskriminierung in Osteuropa, die uns hierhergebracht hat. Und natürlich die besseren Lebensbedingungen.« Zunächst lebten sie in einer Kleinstadt in Baden-Württemberg, dann zogen sie nach Nordrhein-Westfalen. Die Familienangehörigen seien schwer begeistert gewesen von den gebotenen Chancen in ihrem neuen Heimatland. Dennoch blieb man unter sich, erklärt Babac A. Die Familienbande seien eben sehr stark in seiner Kultur.

Die europäischen Roma teilen sich in verschiedene Familienstämme auf, ähnlich wie Deutsche Bayern oder Sachsen sein können. Babac A. gehört zum Stamm der Lowara. Das Wort »Zigeuner« findet er nicht diskriminierend. Und er stellt klar, dass eine gelungene Integration seines Volkes oder gar eine Assimilation in der deutschen Gesellschaft quasi unmöglich sei. Man mischt sich nicht unter die Deutschen. Wenn eine Romni gar einen deutschen Mann heiraten wolle, einen »Gajo«, also einen Fremden, würde sie verstoßen. Gleiches gilt, wenn sie ihre Jungfräulichkeit vor der Ehe verliert oder sich gegen die männliche Dominanz in der Familie auflehnt. Sex, während die Frau ihre Menstruation hat, ist strengstens verboten. Für Babac A. und seinesgleichen gibt es unauslöschliche Regeln.

»Der Zusammenhalt der Gemeinschaft, der familiäre Großverband, ist bei uns alles!«, betont Babac A. Man dürfe aus ihm niemals ausbrechen. Familienälteste, die ein hohes Ansehen genössen, hätten das Sagen. Genau wie bei Familienclans sprächen diese Ältesten Recht bei Zwist und Meinungsverschiedenheiten. »Ein Roma würde niemals zur Polizei gehen«, stellt Babac A. klar.

Eine bewegte Geschichte

Entgegen der landläufigen Vorurteile sind die Roma kein »fahrendes Volk«, sondern überwiegend sesshaft. Geografisch gesehen, stammen die Roma vom indischen Subkontinent. Seit 700 Jahren leben sie aber vor allem in Europa. Zu den Ländern, in denen sie besonders stark vertreten sind, gehören Deutschland, Österreich, die Schweiz, Frankreich und die Balkanstaaten. Auch in den USA, Brasilien oder in der Türkei gibt es große Roma-Populationen. Sie sind in all diesen Ländern Minderheiten und teilweise einer enormen Ausgrenzung und Diskriminierung ausgesetzt. Was oft genug unter den Tisch fällt: Im »Dritten Reich« wurden die Roma in Deutschland systematisch deportiert und in Konzentrationslagern ermordet.

Durch ihre Verteilung in die unterschiedlichsten Winkel Europas sind sie keine homogene Volksgruppe, sondern in Sprache und Kultur sehr unterschiedlich. »Unsere Sprache gibt es nur als mündliches Wort. Eine Verschriftlichung hat traditionell nie stattgefunden«, erklärt Babac A. Erst in den Siebzigerjahren habe man begonnen, die Sprache aufzuschreiben. Es gebe, je nach Herkunft, sehr viele Dialekte. Romanes wird von rund dreieinhalb Millionen Menschen weltweit gesprochen, linguistisch gehört es zur indoarischen Sprachgruppe.

Arbeit und Kriminalität

Als traditionelles Arbeitsfeld gilt bei den Roma das Handeltreiben. In manchen europäischen Ländern sind sie in Gewerbevereinigungen organisiert, ähnlich wie die historischen Handelszünfte im Mittelalter. Der Handel mit Gold, Schmuck und anderen Wertgegenständen, oft mit zweifelhafter Herkunft, gehört auch dazu. Als weitere »typische Berufsgruppen« für Roma gelten Marktbeschicker, Schausteller, Artist und Zirkusberufe aller Art.

Aber was das Geldverdienen angeht, gibt es bei vielen keine Experimente. »Ich wollte es als Jugendlicher mit ehrlicher Arbeit versuchen. Ich war auf der Haupt- und auf der Berufsschule, hatte keine schlechten Noten. Sogar eine Ausbildung zum Hotelkaufmann habe ich angefangen und dann abgebrochen. Das mit der geregelten Arbeit ist mit unserer Herkunft schwierig. Wir ticken da einfach anders als ihr«, bekräftigt Babac A.

Generell seien Roma sehr abergläubisch – auch was die »Arbeit« angeht. So werde zum Beispiel am Montag generell ein Ruhetag eingehalten, da man glaube, an diesem Tag bei Straftaten eher erwischt zu werden als an anderen Tagen. Die Begegnung mit einer schwarzen Katze sei kritisch. Oft würde von den Wahrsagerinnen der Familie die Glaskugel herausgeholt, um die Zukunft zu ergründen und die eigene kriminelle »Karriere« zu planen.

Traditionell sei in seiner Kultur neben dem Handel das Mitwirken bei der Bandenkriminalität verbreitet. »Klauen und Betrügen – das ist unser Metier. Ich glaube, es sind höchstens fünf Prozent aller Roma, die keine krummen Dinger drehen.« Und weiter gibt er an: »10 000 Euro will ich netto im Monat verdienen, mindestens. Mit welcher ehrbaren Arbeit kann man das schon?« Er muss ein wenig grinsen, als er das sagt, so als empfinde er es selbst als kleine Dreistigkeit, was er da von sich gibt. Dann zählt er die verschiedenen Möglichkeiten auf, mit denen Roma zu Geld kommen.

Dein Auto, mein Auto

»Eine Zeit lang, als ich noch jünger war, haben wir viel Geld mit Autodiebstahl gemacht«, erzählt Babac A. und es klingt, als spräche ein Klempner über seinen Job, wie er Waschbecken und Kloschlüsseln montiert. Vor allem in den Neunzigerjahren hätten sie Luxuskarossen gestohlen und über die polnische Grenze nach Osteuropa verschoben.

Viele der beteiligten Roma hätten gar nicht in Deutschland gewohnt, sondern seien eigens über die Grenze gekommen, um Autodiebstähle zu begehen. Die Arbeit wurde geteilt: Einer der Klaubande kundschaftete mögliche Fahrzeuge aus. Dann kamen zwei weitere Kollegen, der eine knackte die Karre, der andere fuhr mit ihr davon. Als Fahrer setzten sie oft Drogenabhängige aus Polen ein, die mit Geld oder Stoff bezahlt wurden, so Babac A. Wenn diese erwischt würden, könnten sie die Bandenmitglieder nicht verraten, weil sie keine Namen und Adressen kannten und den Job aus reinem Suchtdruck annahmen.

Der Reinerlös durch den Verkauf der Fahrzeuge sei innerhalb der Klaubande gerecht aufgeteilt worden. »Da gab es nie Meinungsverschiedenheiten. Wir sind Menschen, die in der Gemeinschaft funktionieren, nicht als Individuen.«

Babac A. und seinesgleichen haben sich im Laufe der Zeit von dem Entwenden ganzer Fahrzeuge auf einen neuen Trend verlegt: Ersatzteildiebstahl. Das lohnte sich für viele mehr, als das ganze Auto zu stehlen. Vor allem wertvolle Teile wie Lenkräder mit eingebautem Airbag, Scheinwerfer und Navigationsgeräte wurden geklaut. Ausgebaute Teile und abmontierte Reifen lassen sich auch viel leichter und gewinnbringender über das Internet verkaufen. Und das Risiko, beim Verkauf erwischt zu werden, ist wesentlich geringer.

Wird doch der komplette Wagen geklaut, zerlegen ihn die Banden in Ruhe, sodass man die Teile einzeln verkaufen kann. Es gibt in Deutschland und Polen ganze Lagerhallen, wo die Autoteile sortiert, aufbewahrt und verpackt werden, bevor man sie verkauft. In diesen Hallen stehen große Regale mit Paletten, Gabelstapler fahren auf und ab und es wird regelmäßig Inventur gemacht. Es sehe in diesen Hallen nicht anders aus als bei vielen Internetgroßhändlern. Die Roma-Banden sind bestens organisiert.

Betrug und mehr

Sehr beliebt ist laut Babac A. bei den Roma auch Versicherungsbetrug in großem Stil. Man spricht von der Methode des »Autobumsens«. Dabei verwickelt ein Ganove andere Verkehrsteilnehmer absichtlich in Unfälle. Wie das geht, erklärt Babac A. diesmal mit einem etwas verschämten Lächeln: »Wir kaufen einen Gebrauchtwagen, der einmal sehr teuer war, einen alten 7er BMW oder eine S-Klasse. Der Wert des Autos ist stark gesunken, aber Reparaturen an solchen Wagen sind immer noch kostspielig. Mit den Fahrzeugen werden dann Unfälle provoziert. Zum Beispiel, wenn ein anderes Auto auf unsere Spur wechseln will. Dann bremsen wir nicht, sondern geben Gas.«

Den Unfallgegnern würde die Schuld angelastet, oft im Beisein der gerufenen Polizei. Die Versicherungssummen sackt die Bande ein, bei den angesprochenen Fahrzeugen oft 10 000 Euro und mehr.

Die Schäden am eigenen Auto bessert die Bande notdürftig selbst aus, damit vom Geld möglichst viel übrig bleibt. Mitunter machen die Unfallgutachter bei dem Geschäft mit, indem sie viel zu hohe Schadenssummen »schätzen« und im Gegenzug in bar etwas abbekommen, wenn die Versicherung zahlt.

Laut dem Gesamtverband der Deutschen Versicherungswirtschaft (GDV) ist das Autobumsen inzwischen etabliert auf deutschen Straßen: Jeder achte bis zehnte Unfall sei manipuliert für solch eine Abzocke. Oft würden als Opfer ältere Menschen ausgeguckt. »Es ist leider so – die lassen sich am besten übers Ohr hauen und geben die eigene Schuld bei einem Unfall schneller zu«, erklärt Babac A.

Man unterscheide verschiedene Arten der »Autobumsereien«. Da gebe es den »verabredeten Unfall«, bei dem alle Seiten eingeweiht sind und mitverdienen. Oft wird zu dieser Art Unfall sogar die Polizei gerufen, um kein Misstrauen seitens der Versicherung zu riskieren. Beim »provozierten Unfall« wird, wie oben beschrieben, eine fremde, nichtsahnende Person in den Vorfall verwickelt, etwa bei einer Auffahrkollision. Ebenso tückisch ist die »Vorfahrtsfalle«: Wenn ihm die Vorfahrt genommen wird, etwa in einer Rechts-vor-links-Situation, gibt der Nutznießer etwa ein Handzeichen, dem anderen Verkehrsteilnehmer die Vorfahrt zu überlassen, dann tritt er aufs Gas, statt zu bremsen. Natürlich nur, wenn die andere Person alleine im Auto sitzt und keine weiteren Zeugen in der Nähe sind. Beim »ausgenutzten Unfall« schließlich tätigt der vermeintlich Geschädigte falsche Aussagen zu seinem Fahrzeug, etwa was Vorschäden angeht, Modell und Wert, oder präsentiert viel zu hohe, gefälschte Kostenvoranschläge von einer Werkstatt, wo er seinen Wagen angeblich reparieren lassen will. Am Ende sackt er das Geld ein.

Ein Hoch auf Netz und Handy

Babac A. ist jetzt redselig. Er hat Vertrauen gefasst und packt aus. Er ist ein bisschen stolz auf die eigenen »Leistungen«, gepaart mit einer Prise Exhibitionismus. Seit es das Internet gebe, hätten sich die Möglichkeiten für Gauner potenziert. Toll ist für sie, wenn sie etwa Ware auf Rechnung bestellen können. Solche Webseiten würden sofort ausgenommen. Es gibt noch immer große Versandhäuser und Onlineshops, die solche Bestellungen zulassen, ohne Nachnahme oder Vorkasse zu verlangen. »Genau die Unternehmen picken wir uns raus«, so Babac A. Dann bestellen die Täter Verkaufsartikel unter falschem Namen an eine bestimmte Adresse, kleben an Briefkasten und Klingel ein Schild mit dem Namen des angeblichen Bestellers, nehmen die Waren entgegen, begleichen die Rechnungen aber nie.

Manchmal werden Wohnungen eigens zu diesem Zweck angemietet; die angeblichen Bewohner erhalten die Ware dort vom Postboten, bezahlen sie nie und verlassen die Wohnung nach ein paar Wochen wieder. Einige Paketzusteller werden mit Provisionen beteiligt, um zu verhindern, dass sie eine Verdachtsanzeige erstatten, wenn an eine bestimmte Adresse ungewöhnlich viele Waren in sehr kurzer Zeit ausgeliefert werden. Oft praktizieren die Täter die Methode, bei der sie die Ware am nächsten Tag mit einem gefälschten Ausweis bei der Post abholen, wenn ihnen eine Benachrichtigung in den Briefkasten gesteckt worden ist.

Ebenso beliebt: Kreditbetrug, bei dem die Täter in eine Bank marschieren und Darlehen mit gefälschten Gehaltsnachweisen und Ausweisen beziehen. Nicht selten gibt es Mittelsmänner und sogar Bankmitarbeiter, die jeweils einen Anteil pro abgeschlossenem Kredit abbekommen. Mit dem Geld machen sich die »Bankkunden« davon.

Auch der Betrug mit gestohlenen Kreditkartendaten gehört zum Repertoire. Im Besitz einer fremden Kreditkartennummer zu sein reicht aus, um mit ihr Waren zu bestellen. Mit dieser Art des Wirtschaftsbetrugs können die Täter den Kontoinhabern wie auch den Händlern empfindlich schaden. Und natürlich den Kreditkartenfirmen und Banken, die den entsprechenden Schaden unter Umständen ausgleichen. Auch mit abgegriffenen Paypal-Daten, vor allem Passwörtern, etwa durch Phishing-Mails oder gefälschte Webseiten, kann man große Geschäfte machen.

»Oft erschwindeln wir uns Mobiltelefone«, führt Babac A. weiter aus. Dabei werden Handyverträge etwa mit der Identität von Obdachlosen abgeschlossen, die dafür ein Trinkgeld bekommen. Handy und Guthaben werden verschachert. Ebenso werden Schüler oder junge Menschen im Allgemeinen als Mittelsmänner eingesetzt, wenn sie keine Schufa-Einträge haben, aber schon geschäftsfähig sind, also Verträge abschließen dürfen.

Oder es werden sogar die Daten von völlig Fremden benutzt. Diese bezieht man zum Beispiel aus dem Telefonbuch. Die Rechnungsanschrift wird korrekt angegeben, als Lieferanschrift wird dagegen eine Adresse genannt, an der die Täter selbst die Handys entgegennehmen. Die Rechnung geht dann an die Leute, die angeblich bestellt haben, denen aber nie ein Handy geliefert wurde. »Man macht damit natürlich nur große Gewinne, wenn man hier auf Masse geht und viele Handys oder Tablets bestellt«, sagt Babac A.

Der liebe Enkel ruft an

Beim Enkel- und Neffentrick sind wiederum die älteren Mitbürger die Geprellten. Die Betrüger geben sich dabei am Telefon als Verwandte der betagten Menschen aus, um an deren Bargeld oder Wertgegenstände zu kommen. Vorgegangen wird immer nach dem gleichen Muster: Der vermeintliche Enkel ruft bei »Oma« oder »Opa« an. Mit viel Druck werden die Opfer dazu gebracht, Geld an einen Mittelsmann zu übergeben oder auf ein – oft ausländisches Konto – zu überweisen.

Als Gründe für die eigene Geldnot sprechen die falschen Enkel von großen Problemen: Unfällen, Behandlungskosten für eine schwere

Krankheit, offene Rechnungen, ein dringend benötigtes Darlehen. Oft rufen die »Verwandten« so lange an, bis die Getäuschten zahlen.

Im Telefonbuch wird gezielt nach Namen gesucht, die altmodisch klingen. »Oder man kauft einfach eine CD-ROM, auf der Hunderte Namen und Telefonnummern von betagten Menschen gebrannt sind, natürlich nach Städten geordnet.« Solche CDs könne man für höchstens 500 Euro auf dem Schwarzmarkt erstehen. Erfunden hat den Trick mutmaßlich ein Roma, den die polnische Polizei im Mai 2014 nach mehr als zehn Jahren Fahndung festnahm.

Banker, Klempner, Polizisten

Die Anrufmaschen sind vielseitig. »Manchmal rufen wir an und geben uns als Bankmitarbeiter aus«, sagt Babac A. und scheint dabei wieder ein bisschen zu feixen. Dem Kunden sei Falschgeld ausgezahlt worden. Es komme gleich ein Mitarbeiter vorbei, um die Blüten abzuholen. »Wir haben es auch auf das Sterbegeld abgesehen, das viele alte Leute zu Hause aufbewahren, das gesparte Geld für die eigene Beerdigung.«

Eine andere Geschichte, die dem ahnungslosen Opfer am Telefon aufgetischt wird: Vom Konto des Opfers seien illegale Abbuchungen gemacht worden. Ein Kollege komme gleich und brauche Bankkarte und PIN, um das Ganze wieder in Ordnung zu bringen. Die unter Schock stehenden und vielleicht auch schon etwas dementen Bankkunden fallen reihenweise auf solche Tricks herein.

»Es gibt so viele Varianten solcher Betrügereien, ich weiß gar nicht, wo ich anfangen und aufhören soll«, sagt Babac A. So gäben er und seine Kollegen sich als Mitarbeiter der Stadtwerke, Klempner oder sogar als Polizisten aus. In letzterem Fall trügen sie eine gestohlene oder nachgemachte Uniform, arbeiteten mit deutschen Straftätern zusammen, da diese bei den Opfern weniger verdächtig erscheinen. Die Roma wissen um das Misstrauen gegenüber ihrer Volksgruppe. Unter einem Vorwand gelangen sie in die Wohnung der Opfer. Sie sagen: »Ich muss Ihren Wasserzähler ablesen.« Oder: »In Ihrem Bad soll es einen Wasserfleck geben.« Oder: »Bei Ihnen soll eingebrochen worden sein.« Sobald die falschen Handwerker oder Polizisten mit den Opfern in der Wohnung sind, lassen sie, vom Opfer unbemerkt, weitere Täter hinein, die dann die Wertsachen stehlen.

Ein Straftäter war mit verschiedenen Betrügertricks besonders erfolgreich: Romani R. ergaunerte mit seiner Masche über 430 000 Euro. Er und sein deutscher Mittäter Gerhard H. waren des gewerbsmäßig begangenen Betrugs angeklagt und sollen sich die Summe durch über achtzig Taten erschlichen haben. Sie suchten laut Gerichtsurteil gezielt nach über 80-jährigen Frauen, teilweise waren sie sogar über 90 Jahre alt. Sie klingelten bei den älteren Damen und gaben vor, von den städtischen Wasserwerken zu sein und den Wasserzähler kontrollieren zu wollen. Sie waren findig: Manchmal lautete die Geschichte aber auch, sie seien Mitarbeiter der Krankenkasse oder einer Versicherung. Ihre Besuche kündigten sie per Telefon an, sodass die Opfer nicht misstrauisch wurden, wenn sie plötzlich vor der Tür standen.

Dann fragten sie in der Regel, ob das Opfer ihnen einen Geldschein wechseln könne. So bekamen sie heraus, wo das Geld versteckt war. Sie traten gemeinsam in die Wohnung ein. Einer der Täter lenkte das mutmaßliche Opfer ab und der andere griff zu.

Die beiden wurden unter Berücksichtigung ihrer zahlreichen Vorstrafen und der an den Tag gelegten hohen »kriminellen Energie« verurteilt: Romani zu zwei Jahren und acht Monaten Knast, sein deutscher Komplize zu drei Jahren und sechs Monaten. Die Strafen waren nur deshalb so milde, weil die Angeklagten, die Staatsanwaltschaft und das Gericht bereits zu Beginn der Hauptverhandlung einen sogenannten Deal abgeschlossen hatten. Darunter versteht man im Strafprozess eine Verständigung, bei der eine ungefähre Strafhöhe zugesagt wird und im Gegenzug der Angeklagte ein Geständnis ablegt.

Bis vor einigen Jahren war umstritten, ob solche Deals überhaupt zulässig sind. Viele Gegner hielten Absprachen für einen »Handel mit der Gerechtigkeit«. Mittlerweile ist die Verständigung aber im Gesetz geregelt und daher anerkannt. Für Beschuldigte ist die Möglichkeit eines Deals oft eine große Chance, weil für die Abgabe eines Geständnisses eine enorm günstige Strafe in Betracht gezogen wird, die sonst unerreichbar wäre. Für alle Beteiligten ist die Methode attraktiv, weil ein Geständnis des Angeklagten langwierige Verhandlungen abkürzt. Den Opfern bietet sich die Chance, nicht im Gerichtssaal erscheinen und sich dort den oft bohrenden Fragen im Zeugenstand stellen zu müssen.

Genau das traf auch zu, als der vorsitzende Richter im Prozess gegen Romani R. und seinen Mittäter Gerhard H. einen Deal vorschlug. Er sagte sinngemäß: »Sie haben bisher von Ihrem Recht zu schweigen Gebrauch gemacht. Wir haben über 80 Fälle des Enkeltricks, die Ihnen vorgeworfen werden. Vielleicht können wir Ihnen ganz viele Fälle nicht nachweisen, weil die Geschädigten aufgrund von Erkrankung gar nicht mehr im Gerichtssaal erscheinen können. Es ist aber so, dass wir Ihnen auch beim Nachweis von nur zwei oder drei Fällen eine Freiheitsstrafe von sieben bis acht Jahren geben könnten, wenn Sie diesen zwei bis drei Opfern ein Erscheinen hier im Gerichtssaal zumuten.« Das taten Romani R. und sein Mittäter nicht, der Deal wurde abgeschlossen und es gab das erwähnte milde Ergebnis.

Betteln bis zum Gehtnichtmehr

Wie viel kriminelle Energie hinter der Roma-Bettelmafia steckt, kann Babac A. anschaulich darlegen. »Auch das sind organisierte Banden.« Die Hintermänner säßen meist in Südosteuropa. Die Bettler, vor allem alte Menschen und Mütter mit Kind, würden in den deutschen Großstädten morgens ausgesetzt und spätabends abgeholt, »manchmal mit dem Mercedes der Bande«. Ihre Postierung ist sorgsam durchdacht: Oft sitzen die Bettler den ganzen Tag direkt neben Bankautomaten und Luxusgeschäften.

Das erbettelte Geld, 150 Euro und mehr am Tag pro Person, müssten sie größtenteils an die Bandenchefs abgeben, der mindestens 20 »Mitarbeiter« unter sich hat. Er kommt locker auf 3000 Euro am

Tag, bei sechs Tagen »Arbeit« in der Woche auf 18 000 Euro wöchentlich. Solange die Leute offiziell nur für ihren Eigenerwerb betteln und nichts Gegenteiliges bewiesen werden kann, handeln sie legal. Problematisch wird es erst, wenn es sich um organisierte Banden handelt, die auch noch angebliche Leiden vorgeben, oder wenn Kinder zum Betteln gezwungen werden.

Polizei und Ordnungsämter sind meist machtlos. Sie können erst mit einem sogenannten Platzverweis einschreiten, wenn die Bettler etwa Passanten belästigen. Der ehemalige SPD-Oberbürgermeister Münchens, Christian Ude, empfahl den Bürgern, als er noch im Amt war: »Seien Sie kaltherzig!« Almosen unterstützten in diesem Fall nur die organisierte Kriminalität.

Die Ideen, den Leuten das Geld abzuluchsen, sind vielfältig. Nicht immer wird nur still am Straßenrand gebettelt. Manchmal drücken die Roma Passanten eine Rose in die Hand und bitten um Geld. Oder sie geben sich als Gehörlose aus und reichen den Leuten Papierbögen für eine Umfrage, um sie dann auszunehmen. Während die Abgelenkten das Formular ausfüllen, wird ihnen schnell die Geldbörse aus der Tasche gezogen. Oft zeigen die Roma beim eigentlichen Betteln auch echte Behinderungen oder simulieren falsche Gebrechen.

Sogar Straßenmusik ist einträglich und wird bandenmäßig betrieben. Hier nutzen die Roma-Banden die Konzentration der Zuhörer auf die Musik. Viele Passanten bleiben stehen, hören zu und ermöglichen so, dass mit den Musikern zusammenarbeitende Diebe sie antanzen oder ihnen ohne jeden Körperkontakt die Wertgegenstände stehlen.

Babys werden mit Tranquilizern und Benzodiazepinen ruhiggestellt, damit sie einen ganzen Betteltag Ruhe geben – denn gerade Kinder garantieren beim Betteln hohe Gewinne. Hier machen sich die Roma das Kindchenschema zunutze, nach dem Menschen von Kindergesichtern und kindlichen Proportionen, etwa runden Gesichtern mit großen Augen und einer kleinen Stupsnase, gerührt sind und leicht Mitleid und den Willen zu helfen empfinden. Sogar bei vielen

Tierarten haben Wissenschaftler dieses Phänomen beobachtet. Der Nachwuchs weckt – egal, ob bei Mensch oder Tier – einen Beschützerinstinkt.

Oft ziehen die Banden von Stadt zu Stadt, was eine Verfolgung noch schwerer macht. »Die Bettelmafia kommt vor allem aus Rumänien und Bulgarien. Auch viele Sinti-Familien verdienen so ihr Geld«, sagt Babac A.

Kinder an die Macht

Was bei den Roma-Familien ebenso Usus ist: »Wir setzen gerne Kinder unter 14 für die Begehung von Diebstählen und Betrügereien ein, weil sie strafunmündig sind«, gibt Babac A. zu.

Als Kind gilt hierzulande ein Mensch bis zur Vollendung des 14. Lebensjahres. Kinder können in Deutschland strafrechtlich nicht belangt werden, da sie als nicht schuldfähig gelten. In England und Frankreich sind zum Vergleich Kinder ab dem Alter von zehn Jahren strafmündig.

Schon die kleinsten Familienmitglieder werden früh für den »Job« angelernt, erzählt Babac A. Man schult sie besonders darin, wie Diebstähle im Supermarkt funktionieren. Sie bekommen beigebracht, dass kleine, teure Artikel wie Rasierklingen oder Parfüm besonders interessant und gewinnbringend beim Verkauf sind. »Oder man schickt sie mit präparierten Taschen rein, die die Sicherheitsschleusen der Geschäfte problemlos überlisten. Sie packen die Tasche voll und marschieren damit wieder raus.« Babac A. erzählt das alles ohne Scham.

Piepst es doch einmal, sind die Mitarbeiter und der Ladendetektiv machtlos. Selbst ein Hausverbot nehmen die Familien lächelnd zur Kenntnis. »Dann plündern wir doch einfach die nächste Filiale«, sagt Babac A. Doch selbst wenn der Roma-Nachwuchs im gleichen Supermarkt erneut auftaucht, passiert nichts. Bei Erwachsenen wäre das Hausfriedensbruch, Taten von Kindern sind allerdings nicht ahnbar.

Oft wird das mithilfe der Kinder erbeutete Geld direkt für sie angelegt und nach dem Verkauf des Diebesguts für den »Brautpreis« gespart: Denn die Sippe des Bräutigams muss eine hohe Summe an die Familie der Braut als »Ablöse« zahlen. Bei solchen Summen müsse jeder schon früh »mitanpacken«, findet Babac A.

Nicht nur der Supermarkt, auch der deutsche Staat ist im Allgemeinen bei Kinderkriminalität ohne Handhabe. Maßnahmen, die staatliche Institutionen ergreifen können, sind lediglich ein Einschreiten des Jugendamtes bei den Eltern bis hin zu einer Inobhutnahme, sprich: Ein mehrfach straffällig gewordenes Kind kommt etwa ins Heim oder in eine Pflegefamilie.

Mitarbeiter der Jugendhilfe kritisieren, dass es kaum effektive Instrumente gebe, problematische Kinder gut betreut auf den richtigen Weg zu bringen. Unterkünfte für kriminell gewordene Kinder gibt es in Deutschland fast gar nicht. Der Staat investiert für diese Klientel kaum Geld, obwohl hier enormer Bedarf bestünde. Stattdessen diskutieren Politiker darüber, die Strafmündigkeitsgrenze auch in Deutschland auf zwölf oder gar zehn Jahre abzusenken. Es gibt sogar Forderungen nach »Kindergefängnissen«, wie sie in England oder Russland existieren. Dabei wird übersehen, dass schwere Kinderkriminalität in Deutschland eher die Ausnahme ist und es kein Ziel sein kann, einen Zehn- oder Zwölfjährigen ins Gefängnis zu stecken. Vor allem aber sind nicht die Kinder die Ursache des Problems, sondern die Eltern, die ihre Kinder zur Begehung von Straftaten und damit für ihren eigenen Profit missbrauchen.

Babac A. erklärt, seine Sippe würde sich ohnehin von all diesen drohenden Maßnahmen nicht abschrecken lassen. Wichtig sei ihm, dass Roma so gut wie nie Gewalt anwenden bei ihren Geschäften. Er beschreibt mit seiner eigenen Neutralisierungstechnik: Wissen und Geschicklichkeit sind für ihn längst nicht so schlimm wie Gewalt. »Ein schlechtes Gewissen habe ich nicht. Wir machen weiter«, ist er sich sicher und geht, nachdem er sich herzlich verabschiedet hat.

Inside Roma

> Das Thema »Ausländerkriminalität« wird in den Medien oft verzerrt dargestellt, deshalb haben viele Menschen den Eindruck, dass Straftaten in Deutschland ganz überwiegend von Ausländern und nicht von Deutschen begangen werden. Dabei sind die Zahlen der sogenannten Ausländerkriminalität rückläufig.

> Richtig ist, dass die Ausländer im Hinblick auf ihren Anteil an der Gesamtbevölkerung in der Kriminalitätsstatistik überrepräsentiert sind. Es gibt aber auch Gründe hierfür:

> 1. Bestimmte Straftaten, wie etwa Verstöße gegen das Aufenthaltsgesetz, können überhaupt nur von Ausländern begangen werden.

> 2. Die Gruppe der Ausländer ist strukturell anders zusammengesetzt als die deutsche Bevölkerung. Viele Ausländer bündeln zahlreiche Merkmale, die besonders kriminalitätsanfällig werden lassen. So gibt es zum Beispiel viele junge männliche Ausländer, die zudem von Arbeitslosigkeit betroffen sind und aus niedrigen Bildungsschichten kommen. Sie wohnen auch zahlreich in Großstadtgettos. Dies alles sind Faktoren, die auch bei Deutschen zu einer erhöhten Kriminalität führen, aber bei ihnen nicht so häufig vorkommen.

> 3. Ausländer werden eher von der deutschen Bevölkerung angezeigt und auch häufiger von der Polizei kontrolliert als Deutsche.

> Wie bei vielen Bezeichnungen ist auch bei dem Begriff »Zigeuner« umstritten, ob eine solche Anrede zur Strafbarkeit wegen Beleidigung führt. Nicht ausreichend für eine strafbare Beleidigung sind bloße Unhöflichkeiten, es wird eine Ehrverletzung verlangt.

> Problematisch ist, ob gewisse Äußerungen gegenüber Polizeibeamten als Beleidigung strafbar sind. So galt früher das Wort »Bulle« uneingeschränkt als Beleidigung. Heutzutage wird man dies in dieser Form nicht

mehr vertreten können, hat sich das Wort doch umgangssprachlich eta-bliert. Selbst eine Fernsehsendung (»Der Bulle von Tölz«) heißt so. Das Tragen von T-Shirts mit der Aufschrift A.C.A.B. (All Cops are Bastards) wird teilweise als Beleidigung angesehen.

> In jedem Fall sollte ein Polizeibeamter bei der Vornahme einer Kontrolle nicht geduzt werden, dies wäre für sich schon strafbar. Etwas anderes gilt, wenn rein ironische Hervorhebungen eines angeblichen beruflichen Ranges gegenüber einem Polizeibeamten erfolgen, etwa wenn er »Herr Oberförster« genannt wird. Dies allein wäre noch nicht strafbar.

> Vielen Tätern wird zum Verhängnis, dass sie ihr Handy mit zum Tatort nehmen. So fielen auch Romani R. und sein Mittäter mit ihren Enkeltricks schließlich auf. Auch wenn Täter zunächst unentdeckt bleiben, arbeitet die Polizei oftmals bei der Aufklärung der Tat mit Funkzellenabfragen, das heißt, es wird der Sendemast überprüft, welcher in Tatortnähe ist, und es wird geschaut, welche Mobiltelefone sich eingeloggt haben, als etwa der Bankraub, der Einbruch oder der Enkeltrick geschah. Alsdann werden alle Telefonnummern aus dem Sendemast überprüft mit der Folge, dass Täter ermittelt werden.

> »Profis« nehmen daher niemals ihr eigenes Mobiltelefon mit zur Tat, sondern kommunizieren allenfalls über mitgebrachte Funkgeräte und sie sorgen oft dafür, dass ihr eigenes Handy in einer anderen Stadt aktiv ist, während sie die Tat begehen, um gegebenenfalls einen Alibibeweis durch das Einloggen ihres Telefons in einem Sendemast in einer ganz anderen Stadt zu liefern.

13. Cybercrime

Im Gewölbe

Das Gebäude, auch »U-Turm« genannt, war einmal der Gär- und Lagerkeller der Dortmunder Union Brauerei, einst die größte Brauerei Westdeutschlands. Heute ist es ein kultureller Treffpunkt mit Museum, Kunstverein, Veranstaltungsräumen und Gastronomie. Oben auf dem Dach dreht sich ein überdimensionales U, was bis heute an die Union Brauerei erinnert. Auf den ersten Blick ist das Kellergewölbe mit Restaurant eine Mischung aus unscheinbar und düster.

Dieses Gewölbe scheint genau der richtige Ort zu sein, um Matthias S. zu treffen. Hier unten ist es schummrig, es gibt keine Fenster, aber die Speise- und die Weinkarte geben eine Menge her. Der 23-Jährige bestellt Rinderfilet mit Salat statt einer Beilage, und wenn man ihn dabei beobachtet, denkt man: unscheinbar – und düster. Unscheinbar, weil er so klein, so schmächtig, so leise auftritt. Düster, weil er, wenn er anfängt zu erzählen, sofort die kriminelle Energie durchscheinen lässt, die einer der besten Computerhacker braucht, um unter seinesgleichen und bei den Ermittlungsbehörden bekannt und gefürchtet zu sein.

Matthias S. hat mit seinem Computer wohl alles getan, was technisch möglich ist, um an eine Menge Geld zu kommen oder andere zu ärgern, wenn sie es aus seiner Sicht verdient hatten. In der Vergangenheit ist er auch ins Visier von Ermittlern und Geheimdiensten geraten. Er wurde aber auch manchmal von ihnen um Mithilfe gebeten – weil man einen wie ihn besser als Freund hat denn als Gegner. Anwerbeversuche von Geheimdiensten und großen Wirtschaftsunternehmen habe es öfter gegeben, sagt Matthias S. Ihm wurden hohe Summen geboten.

Es hätte Geldbeträge zu verdienen gegeben, die für eine nur temporäre Tätigkeit von einigen Monaten in den hohen sechsstelligen Bereich gegangen seien. Er hätte diese Angebote nie angenommen. »Machst du dort einen Fehler, kann das dein letzter gewesen sein«, findet er.

Kinder wollen spielen

Matthias S. war acht Jahre alt, als er seinen ersten Computer bekam. Er war für ihn erst einmal ein Spielzeug, wobei man sagen muss, dass Computer – in gewissem Sinne – bis heute Spielzeuge für ihn sind. Nur der Einsatz beim Spielen und das Vermögen der Spielfiguren haben sich drastisch geändert.

Als Zwölfjähriger fing Matthias S. damit an, den Ego-Shooter »Counterstrike« exzessiv zu spielen, ein 3-D-Ballerspiel, bei dem man in Teams, gemeinsam mit weiteren Spielern, gegen andere antritt. Die Computer müssen dabei miteinander vernetzt sein. Das Schwierige war nur: Zum Spielen war ein sogenannter Steam-Account nötig, ein Benutzerkonto, mit dem man bei einer Plattform für Computerspiele angemeldet sein muss. Doch das kostete Geld und man musste je nach Spiel volljährig sein. Matthias S. recherchierte in einschlägigen Internetforen, wie man sich ein solches Benutzerkonto durch Hacken erschleichen kann.

Der Hacker Matthias S. war an diesem Tag geboren. Er spielte nicht nur selbst, sondern hackte sich in großem Stil in Benutzerkonten anderer User ein und verkaufte die Zugangsdaten an Freunde und Mitschüler. Matthias S. merkte schnell, dass sein neuer »Job« einträglich sein könnte. So einträglich wie Rauschgift für einen Dealer. Er hatte im übertragenen Sinne die angesagten Drogen. Die Drogen für Computerspielzocker.

Dann kam das Spiel »World of Warcraft«, das bis heute in der Spielergemeinde ein hohes Suchtpotenzial hat. Auch hier hackte sich Matthias S. in fremde Accounts ein und verkaufte die gestohlenen Identitäten der Spielerfiguren an alle, die sie haben wollten. Diese Praxis nennt man »Account-Takeover«.

Es lief prächtig: 1000 Euro machte er damit manchmal am Tag. Er stellte »Läufer« an, die für ihn das Geld bei seinen Kunden abholten. Lernen und Schule interessierten ihn schon längst nicht mehr. »Beim Hacken geht es immer um die eine Frage: Wie krieg ich die Tür auf? Das war mein Ansporn, schon zu dieser Zeit«, sagt Matthias S., während er sein Steak in kleine Happen schneidet und wie ein echter Filou zu genießen weiß.

Mit 14 Jahren war Matthias S. so etwas wie ein bestens ausgebildeter Hacker. Er entdeckte immer mehr Geschäftsfelder. Zum Beispiel das »Carding«, also das Abgreifen von Kreditkartendaten, mit denen sich einwandfrei shoppen oder das Handyguthaben von Mitschülern aufladen ließ. Er steigerte seine Einnahmen und kaufte sich und seinen Freunden, was man so brauchte: Handys, Computer, Spielkonsolen, Fernseher, Markenklamotten und vieles mehr. In seiner Clique hatten sie früher immer zusammen nach Pfandflaschen gesucht, um Geld zu bekommen. Jetzt sammelten sie eben Kreditkartendaten. Gespart wurde nichts. Warum auch? Das Geld lag im Netz herum wie Rollsplitt auf der Straße.

Entweder er bekam die sensiblen Daten für den Zahlungsverkehr durch tausendfach versandte Phishing-Mails oder durch Sicherheitslücken auf diversen Zahlungsseiten. Wie er das genau anstellte, verrät Matthias S. nicht. Seine Eltern, einfache Leute aus dem Arbeitermilieu, wunderten sich schon, woher das ganze Geld und die neuen Sachen kamen. »Ich sagte immer: Ich helfe anderen. Erst als ich 16 wurde, haben sie gewusst, dass ich ein Hacker bin.«

Gangster im Netz

Doch es waren nicht nur die alten Freunde, die von seinen Fähigkeiten profitierten. Matthias S. war Mitglied in verschiedenen Foren, wo er Wissen weitergab oder verkaufte. Es war ein Wettstreit unter den Hackern, wer die besten Tricks draufhat.

Matthias S. handelte mit Amazon-Gutscheinen und machte insgesamt locker 30 000 Euro im Monat. Erwischt wurde er nicht, da er seine Spuren im Netz geschickt zu verwischen wusste. Auch in diesem Zusammenhang verrät er seine Methoden nicht.

Er genoss höchste Anerkennung in den einschlägigen Foren und seine alten Freunde freuten sich, dass sie von der Hackertorte ein Stück abbekamen.

Ein paar Lehrer wussten, dass dieser Schüler ein besonderer war. Obwohl er offensichtlich nichts für die Schule tat, konnte Matthias S. dem Unterricht ohne Probleme folgen und bekam gute Noten. Vor allem in naturwissenschaftlichen Fächern war er sehr begabt. Sie ahnten, dass er seine konkurrenzlose Intelligenz in kriminelle Bahnen lenkte, denn der eifrige Handel auf dem Schulhof war ihnen aufgefallen.

Mit 17 Jahren schmiss Matthias S. die Schule endgültig. Er war immer so müde vom nächtelangen »Arbeiten«. Und überhaupt: »Warum sollte ich da noch hingehen? Ich hatte Geld und einen Beruf, wenn auch keinen ehrbaren. Was sollten die mir beibringen?« Er schmunzelte über eine neue Lehrerin, die im Snoopy-T-Shirt zum Unterricht erschien, und wusste spätestens, als er diese »lächerliche Gestalt« sah, dass er in diesem Laden nichts mehr zu suchen hatte.

In den Foren, wo er sich virtuell herumtrieb, mischten sich auch Drogenverkäufer unter die Gäste. »Die boten Koks im großen Stil an.« Doch Matthias S. gefiel das nicht. Er hat die Seiten der Online-Drogenhändler gehackt, sodass sie nicht mehr funktionierten. »Das ist die Art von uns Hackern, damit umzugehen.« Und auch er betont: »Ein Hacker würde nie eine Anzeige bei der Polizei machen.«

Er sagt, dass er heute auf der Liste der 300 weltweit gefährlichsten »Schadsoftwareentwickler« stünde. Man merkt ihm an, dass ihn das stolz macht wie einen Sportler die Goldmedaille bei Olympia. Die Besten sind ein kleiner Kreis.

Matthias S. handelte mit Fahrzeugscheinen oder -briefen, die er ohne viel Mühe aus dem Internet zog und auf Bestellung für gestohlene Autos »ausstellen« konnte. Behördensoftware zu knacken sei meist keine so große Herausforderung. Das gelte besonders für ausländische Behördensoftware, zum Beispiel in den USA. Dort habe es unter anderem für die amerikanischen Steuerzahler die Möglichkeit gegeben, ihre Bankdaten online beim Finanzamt für die Rückerstattung anzugeben und zu ändern. Das sei ein Einfallstor für Hacker gewesen, viele Steuerrückzahlungen seien so umgebucht und auf ein vom Hacker eingerichtetes Konto geflossen. Überhaupt sei das Umleiten von Überweisungen, meist auf ausländische Konten, von denen man kein Geld zurückbuchen könne, eine einträgliche Verdienstmöglichkeit. So gebe es auch den Trick, mithilfe eines Trojaners Überweisungen, die der User online vom eigenen Konto in Auftrag gibt, umzulenken. Dabei merkt der User nicht einmal, dass der angewiesene Betrag auf ein ausländisches statt auf das gewünschte Konto geleitet wird. Der Trojaner ermöglicht die Umleitung und auf dem Onlinekontoauszug steht weiterhin der tatsächlich eingegebene Empfänger. Solche Vorgänge fallen meist erst nach Wochen oder Monaten auf, wenn sich der eigentliche Empfänger des Geldes meldet, weil auf seinem Konto nichts eingegangen ist.

Die Cyberermittler bei der Polizei sind offenbar den guten Hackern immer einen Schritt hinterher. Lange galt das Netz als völlig unüberwacht. Erst in den vergangenen Jahren haben die Strafverfolgungsbehörden massiv in die Bekämpfung von Cyberkriminalität investiert. Dabei handelt es sich um eine Art »Streifegehen im Netz«. Das erklärte Ziel: Straftäter abschrecken, Straftaten aufklären und verhindern. Viele Foren werden rund um die Uhr systematisch ausgewertet. Teilweise werden auch »Köder« gelegt, dann geben sich Polizeibeamte etwa in einschlägigen Chatforen als junge Mädchen aus und suchen Kontakt zu mutmaßlichen Pädophilen. Trotzdem ist das Netz wie ein Ozean: weit und unter der Oberfläche verdammt dunkel. Die Dunkelziffer bei der Internetkriminalität dürfte enorm sein.

Zu den typischen Delikten im Netz gehören die Verbreitung von Kinderpornografie, extremistischer Propaganda, das betrügerische Anbieten von Waren und Dienstleistungen, Kreditkartenbetrug, verbotenes Glücksspiel, Urheberrechtsverletzungen, illegaler Verkauf von Waffen, Betäubungsmitteln und Medikamenten. Dazu kommen Hackingdelikte, womit wir wieder bei Matthias S. angelangt sind.

Der sagt mit einer gewissen Lässigkeit in der Stimme, er könne fast in jeden fremden Rechner eindringen, wenn er das wolle. Wer wie er Schadsoftware entwickeln kann, hat die Macht über das Internet. »Du wächst mit deinen Aufgaben, wenn du ein fremdes Gerät besiegen willst. Ich gebe nicht nach, bis ich da drin bin«, sagt Matthias S. Antivirenprogramme, Handyverschlüsselungen oder Behördensoftware – kein System ist zu 100 Prozent sicher.

Saubere Geschäfte

Ein typisches Studentenleben voller Räusche und Reisen mit dem Rucksack vermisst Matthias S. nicht. »Ich mochte Studenten noch nie«, stellt er klar. Exzessive Partys könne er auch so feiern. Und mit dem Flirten und Daten habe er keine Probleme, er komme gut an bei Frauen. »Ich bin kein Nerd.«

Was er heute macht?

Da gibt es immer noch die Aktivitäten als Hacker, mit denen sich gut verdienen lässt. Außerdem hat Matthias S. eine seriöse IT-Firma gegründet, mit der er »gute Software« produzieren möchte. Er will andere User warnen, ja wie er sagt: die Demokratie stützen. »Der Handel mit Identitäten und Daten ist in vollem Gang. Im Internet sorglos damit umzugehen kann richtig schiefgehen.« Einige soziale Netzwerke seien Meister darin, ihre Kunden auszuspionieren. Wer sollte das besser wissen als er.

Selbst wenn soziale Netzwerke Datenschutzrichtlinien haben, die dem Nutzer das Gefühl geben, seine persönlichen Daten seien in guten Händen: Diese Hoffnung ist trügerisch. Oft ist die Verschlüsselung schwach, besonders bei Gruppenchats. Einige Dienste ermöglichen den Zugriff auf das Mikrofon etwa im Handy, teils werden Standortdaten an amerikanische Server übertragen. Andere solche Dienste, die auf dem Mobiltelefon das Versenden von Nachrichten übernehmen, wirken wie eine Wanze. Sie können über das Telefon mithören, ohne dass der Nutzer es merkt. Zudem könnten bei einigen Anbietern Privatsphäreeinstellungen mit wenig Aufwand von Dritten umgangen werden, ganz zu schweigen von den Telefonanbietern, die Metadaten erheben. Viele Nutzer wissen das nicht.

Drogengeschäfte im Darknet

Das Internet eröffnet ganz neue – mitunter sehr illegale – Wege, um zu Geld zu kommen. Zu sehr viel Geld. Cyberkriminalität ist ein Delikt mit vielen Dimensionen.

Interessanterweise sind Paketzusteller und Postunternehmen heutzutage die größten Drogenkuriere der Welt und gleichzeitig die günstigsten. Sie liefern für einige Euro Portokosten Drogen auf der ganzen Welt in Briefsendungen oder Paketen aus – ohne es zu wissen. Nirgendwo wird mehr gedealt als im Internet und die Polizei kann wenig dagegen tun. Selbst wenn eine Website vom Netz genommen wird, ist kurz darauf schon die nächste online.

Wie das alles funktioniert, weiß Krister M. Er ist ein groß gewachsener Mann, misst über 1,90 Meter, kommt ursprünglich aus Schweden und hat schon in seiner Jugend die halbe Welt bereist. Den ersten Kontakt mit Betäubungsmitteln hat er in dieser Zeit gehabt.

Er war Teil der Technobewegung und ist den DJs, die er am liebsten mochte, weltweit hinterhergeflogen. Mal war er auf Ibiza, dann auf kroatischen Open-Air-Partys oder in der Wüste von Nevada beim legendären Burning Man Festival. Irgendwann landete er in Amsterdam.

Dort wurde Krister M. von jemandem angesprochen, der im Internet Drogen verkaufte und einen Partner suchte. »Alle Details möchte ich dazu nicht erzählen, aber ich kann einen Überblick geben«, sagt er. Das Wichtigste sei zunächst, einen Server zu haben, über den die Website läuft, auf der Kunden Drogen kaufen können. Diese Server müssten meistens von einem eigenen Betreiber angemietet werden. Damit für die Polizei im Internet das Ganze nicht verfolgbar ist, muss sich die sogenannte Route zum eigentlichen Server ständig ändern. Dies ist technisch kompliziert, führt aber dazu, dass ein Server nicht oder zumindest nicht allzu schnell entdeckt werden kann. »Die Server stehen oft in irgendwelchen Bananenrepubliken oder in Russland«, fügt Krister M. hinzu. Die Serverbetreiber bekommen von den Online-Drogenhändlern Provisionen zwischen sechs und zwölf Prozent des Umsatzes.

Krister M. bot auf seinen Seiten Drogen aller Art an, angefangen von Cannabis über Amphetamine bis hin zu Kokain und Heroin. Dabei waren die Preise sogar etwas höher als auf der Straße, die Qualität war allerdings immer sehr erlesen. Mit der Zeit wurde der Handel so groß, dass Krister M. und sein Kompagnon ganze Gebäude anmieteten, um die Waren verpacken zu lassen. Das System funktionierte praktisch wie ein legaler Onlineshop. Es war wichtig, dass die Verpacker von den eigentlichen Geschäftsvorgängen und auch von der Internetseite keine Kenntnis hatten. Sie bekamen nur die Lieferadressen ausgedruckt und die Mengenangaben, die in die jeweilige Luftpolstertasche oder in das jeweilige Paket zu packen waren.

Die Verpacker hatten weder Kontakt mit dem Internetseitenbetreiber selbst noch mit den Drogenlieferanten. Die Lieferanten wurden zu einer anderen Adresse bestellt und von dort wurde der Stoff in das Verpackungszentrum weitergereicht.

Krister M. sagt, diese Trennung der einzelnen Abläufe sei das Wichtigste, damit die Mitarbeiter die Strukturen nicht durchschauen und keine Namen nennen oder Personenbeschreibungen abgeben könnten, falls die Polizei sie doch einmal erwische. Seine Mitarbeiter wussten noch nicht einmal, für welches Unternehmen sie eigentlich arbeiteten. Natürlich war ihnen klar, dass Drogen eingetütet wurden – mehr wussten sie aber nicht. »Sie bekamen nur die Listen und wurden gut bezahlt, damit sie nicht auf falsche Gedanken kamen.«

Die Drogen wurden im Verpackungszentrum in Plastikbeuteln luftdicht abgepackt und nach dem Abwiegen zugeschweißt. Danach wurde die Ware in eine DVD-Hülle gesteckt, diese kam dann in einen Luftpolsterumschlag, bei größeren Mengen in ein Paket. Dabei war es wichtig, bei größeren Bestellungen nicht zu viel in einem Paket zu versenden. Krister M. legte immer Wert auf eher kleinere Mengen, um die 100 bis 200 Gramm maximal. Kleinere Postsendungen werden so gut wie nie auf den Inhalt kontrolliert.

Die Kunden gingen mit einem »Tor-Browser« ins Netz und waren dadurch für die ermittelnde Polizei anonym und nicht sichtbar, denn ihre IP-Adresse war verschlüsselt. Wenn ein Kunde mehrere Kilo bestellt hatte, bekam er gleich viele Luftpolstertaschen zugeschickt mit geringeren Einzelmengen. Die Bezahlung erfolgte mit Bitcoins, einem elektronischen Zahlungsmittel im Internet. Sobald die Bitcoins eingegangen waren, schickte Krister M. den Auftrag in das Verpackungszentrum und die Ware wurde von dort losgeschickt. Der Versand erfolgte überwiegend aus Deutschland, da hier Briefsendungen so gut wie gar nicht kontrolliert würden.

Zur Post gingen die Mitarbeiter nur selten; die meisten Sendungen wurden per Luftpolstertasche fertig adressiert und frankiert in einen normalen Briefkasten geworfen. Die Absenderadresse war eine fingierte Firma. Einige Kunden verlangten eine Lieferung per Einschreiben, diese kostete dann etwas mehr.

Schließlich muss das digitale Geld durch den Betreiber der Internetseite noch in reales Geld umgewandelt werden. Auch das Einlösen der Bitcoins, mit denen die Kunden bezahlten, ist kein Problem. Das Geld wurde auf ausländische Konten überwiesen und dort in bar bei den Banken abgehoben. Es gibt viele Länder, in denen auch die Abhebung enorm hoher Beträge bei Banken nicht durch den Staat kontrolliert wird, so Krister M.

Die Lieferanten aus Holland fuhren fast täglich vor, Krister M.s Betrieb entwickelte sich rasch zu einem der größten Drogenhändler im Internet. Er unterhielt viele verschiedene Seiten, deren Namen er nicht nennt, und machte täglich mehrere Hunderttausend Euro Umsatz. Dies ging über Jahre so. In Spitzenzeiten beschäftigte er zwanzig Verpacker, die Akkordarbeit leisteten, um die Waren auf den Weg zu bringen. Mittlerweile hat Krister M. so viel Geld verdient, dass er den Drogenhandel nicht mehr nötig hat. »Es ist wichtig, zum richtigen Zeitpunkt auszusteigen«, sagt er und man nimmt ihm an dieser Stelle den erfolgreichen »Unternehmer«, der in Rente gegangen ist, ab. »Die meisten machen immer weiter, da es so verlockend und einfach ist, gerade im Internet. Dann fallen einige auf, auch wenn meist nur die Spitze des Eisbergs von der Polizei entdeckt wird«, fügt er hinzu.

Krister M. und sein Partner haben die gesamte Welt beliefert. Nur chinesische Kunden habe man abgelehnt, da er von anderen Drogendealern gehört hatte, dass in China die Todesstrafe droht.

»Natürlich gibt es einige schwarze Schafe in der Branche, die eröffnen eine Seite, bieten Drogen an und kassieren Hunderttausende Euro über die Bitcoins ab und liefern niemals etwas«, erzählt Krister M. So etwas habe er nie getan, wer bezahlte, bekam auch seine Ware. Wenn ein Kunde umgekehrt behauptete, ein Paket sei nicht angekommen, schickten Krister M. und seine Leute ohne Wenn und Aber sofort die gleiche Menge nochmals. Ob der Kunde die Wahrheit sagte oder nicht, war unerheblich. »Wir haben so viel Geld verdient, dass uns auch ein halbes Kilo Koks im Wert von 30 000 Euro, das mal nicht angekommen sein soll, nicht wehgetan hat«, sagt er.

In Deutschland hat der Fall eines 20-Jährigen aus Leipzig in den Medien die Runde gemacht, der mit einer riesigen Menge an Drogen in seinem Zimmer von der Polizei erwischt wurde. »Auch wenn die Mengen dort nicht gering waren, ist das Ganze äußerst unprofessionell im Vergleich zu dem, was ich gemacht habe, vor allem darf man die Drogen niemals dort aufbewahren, wo die Internetseite betrieben wird«, sagt Krister M. Mit dem Geschäft könne man teilweise innerhalb kürzester Zeit mehrfacher Millionär werden, wenn man wisse, wie es geht.

Krister M. hat nach seinem Ausstieg aus dem Drogenhandel an einem der schönsten Plätze der Welt, so sagt er, viele Millionen Euro aus seinen Geschäften in ein Wellnesszentrum gesteckt. Damit verdient er heute ganz legal sein Geld. Sein Betrieb bietet ayurvedische Wellnessanwendungen an, vom Stirnguss bis hin zu darmreinigenden Bastis, Entgiftungen des gesamten Körpers. Was es eben so gibt. »Ich habe jahrelang Leute vergiftet. Heute entgifte ich sie. So mache ich etwas Karma wieder gut«, sagt der Drogenhändler a. D.

Ich bin du

Es gibt nicht nur Internetkriminalität, bei der Hacker oder Drogenhändler ihren finanziellen Vorteil suchen. Oft geht es nicht um Geld, sondern um verschmähte Liebe.

Tamara L., eine Versicherungsmaklerin aus dem Nordosten der Bundesrepublik, fiel einem von ihr abgewiesenen Verehrer zum Opfer, der gefälschte Profile mit Fotos von ihr ins Internet setzte. Er stellte sie dabei als Hure dar und schrieb in ihrem Namen anzügliche Angebote ins Netz. Er beschrieb ihre angeblichen sexuellen Vorlieben bis ins kleinste Detail und unterzog sie einem »Nuttenvergleich«. Darin behaupteten dann verschiedene fiktive Freier, die alle mutmaßlich er selbst waren, sie mache es nur lustlos und sei sehr schlecht im Oralverkehr. Sie sparten allesamt nicht mit weiteren anzüglichen Hinweisen. An anderer Stelle monierte ein angeblicher Sexkunde die hängenden Brüste, das Übergewicht und die übergroße Nase der von ihm besuchten Frau und wies auf ihren seriösen Job in einem Unternehmen hin, ihren »Brotjob«, und nannte in der Eintragung sogar ihren echten Namen. Wieder ein anderer schrieb, sie würde schlecht riechen.

Das Schlimmste: Ein Kunde der Versicherungsgesellschaft, für die sie arbeitet, meldete sich bei ihrem Chef und teilte ihm mit, dass sich Tamara L. prostituiere. Ihr Vorgesetzter stellte sie daraufhin zur Rede. Ihre Kollegen tuschelten bereits auf dem Flur, dass wohl ihre Kündigung bevorstehe. Als sie ihre Version der Geschichte erzählte, glaubte der Chef ihr zunächst nicht, da die Einträge im Internet sehr professionell waren. Er legte ausgedruckte Profile und Screenshots auf den langen Tisch im Besprechungsraum, an dessen Ende sie saß wie eine

Angeklagte vor dem Richter. Sie brach in Tränen aus. Doch auch das verhinderte nicht, dass sie zunächst von ihrem Job freigestellt wurde.

Erst Tage später – sie musste in der Zwischenzeit einen Psychiater aufsuchen – konnte sie mithilfe einer von ihr erstatteten Strafanzeige glaubhaft machen, dass nicht sie, sondern mutmaßlich ihr abgewiesener Verehrer hinter diesen Einträgen stand. Ihr Leumund bei den Kollegen blieb dennoch über Wochen schlecht, sie hatte ein flaues Gefühl, wenn sie zur Arbeit ging. Bis heute hat sie Angst, ihren Job doch noch zu verlieren. Denn nach wie vor meldeten sich in Internetforen angebliche Puffbesucher zu Wort mit der Behauptung, Tamara L. im Rotlichtmilieu begegnet zu sein.

Sie fühlt sich bis heute nicht nur in ihrer Ehre verletzt, sondern ist ständig damit beschäftigt, nach neuen Eintragungen im Internet zu suchen, die sie obszön darstellen und diskreditieren. Durch die anhaltenden Diffamierungen wurde sie psychisch so angegriffen, dass sie an Depressionen leidet. Sie muss sich dauerhaft psychiatrisch behandeln lassen.

Die Geschichte von Tamara L. ist leider kein Einzelfall. Ähnliche Fälle gehen täglich über die Kanzleitische einschlägig spezialisierter Anwälte. Vor allem Expartner und Expartnerinnen »stalken« ihre Verflossenen im Netz oft regelrecht. Die Methoden sind perfide. Die Täter nennen den wahren Namen, basteln an Fotomontagen, bei denen sie beispielsweise den Kopf der Ex auf den Körper einer Pornodarstellerin montieren und ihr »Werk« ins Internet stellen.

Freunde, Arbeitskollegen und Vorgesetzte weisen sie dann dezent, aber gezielt auf die Seite hin. Die Krux dabei: Solche Spuren aus dem Netz zu entfernen ist juristisch sehr schwierig. Die Anbieter der Homepages sitzen oft in der Südsee und können daher kaum belangt werden. Bis bei Gericht erlangte einstweilige Verfügungen greifen, haben sich die herabsetzenden Inhalte längst über das Internet weiterverbreitet. Der Ruf des Stalkingopfers ist dauerhaft ruiniert. Was man hoffentlich irgendwann gelöscht bekommt, existiert in den Köpfen der Beobachter weiter. Das Internet vergisst nie – und die Menschen auch nicht. Nach Jahren heißt es noch: »Ist das nicht die, die da in diesem Porno mitgespielt hat?«

Fröhliches Schlagen

Seit es das Internet gibt, nutzen Menschen es dazu, ihre Fotos und Geschichten öffentlich zu machen. Das heißt nicht nur, dass in den sozialen Netzwerken Urlaubsfotos, Gedichte und Ähnliches gepostet werden. Es werden auch Videos verbreitet, die brutale Straftaten zeigen und das Opfer im Netz der Häme preisgeben. In der Fachsprache nennt man das »Happy Slapping«. Gewaltdelikte werden mit dem Mobiltelefon in der Absicht gefilmt, sie im Internet zu verbreiten und das Opfer lächerlich zu machen. Die Täter schlagen Mitschüler, fremde Passanten oder den Busfahrer und brüsten sich danach online mit ihren »Heldentaten«.

Im hier beschriebenen Fall war der 14-jährige Stefan S. das Opfer. Der Täter, Mesut K., war zur Tatzeit 15 Jahre alt. Die beiden gingen auf dieselbe Schule in einer mittelgroßen Stadt im Ruhrgebiet. Eines Tages verfolgte Mesut K. seinen Mitschüler Stefan S., als dieser aus dem Schulbus ausstieg. Mesut K. bedrängte ihn und zwang ihn, ihm zu folgen. Auf dem Weg von der Bushaltestelle zum Schulgelände lotste er ihn hinter ein Stromversorgungshaus.

Mesut K. war Stefan S. körperlich weit überlegen, er war nicht nur größer, sondern auch um etliches breiter. Für Stefan S. gab es kein Entkommen, weil sich weitere Mitschüler neben Mesut K. bedrohlich vor ihm aufbauten. Dann setzte es massive Schläge mit voller Wucht ins Gesicht, jeder davon schmerzhaft wie der Punch eines Boxers. Die Mitschüler – einer von ihnen filmte die Aktion mit einem Handy – feuerten den Schläger noch an, als ginge es hier um eine sportliche Höchstleistung bei den Bundesjugendspielen. Zudem gaben sie Stefan S. Ratschläge wie »Nimm es besser hin!«.

Das Ganze fühlte sich für Stefan S. wie eine Hinrichtung an, er litt Todesangst – spätestens als ihm sein Peiniger mit voller Wucht das Knie in den Brustkorb rammte. Erst nach rund 90 Sekunden ließ Mesut K. von seinem Opfer ab. Stefan S. bebte und schlotterte vor Angst. Ein Psychiater sagte später: »Das wird diesen Jungen sein Leben lang begleiten. Solche Spuren vergehen nicht.«

Das Video verbreitete sich danach viral über Facebook, Stefan S. ging wochenlang nicht zur Schule, weil er sich schämte und große Angst vor seinem Peiniger hatte. Erst als er erfuhr, dass dieser von der Schule verwiesen worden war, erschien er wieder zum Unterricht. Trotzdem – er wurde ständig von Mitschülern auf das Video angesprochen und musste viel Häme und Bosheit der anderen einstecken.

Der Täter wurde schließlich im Strafprozess zu Sozialstunden und einer Schmerzensgeldzahlung in Höhe von 200 Euro verurteilt. In dem anschließenden Zivilprozess gegen Mesut K. wurde ein deutlich höheres Schmerzensgeld beansprucht. Am Ende erhielt Stefan S. noch weitere 500 Euro. Das Gericht begründete das Urteil mit dem niedrigen Niveau von Schmerzensgeldern in Deutschland.

Aber ist das richtig? Ist es nicht dringend an der Zeit, die Größenordnungen bei Schmerzensgeldern, die deutsche Gerichte ausurteilen, zu überdenken? Ein Mittelklassewagen kostet heute 30 000 Euro oder mehr. Um von einem deutschen Zivilgericht eine Summe in dieser Größenordnung als Schmerzensgeld zugesprochen zu bekommen, muss man derart zugerichtet sein, dass das weitere Leben wegen der erlittenen Verletzungen keinen Spaß mehr machen dürfte.

Es gibt für massive Verletzungen wie Nasenbeinbrüche, Trümmerbrüche oder schlimmste psychische Folgen nach Gewaltgeschehen oft nur Schmerzensgelder in einem Bereich, der zwischen 1000 und 3000 Euro liegt. Die Opfer empfinden das als regelrechte Häme und fühlen sich dadurch noch einmal verletzt. Ohne gleich »amerikanische Verhältnisse« zu fordern: Sollte der Gesetzgeber hier nicht handeln? Ein Ansatz wäre, im Gesetz festzulegen, dass für bestimmte Straftaten Mindestgrößenordnungen von Schmerzensgeldern ausgeurteilt werden müssen. So könnte für eine gefährliche Körperverletzung eine Mindestgrößenordnung von 5000 Euro, für eine Vergewaltigung eine solche von 25 000 Euro und für den sexuellen Missbrauch eines Kindes ein Mindestbetrag von 50 000 Euro im Gesetz festgeschrieben werden.

Dann würden Urteile, in denen Opfern trotz schwerster Folgen nur Bagatellbeträge zugesprochen werden, der Vergangenheit angehören.

Denn selbst wenn ein Schmerzensgeld die Folgen einer Straftat oft nicht im Ansatz wiedergutmachen kann: Zumindest würde sich ein Gefühl von mehr Gerechtigkeit bei den Opfern einstellen.

Inside Cybercrime

> Über die inoffiziellen Mitarbeiter der Staatssicherheit in der DDR regen sich im Nachhinein viele Menschen auf, weil diese ihre Nachbarn und Freunde ausspioniert und Informationen an Dritte weitergegeben haben. Gleichzeitig haben zahlreiche Personen ihr Smartphone unheimlich lieb und möchten es nicht mehr missen. Sie übersehen dabei, dass dieses schlimmer ist als jeder Stasi-Spitzel.

> Ein Smartphone kann, gerade wenn auf der anderen Seite Hacker aktiv sind, zu einer Generalüberwachung der Person führen. Es ist möglich, dass Intimitäten abgehört werden und fast das gesamte Verhalten einer Person überwacht wird. Das fängt an mit den Orten, an denen sich Smartphone-User bewegen oder aufhalten, selbst Onlinebankgeschäfte können eingesehen werden. Der Datenschutz läuft durch das Smartphone in wesentlichen Teilen leer.

> Trotz der Offenbarungen, die Edward Snowden der Welt gebracht hat, scheinen viele Menschen immer noch zu denken, dass es sie selbst nicht trifft, sondern nur andere.

> Zahlreiche User vertrauen auf Bewertungsportale im Internet, ohne zu wissen, dass gerade im Bereich der Hotelbranche und der Restaurants oftmals die Bewertungen gefälscht sind. Einige Wirtschaftsunternehmen beschäftigen heutzutage Informatiker, die gezielt Bewertungsportale im Internet beeinflussen durch gute oder schlechte Bewertungen. Die eigene Firma wird gekonnt gelobt, ohne dass es auffällt, der Gegner wird geschickt niedergemacht, ohne dass es zu übertrieben wirkt.

> Weltweit führend sind die russischen Hacker. Die Ursprünge der deutschen Hackerszene liegen in der Gründung des Chaos Computer Clubs. Hacker waren ursprünglich überwiegend aus ideellen Gründen tätig. Es ging in den Anfangszeiten etwa darum, das achtstellige Passwort eines einzelnen Computers zu knacken – aus Neugierde. Heutzutage sind viele Hacker hoch organisiert und sehr materiell ausgerichtet. Teilweise werden Hunderttausende Rechner gleichzeitig angegriffen und so immense finanzielle Schäden angerichtet, wobei Betrug und andere Straftaten an der Tagesordnung sind.

> Wenn Menschen Opfer von Straftaten werden, schließen sich an die Tat oft negative Reaktionen des Opferumfeldes oder auch nicht gewünschte Reaktionen der Justiz an (wer den Schaden hat, braucht für den Spott nicht zu sorgen). Häufig sind Opfer von dem Ausgang eines Strafprozesses oder einer Schmerzensgeldklage restlos enttäuscht. Sie beklagen, dass sie nicht nur das Urteil für ungerecht halten, sondern sie nicht richtig zu Wort gekommen seien und man sie nicht ernst genommen habe. Dieses Phänomen kommt so oft vor, dass es in der Kriminologie einen eigenen Ausdruck dafür gibt: Man spricht von »Sekundärviktimisierung«.

14. TOURISTENMAFIA

Der Pascha vom Pacha

Die Lichtorgel schießt bunte Punkte auf die Bühne, die darauf explodieren wie Handgranaten. Sie wirft ihr Rot, Blau, Gelb oder Grün an die Decke, auf den Boden und auf die Gesichter der Zuschauer im Club Lio. Zum Song »Girls just wanna have fun« von Cyndi Lauper wiegen die Tänzerinnen ihre Hintern hin und her, die sie nur in kurzen karierten Röcken im Schulmädchenstil eingepackt haben. Manche der Mädchen tragen rote Hornbrillen, sie schwingen ihre nackten Arme durch die Luft. Die Maskerade ist perfekt. Dazu treiben die schnellen Rhythmen aus den Lautsprechern die Gäste vor sich her. Längst sind alle Besucher aufgestanden und tanzen mit, sogar auf Stühlen, Sofas und Tischen. Im Hintergrund kreuzen Boote auf dem Mittelmeer, das am Fuße der Altstadt wegen der vielen Lichter funkelt wie die Auslage eines Juweliergeschäfts.

Es ist die Closing-Party im Lio auf Ibiza. Wer sich regen kann, tanzt, trinkt und singt mit. Ob Einheimische, Touristen oder Nachtschwärmer, alle erweisen dem wohl schönsten Club Ibizas – er gehört zur weltberühmten Pacha-Gruppe – das »letzte Geleit«, denn heute ist der finale Tag der Saison. Nach dieser Party wird die Diskothek verstummen, bis sie kommendes Jahr im Mai wieder zum Leben erwacht.

Die Closing-Partys ziehen jedes Jahr viele Urlauber an. Ende September und Anfang Oktober wird es noch einmal brechend voll auf der Baleareninsel Ibiza, dem Lieblingsreiseziel solventer junger und nicht mehr ganz so junger Menschen, für die Urlaub vor allem immer eines sein muss: ein großes Fest, um nicht zu sagen: eine dionysische Party.

Sven P. tanzt auch. Er setzt im Takt einen Fuß vor den anderen, dreht sich zur Seite, wippt dabei mit dem kahl rasierten Kopf. Der Deutsche lebt seit mehreren Jahren auf der Insel. Nachdem gegen ihn in Deutschland ein Strafverfahren geführt wurde, in dem er nachweislich unschuldig war, hat er sein Heimatland verlassen. Er saß sogar für sechs Wochen in Untersuchungshaft. »Nach Deutschland zieht mich nichts zurück«, sagt er lapidar. Als Entschädigung für die Zeit in Haft hat Sven P. gerade einmal 25 Euro pro Tag bekommen, also circa 1000 Euro.

Es ist gar nicht so selten, dass Menschen in Deutschland zu Unrecht im Knast sitzen. Der Grund: Strafverfahren stützen sich oft ausschließlich auf Zeugenaussagen und Strafverfolgungsbehörden tendieren dazu, belastenden Aussagen schnell zu folgen.

Sven P. hat in seinem Leben viel Geld verdient. Er arbeitete im Nachtleben, fing als Türsteher an, führte Diskotheken und Restaurants, war auch im Milieu tätig. Auf Ibiza organisiert er heute Luxusurlaube für reiche Touristen. »Es gibt Führer und es gibt Soldaten – und ich bin sicher kein Soldat«, so charakterisiert sich Sven P. selbst.

Er ist ein guter Geschichtenerzähler, weiß jede Menge über das Abzocken von Touristen. Mit seinem Insiderwissen versucht er, seine Kundschaft auf Ibiza zu schützen, und hat sich daher lange mit den Tricks der Touristenmafia beschäftigt.

Koffer und Taschen

Eine der einfachsten Arten, Touristen um ihr Hab und Gut zu erleichtern, ist laut Sven P., ihnen Koffer und Taschen abzunehmen, wo es nur geht. Zum Beispiel das Gepäck im Mietwagen. Beim Öffnen der Autos gehen die Spezialisten nicht mehr mit Brecheisen und Hammer vor. Vielmehr kann man mittlerweile die Verriegelung über den Funkschlüssel entscheidend stören. Mit einem Störsender, einem sogenannten Jammer, wird die Verbindung in dem Moment unterbrochen, in dem der Autobesitzer auf den Knopf seines Schlüssels drückt. Der

Wagen verriegelt sich nicht, Alarmanlagen kann man also spielend umgehen, und die Diebe können in Ruhe loslegen, sobald sich der ahnungslose Fahrer vom Auto entfernt hat. »Mit der Nummer holen sich die Verbrecher fast ohne Risiko die Wertsachen von Handy bis Portemonnaie, die im Auto liegen«, so Sven P.

Auch im Lio kann man sehen, welche »Schätze« die Touristen so bei sich führen. Eine junge Dame trägt eine Handtasche von Louis Vuitton unterm Arm, Preiskategorie: 8000 Euro. Eine andere hat eine Chanel-Tasche dabei, Wert: rund 5000 Euro. Wieder eine andere trägt eine Hermès, circa 10 000 Euro. Unter den Arm geklemmt im Club sind die Taschen ja noch vergleichsweise sicher. Doch wenn sie im Auto liegen, schlagen die Ganoven mit den Jammern zu. Das gilt nicht nur für hochpreisige Damenhandtaschen, sondern auch für Koffer, welche die Herren bei sich führen, etwa der deutschen Marke Rimowa.

Oft schauen sich die Gangster schon am Flughafen ihre potenziellen Opfer genau an, kundschaften aus, wer mit welchem Gepäckstück in einen Mietwagen steigt, um dann zuzuschlagen.

Sven P. rät seinen Besuchern: »Am besten ein wenig Understatement und gar keine teuren Gepäckstücke mitbringen. Und wenn doch: ja nicht im Auto lassen!« Dies gelte für den heute Abend vor dem Lio geparkten Pkw, aber auch für die gesamte Urlaubszeit. Die Diebe könnten an jedem Ort der Insel lauern, und oft nutzten sie selbst wenige Augenblicke aus, in denen die Touristen ihre Wertgegenstände im Auto zurücklassen.

Beste Weine, gutes Essen

Das Lio liegt direkt am Hafen Marina Botafoch, drum herum viele Jachten. Am nächsten Morgen, nach einer durchtanzten Nacht, röhrt der Motor einer solchen Jacht wie ein Elch zur Paarungszeit. Es riecht nach Diesel, das Boot schießt nach dem Ausparken über die Wellen, nimmt jedes Hindernis auf dem Wasser mit der Grazie eines geschmeidigen Hürdenläufers.

Diese Jacht hat einen Neupreis von drei Millionen Euro. Sie gehört Sven P., er verchartert fünf Boote an Touristen und steuert sie selbst, wenn seine Kunden es wünschen. Auch wenn er keine Namen nennen darf: Er hat schon viele Stars und Prominente sicher über die Wellen gelenkt. Ibiza ist ein weltweit angesagter Hotspot für Touristen.

Heute ist das Ziel der Jacht die Insel Formentera, zu der die reichen Gäste gerne mit dem eigenen oder dem samt Kapitän gemieteten Boot fahren, um dort zu speisen. Ein kostspieliges Vergnügen, nichts für den kleinen Geldbeutel. Allein die einstündige Überfahrt von Insel zu Insel kann – je nach Jacht – über 1000 Euro kosten.

Sven P. lässt den Motor noch einmal aufheulen, dann wirft er den Anker aus. Schlauchboote mit Außenbordmotoren kommen zur Jacht gefahren, holen die Passagiere ab, das Wasser schimmert türkis. Man nennt diese Symbiose aus Eiland und Gewässern die »Karibik des Mittelmeeres« und jeder, der sie gesehen hat, weiß, warum.

Hinter einer Düne stehen Tische und Stühle unter schneeweißen Pavillons. Das Juan y Andrea ist eines der bekanntesten und teuersten Restaurants des Mittelmeers. Hier sitzt das Kaliber Gäste, das Ganoven anzieht wie Fallobst die Fliegen. Es wird trockener Weißwein gereicht, eisgekühlt und mit einer leichten Fruchtnote oder Rosé – je nach Gusto der Besucher. Als Vorspeisen stellen die Kellner Austern, Tintenfischarme und Fischcarpaccio auf den Tisch. Der Hauptgang besteht aus Paella mit Meeresfrüchten. Zum Dessert wird Zitronensorbet mit einem Schuss Wodka gereicht. Spätestens jetzt sind die gut betuchten Gäste angesäuselt, fangen an, engagierter und gestenreicher zu sprechen. Manch einer palavert jetzt schon wie ein Redner am Rosenmontag in der Bütt.

Die Musik changiert von Lounge-Style bis hin zu harten House-Rhythmen. Ibiza ist als einer der wichtigsten Spots für elektronische Musik weltweit bekannt. »So kommen die Leute in Fahrt«, sagt Sven P., während er sein Knie wippen lässt. Es sind Tage wie diese, an denen die Uhrendiebe die Fährte aufnehmen – sei es auf Ibiza oder auf Formentera.

Die Masche mit den Uhren

»Normale Menschen mit normalem Einkommen sind für die Gauner hier auf der Insel so gut wie immer uninteressant«, erklärt Sven P. Ibiza sei ein Tummelplatz der Jetsettouristen und auf die hätten es die Kriminellen abgesehen. Warum sollten sie kleine Fische angeln, wenn sie auch einen großen Hai fangen können? Besonders beliebt sei die Nummer mit den Uhren. Kellner in Luxusrestaurants der Insel arbeiten dabei mit den Uhrendieben zusammen. Die Restaurantmitarbeiter werden hierzu genauestens angelernt. Sie werden geschult, woran sie teure Armbanduhren erkennen. Es sind Uhren der Marken Breguet, Patek Philippe und vor allem Richard Mille, die für die Uhrenmafia von Interesse sind. Der Kellner schaut sich beim Bedienen der Gäste deren Handgelenke genauer an. Wie ein Auktionsmitarbeiter checkt er die Werte, mit denen er es zu tun hat.

Eine Rolex für 25 000 Euro ist dabei eher eine Lachnummer. Was hier interessiert, umschließt etwa den Unterarm eines reichen Russen, der unter einem Pavillon ganz nah an der Düne sitzt. Zerrissene Jeans, ein simples Baumwollshirt, Dreitagebart. Der Mann wirkt unscheinbar. Doch er trägt eine Richard Mille für 250 000 Euro. Hier lohnt es sich für die Uhrenmafia loszulegen.

Verlässt ein reicher Uhrenbesitzer das Restaurant, informiert der Kellner die Diebe per Anruf oder Textnachricht. Dann verfolgen die Kriminellen den Urlauber, bis der Moment günstig ist zuzuschlagen. »Die brauchen niemanden zu überfallen. Weil sie so gut im Stehlen sind«, sagt Sven P. und lacht dabei.

Die Arten, dem Touristen seine Uhr wegzunehmen, sind vielfältig. Ihn anrempeln, ihn auf der Straße in ein Gespräch verwickeln. Am Ende nehmen die Diebe die Uhr fingerfertig vom Arm. Der Besitzer merkt es meist gar nicht in dem Moment.

Manchmal greifen die meist in Banden organisierten Diebe auch im Verkehr zu. Sie fahren auf dem Motorroller an die Tankstelle. Dort befüllt der Uhrenbesitzer gerade seinen Pkw mit Treibstoff. Vielleicht denkt er schon an das nächste luxuriöse Abendessen oder die folgende Nacht mit drei Edelcallgirls auf seiner Millionenjacht. Seine Gedanken sind jedenfalls in dem Moment nicht bei seiner teuren Uhr. Das nutzen die Täter aus. Im Vorbeifahren fischen sie die Uhr mit einem geschickten Griff vom Arm des Besitzers. Bevor der Tourist etwas merkt, ist der Uhrendieb mit Roller und dem teuren »Wecker« verschwunden.

Bei einer anderen Masche verwickeln die Diebe den Urlauber in einen Autounfall. Sie fahren ihm von hinten mit ihrem eigenen Wagen ins Heck. Der Tourist steigt aus, ist aufgeregt und fürchtet vielleicht den großen Ärger bei der Abwicklung eines Unfalls in Spanien. Dann reden die Täter wie wild auf ihn ein. Er ist zunächst froh, dass es lediglich einen Sachschaden an dem Auto gibt. Bevor der Geprellte merkt, dass ihm während des Gesprächs die Uhr vom Handgelenk genommen wurde, sind die Diebe schon mit ihrem Auto mit gefälschten Kennzeichen davongefahren.

»Diese Jungs wissen genau, was sie da tun. Sie gehen nicht auf Masse, klauen lieber wenige, aber dafür besonders wertvolle Uhren«, erklärt Sven P. Verkaufen ließen sich die Uhren – anders als Schmuck aus einem Juwelenraub – besonders leicht. Gerade auf Ibiza laufe das Geschäft meist privat ab. Solvente Urlauber oder Inselbewohner freuten sich schließlich, beim Kauf eines edlen Chronografen ein Schnäppchen zu machen.

Andere Tricks

Die Uhrenmafia gehört zu Ibiza. Die Täter reisen oft nur für die Hauptmonate im Sommer an und verdienen in wenigen Wochen enorme Summen mit dem Entwenden und Verkaufen der Luxusuhren. »Die können sich dann von Oktober bis Mai ausruhen, so viel Geld machen die hier in kürzester Zeit!«, sagt Sven P.

Lässt man Ibiza hinter sich und reist rund 150 Kilometer weiter auf die günstigere Nachbarinsel Mallorca, sind Touristen dort anderen Gefahren ausgesetzt. Bekannt sind dunkelhäutige Prostituierte, die sich nachts auf das Abzocken betrunkener Besucher der »Schinken-straße« spezialisiert haben. Kommen hier alkoholisierte Gäste, die in den Tanzschuppen nicht fündig geworden sind, an den Prostituierten vorbei, sind sie ganz schnell ihre Geldbörse los.

Ein kurzes Schwätzchen mit einer Prostituierten, schon hat sie finger-fertig das Portemonnaie geklaut und an eine Kollegin weitergereicht. Merkt der Tourist dies erst am nächsten Morgen, bringt eine Anzeige kaum noch etwas. Selbst wenn der Diebstahl direkt bemerkt wird, gibt es kaum eine Möglichkeit, die Huren zu überführen. Die Geldbörse wird so schnell weitergereicht und in Sicherheit gebracht, dass auch die herbeigerufene Polizei machtlos ist. Besonders schmerzlich wird es, wenn Kreditkarten auf diese Art abhandenkommen. Nach wie vor funktionieren viele Kreditkarten nur mit Unterschrift und ohne die Eingabe einer Geheimzahl. Natürlich wissen die Diebe genau, wo man auch nachts die Karten schnell »durchziehen« kann, um hochpreisige Ware zu erwerben.

Noch so ein Malle-Trick: Man spricht vor allem ältere Touristen an, wenn sie aus einem Supermarkt kommen. Zwei oder drei Leute um-ringen sie und behaupten, sie hätten einen Diebstahl beobachtet, ge-ben sich als Ladendetektive aus, zeigen vielleicht sogar einen falschen Dienstausweis. Sie »kontrollieren« die Taschen der Urlauber und neh-men alles Wertvolle an sich, ohne dass die Touristen es bemerken.

Man wird auch ganz profan ausgenommen auf der beliebten Balea-reninsel: In den Restaurants sind viele Rechnungen fehlerhaft. Teilwei-se stehen auf der Karte niedrigere Preise als die, die später abgerechnet werden. Oder es werden Speisen sowie Getränke berechnet, die der Tourist gar nicht bestellt, geschweige denn verzehrt hat. Dann wird schnell ein Gazpacho oder ein Glas Rioja hinzugefügt. Für Kellner und Restaurantbesitzer ist das einträglich: Wenn auf jeder Quittung acht bis zehn Euro zu viel gebucht sind, ergibt das bei hundert Tischen am Tag schnell bis zu 1000 Euro Extraverdienst.

Das Risiko, hierfür strafrechtlich belangt zu werden, ist minimal. Selbst wenn ein Gast etwas bemerkt, kann das Personal leicht auf ein Versehen verweisen und einen Schnaps aufs Haus ausgeben. Anzeigen gegen Restaurants wegen dieser organisierten Betrügereien gibt es fast nie, obwohl diese Methode seit Jahrzehnten Usus ist – übrigens nicht nur auf Mallorca.

Was sonst noch im Urlaub lauert

Ibiza und Mallorca sind natürlich nicht die einzigen Reiseziele, wo Abzocke, Trickbetrug und organisierte Kriminalität lauern. Es gibt eine Fülle von Beispielen, die belegen, wie leicht Urlauber Kriminellen zum Opfer fallen können.

Griechenlandurlauber sollten aufpassen, wenn sie mit der Fähre heimfahren. Es mehren sich Fälle, in denen sich Flüchtlinge in den Autos der Urlauber verstecken, um so ans Festland zu gelangen. Als Versteck sind vor allem Wohnwagen und Wohnmobile beliebt. Entdeckt die Polizei die »blinden Passagiere« dort, droht dem nichtsahnenden Fahrzeugbesitzer eine Anzeige. Fremde Personen sollte man nicht mitnehmen oder sich zumindest ihre Papiere zeigen lassen, wenn man etwa Tramper im Wagen transportiert.

Wer in der Türkei oder anderen Urlaubsländern gefälschte Markenartikel kauft, dem droht bei der Rückkehr Ärger. Armani, Nike, True Religion und Co. sind nicht umsonst geschützte Marken. Bereits bei der Einreise nach Deutschland kann es zur Beschlagnahme der Ware durch den Zoll kommen. Wenn der Urlauber die gefälschten Artikel in Deutschland weiterverkauft, etwa über das Internet, stehen sogar Straftaten wie Betrug und Verstöße gegen das Marken- und Urhebergesetz im Raum. Das kann teuer werden: Es gibt große Anwaltskanzleien, die im Internet systematisch nach gefälschter Markenware fahnden. Selbst wenn der Verkäufer dann nur eine Unterlassungserklärung abgeben muss, fallen schnell Rechtsanwaltskosten von 1000 Euro und mehr an, da es um enorme Streitwerte geht. Dann wird das auf dem türkischen Basar gekaufte Kleidungsstück vom günstigsten zum allerteuersten Stück Stoff im Kleiderschrank der Touristen.

Abzocke gibt es in den beliebten Urlaubsregionen auch, wenn etwa in Rom falsche Touristenführer und Reisebüros Eintrittskarten für Sehenswürdigkeiten verkaufen, die viel weniger oder womöglich gar nichts kosten. Die Käufer riskieren dabei sogar Ärger mit der örtlichen Polizei, weil sie mit gefälschten Karten unterwegs sind. Deshalb sollten Urlauber Eintrittskarten nur an den offiziellen Kassen der Sehenswürdigkeiten kaufen.

In Bulgarien gibt es immer häufiger korrupte, teils sogar »falsche« Polizeibeamte, die wegen angeblicher Verkehrsverstöße Bargeld eintreiben. Oder sie geben vor, eine Drogenkontrolle vorzunehmen. Beim Durchsuchen des Gepäcks stehlen sie dann die Wertsachen der Urlauber. Fragt man nach Ausweis und Dienstmarke, sind die Abzocker meist schnell weg.

Auch fingierte Autopannen und Unfälle dienen oft nur einem Ziel: dem arglosen Urlauber, der helfen möchte, Geld und Wertsachen zu entwenden. Solche Maschen kennt man vor allem auf rumänischen Straßen und auch in Ländern wie Ungarn, Kroatien oder Slowenien. Besonders aus Amsterdam ist auch folgendes Carjackingszenario bekannt: Touristen mit teuren Autos werden verfolgt. An einer roten Ampel halten die Täter eine Pistole an die Scheibe des Fahrerfensters, sie zwingen die Insassen auszusteigen und fahren dann mit dem Auto weg. Alle Wertsachen werden gestohlen, teilweise verschwindet auch das ganze Auto.

Wechselstuben und Geldwechsler auf der Straße betrügen Urlauber ebenfalls gerne in Ländern, in denen nicht der Euro die offizielle Währung ist. Der Tourist reicht zum Beispiel einen 500-Euro-Schein zum Wechseln ein. Der Mitarbeiter in der Wechselstube nimmt die echte Banknote, tauscht sie fingerfertig unter dem Tisch gegen eine gefälschte aus und gibt diese dann nach angeblicher Überprüfung zurück. Dann sagt er: »Sie haben Falschgeld dabei.« Der Tourist ist zu Recht verdutzt, aber was kann er schon machen? Sollte er den zurückerhaltenen falschen Schein noch benutzen, würde er sich sogar wegen Inverkehrbringens von Falschgeld strafbar machen.

In belebten Fußgängerzonen und an vielen Bahnhöfen werden nicht nur Rucksäcke und Hosentaschen von Touristen aufgeschnitten, um von hinten unbemerkt an die Wertsachen zu gelangen. Es gibt unzählige Tricks, um Urlauber zu beklauen. Eine Variante ist das »Antanzen« oder Anrempeln von Frauen. Diese wundern oder freuen sich zunächst, dass hier jemand fröhlich tanzend durchs Leben geht. Tatsächlich möchten die Diebe durch den Körperkontakt verschleiern, dass in dem Moment die Wertgegenstände entwendet werden.

Auch kranke Urlauber werden abgezockt. Einige Privatkliniken gehen besonders heimtückisch vor. Sie bezahlen Taxifahrer oder Hotelmitarbeiter dafür, dass sie ihnen Kundschaft bringen, wenn jemand ein Krankenhaus sucht. Die Behandlungen sind dann unverhältnismäßig teuer und dienen oft nicht der Genesung des Patienten, sondern es geht ums Abkassieren. Zum Beispiel werden Röntgenbilder gemacht oder teure Computertomografien erstellt, obwohl diese Maßnahmen medizinisch überhaupt nicht erforderlich sind.

Inside Touristenmafia

> Touristen werden in Urlaubsregionen besonders oft zu Opfern von Dieben, obwohl dies durch einfache Vorkehrungen bei der Reisevorbereitung, wie zum Beispiel die Nutzung eines No-Name-Gepäckstücks anstatt eines teuren Markenkoffers, den Austausch des teuren Smartphones gegen ein günstiges Prepaid-Telefon oder durch die Bezahlung mit Bargeld am Urlaubsort anstatt mit Kreditkarte vermieden werden könnte.

> Touristen unterschätzen, wie schlimm es insbesondere psychisch sein kann, Opfer einer Straftat zu werden, selbst wenn es keine Gewaltstraftat ist. In der Kriminologie hat sich hierzu die Lehre vom Opferwerden herausgebildet, auch »Viktimologie« genannt. Viele Opfer von Verbrechen büßen demnach die Illusion der Unverwundbarkeit ein, einige verändern ihr Leben grundlegend nach der Tat und manche müssen aufgrund posttraumatischer Belastungsstörungen therapeutisch behandelt werden.

> Wenn umgekehrt deutsche Touristen in Spanien nicht zu Opfern werden, sondern selbst in Verdacht geraten, eine Straftat begangen zu haben, droht oft empfindliche Untersuchungshaft. Insbesondere aufgrund der Überlastung der spanischen Justiz dauert die Untersuchungshaft dort teilweise bis zu vier Jahre, obwohl jeder in Untersuchungshaft sitzende Beschuldigte als unschuldig gilt bis zu seiner rechtskräftigen Verurteilung. In Deutschland ist eine solch lange Verweildauer in Untersuchungshaft undenkbar, hierzulande muss grundsätzlich spätestens sechs Monate nach der Verhaftung die Hauptverhandlung gegen einen Beschuldigten beginnen.

> Wenn die Touristenmafia Diebesgut verkauft, droht den Erwerbern der Ware eine Bestrafung wegen Hehlerei, gegebenenfalls muss die Rückgabe der Sache an den wahren Eigentümer erfolgen.

> Einige Menschen in Deutschland unterschätzen, wie schnell man in den Verdacht gerät, selbst Hehler zu sein. Ein Schnäppchenkauf im Internet kann schon ausreichen für einen Vorwurf der Hehlerei, wenn der Kaufpreis deutlich unter dem Marktwert der gekauften Ware liegt. Inhaber von An- und Verkaufsläden haben oftmals ihr Gewerbe aufgegeben, mit der Begründung, in Deutschland könne man praktisch nichts günstig ankaufen, ohne Gefahr zu laufen, als Hehler dazustehen.

15. Clans

Ein Schock für die ganze Familie

Ein dumpfer Knall, die Tür wird aufsprengt. Rauch zieht durch den Eingangsbereich der Wohnung, vernebelt die Sicht, als tanzte man hier gerade in einer Großraumdisco. Die Polizisten des Sondereinsatzkommandos tragen schwere Stiefel, trampeln lautstark in die Wohnung.

Es ist vier Uhr morgens. Ali M., das Familienoberhaupt, liegt auf einer Matratze im Wohnzimmer. Der Fernseher läuft, irgendein seichtes Gedudel, als die Beamten die Wohnung stürmen, so erzählt er es in der Rückschau. Die Polizisten feuern mit Leuchtmunition in die Dunkelheit, die roten Laserpointer ihrer Waffen durchschneiden den halbdunklen Raum.

Alles geht ganz schnell. Sie fixieren Ali M. auf dem Boden, legen ihm Handschellen an. Kurz darauf geht noch eine Fensterscheibe im Erdgeschoss zu Bruch. Die Polizisten gehen heute offenbar in die Vollen. Und das in einer Großstadt im Ruhrgebiet, nicht etwa am Set eines Hollywooddrehs oder in irgendeinem Nachtclub.

Lange haben die Ermittler auf diesen Tag hingearbeitet. Es ist so weit, jetzt kommt der Zugriff: Rund 80 SEK-Beamte stürmen mehrere Wohnungen in der alten Mietskaserne, in der die Familie wohnt. Die Beamten nehmen etliche männliche Familienmitglieder in verschiedenen Wohnungen fest. Ihnen werden unterschiedliche Delikte zur Last gelegt, etwa der Handel mit Drogen und gefälschten Medikamenten, Raub und Verkauf von unversteuertem Wasserpfeifentabak.

Aber ist diese Härte angebracht? Polizei und Staatsanwaltschaft wollen dem kurdisch-libanesischen Clan, um den es hier geht, Paroli bieten. Ist der Clan wirklich so gefährlich, dass man einen solchen mit Steuergeldern finanzierten Aufwand betreiben muss?

Arabische Geschichten

Araber sind stets gute Gastgeber, Zuvorkommenheit gegenüber Fremden gehört zu ihrer Kultur – und zur islamischen Religion. Besucher behandelt man wie Freunde. Ali M. ist merklich erregt und schildert, wie unwürdig er aus seiner Sicht von der Polizei behandelt wurde, in gewisser Weise sogar sein Gesicht verlor. Ehre geht dem Mann über alles, ebenfalls eine typisch islamisch-arabische Eigenart.

Seine Stimme ist laut und es wirkt, als wolle er diese Chance nutzen, um endlich einmal loszuwerden, wie überzogen alles gewesen sei. Es ist ein bisschen so, als stünde er als Redner vor der Festgesellschaft und klage über das schlechte Essen. Die Zuhörer sind in diesem Fall die Frauen der Familie. Der Mann sieht nicht aus, wie man sich einen Schwerverbrecher vorstellt.

Der Gedanke daran, ob Menschen wie Verbrecher aussehen oder nicht, ist gar nicht so weit hergeholt. Der italienische Gerichtsmediziner und Psychiater Cesare Lombroso (1835–1909) ging zu seinen Lebzeiten davon aus, dass es körperliche Merkmale bei Menschen gibt, die ihre Neigung zur Kriminalität erkennen lassen. So waren für Lombroso die Schädelform, die Form der Nase und anderer Sinnesorgane oder die Spannweite der Arme Merkmale für eine Determinierung zum Verbrechen. Lombrosos Studien wurden später von den Nazis bei ihren Programmen zur Rassenhygiene aufgegriffen. Heute besteht unter Kriminologen Einigkeit, dass man Kriminelle nicht an Äußerlichkeiten festmachen kann.

Es ist also nichts Ungewöhnliches, dass Ali M. sehr freundlich wirkt, er nicht düster oder grausam aussieht, sondern gewinnend lächelt wie ein Händler auf dem Basar. Und er benimmt sich nicht wie ein Gauner, der nur seinen eigenen Vorteil sucht: Zwischendurch lässt er Wasser, Tee und Süßgebäck reichen. Aber er sagt auch: »Ich habe es versucht mit legaler Arbeit in Deutschland, damit hätte ich meine Familie hier kaum ernähren können. Man gibt uns Libanesen keine fairen Chancen.«

Eine Packung Viagra, die es in der Apotheke für 60 Euro gibt, kostet bei ihm als gefälschtes Präparat ein Zehntel davon. Wasserpfeifentabak bietet er für einen Bruchteil des deutschen Marktpreises an. Die Ware kommt über den Hamburger Hafen direkt in ganzen Containern. Die Herkunftsländer sind vor allem Dubai und Ägypten, wo der qualitativ hochwertigste Tabak billig produziert wird. Neben Privatpersonen sind es vor allem die Shisha-Bars der Republik, die unversteuerte Ware suchen, um Kosten zu sparen. Am beliebtesten sind laut Ali M. die Sorten Doppelapfel und Traube-Minze. Doch es gibt Tabak in allen erdenklichen Geschmacksrichtungen, bis hin zu Cappuccino und Red Bull.

Vor allem junge Menschen lieben es, Shisha zu rauchen, es ist ein Teenagertrend geworden. Die Cafés, in denen sie rauchen können, sprießen im ganzen Land aus dem Boden wie die Pickel auf der Teeniehaut. Es gibt kaum eine Stadt in Deutschland, die nicht eine eigene Shisha-Bar hat. Auf der Wandsbeker Chaussee in Hamburg oder an der Berliner Sonnenallee reiht sich eine Lokalität an die andere.

Eine Packung mit 250 bis 500 Gramm Tabak kostet versteuert je nach Marke im Handel zwischen 15 und 30 Euro. Die Clans verkaufen den Tabak unversteuert für fünf bis zehn Euro, bei einem Einkaufspreis von gerade einmal zwei bis drei Euro. Unter anderem so macht Ali M. sein Geld.

»Hier waren Kinder in der Wohnung, als die Polizisten kamen. Niemand hat darauf Rücksicht genommen. Keiner von uns hat mit Gewalt reagiert. Sie hätten uns normal festnehmen können. Wir sind doch keine Terroristen!« Die Frauen in der Runde nicken energisch. Der Festredner hat ein wahres Wort gesprochen. Auch hier scheint eine Neutralisierungstechnik durch, deren sich Ali M. bedient: Indem man von noch härteren Vorwürfen ausgeht oder Terroristen an die oberste Spitze der Gefährlichkeit stellt, rückt man sich selbst in ein besseres Licht.

Ali M. zeigt die Löcher in den Wänden, die beim Sprengen der Tür entstanden sind. Auch der Kühlschrank ging kaputt. Inzwischen hat die Familie einen neuen gekauft. Es ist eine überdimensionale Kühleinheit mit Eiswürfelmaschine, wie man sie gewöhnlich in schicken US-amerikanischen Küchen findet. Offensichtlich ein teures Gerät.

Die Sofas im Wohnzimmer sind in U-Form aufgestellt, auf dem Boden liegen orientalische Läufer, mit Blumenmustern verziert. An der Wand hängen ein Flachbildfernseher, zwei gekreuzte arabische Krummsäbel und ein Bild von der Kaaba, dem islamischen Heiligtum im Innenhof der Heiligen Moschee in Mekka. Dinge, die auch Ali M. heilig sind. Jeder gläubige Muslim muss mindestens einmal in seinem Leben dorthin pilgern, so will es der Koran.

Ali M. ist der einzige Mann in diesem Haus, der wieder auf freien Fuß gekommen ist. Alle anderen Verhafteten sitzen noch im Gefängnis. Die Frauen wollen auch die übrigen Männer zurück, sagen sie.

Organisierte Kriminalität

Der Name dieser Familie bleibt hier ungenannt. Aber es sei erwähnt, dass es sich dabei um einen der größten libanesischen Clans in Deutschland handelt, dem mehrere Tausend Mitglieder angehören.

Laut eines Artikels in der Zeitschrift *Kriminalistik* haben sich die meisten Clanmitglieder ihre Aufenthaltsgenehmigung illegal erschlichen, indem sie sich als Staatenlose ausgaben. Viele sind inzwischen deutsche Staatsbürger. Ihnen wird vorgeworfen, dass die organisierte Kriminalität ihr Geschäft sei. Von organisierter Kriminalität spricht man, wenn Täter systematisch Straftaten begehen, um Gewinn zu erzielen. Medien berichten, dass es eine neue Qualität dieser Kriminalität gebe, dass Deutschland längst von verschiedenen Straftätergruppen unterwandert sei.

Ist das wirklich so? Oder ist die mediale Berichterstattung davon getragen, die Ängste der Bürger zu schüren? »Tendenzen zu einer kriminellen Parallelgesellschaft«, was die libanesischen Clans angeht, konstatierte das Bundeskriminalamt (BKA) bereits 2004. Teilweise wurde in den Medien behauptet, dass sich die Polizei und andere Ermittlungsbehörden nicht mehr in Viertel hineintrauen, die von Clans beherrscht werden. In Nordrhein-Westfalen hat die Landesregierung allerdings eindeutig dementiert: Es gebe keine »No-Go-Areas« für Polizeibeamte.

Anders heißt es im oben erwähnten Artikel: »Die Täter fühlen sich seitens der Strafverfolgung offensichtlich kaum noch angreifbar, lassen sich auch durch polizeiliche Präsenz nicht von schwersten Straftaten abhalten, regeln ›Probleme‹ durch eigene ›Friedensrichter‹, mit Geldzuwendungen, um z.B. Zeugenaussagen zu verhindern, oder mit massiver Gewalt, sei es, um ihre Machtposition in der kriminellen Szene zu behaupten und zu festigen bzw. ihren Einflussbereich auf neue Kriminalitätsfelder auszudehnen oder um Rache in Form von Selbstjustiz zu üben.«

Feras G. und sein Clan

Den Inhalt des zitierten Artikels bestätigt auch Feras G. Der junge Mann gehört zu einem der meistgefürchteten libanesischen Clans. Er sitzt in einer Shisha-Bar in einer anderen Großstadt im Ruhrgebiet. Mit seinem Bart und dem freundlichen Blick hat er etwas unheimlich Verbindliches. Man fasst schnell Vertrauen zu diesem Mann. Und auch er wirkt nicht wie ein Ganove. Er könnte neben dem freundlichen Ali M. sitzen und mit ihm um die Wette lächeln. Aber er sagt: »Unsere Familie, ich muss es so sagen, ja, wir sind wirklich die Schlimmsten von allen. Wir haben durch Kriminalität ganze Straßenzüge erobert, mit allem, was du dir vorstellen kannst. Vor uns hat man Angst – auch die anderen Clans. Wer sich mit uns anlegt, bereut es.«

Wenn es Streitigkeiten unter Clans gibt, klären deren Mitglieder meist alle »juristischen« Fragen durch sogenannte Friedensrichter. Derartige Schlichtungen laufen in großen Sälen ab, die die Familien eigens für die Verhandlungen anmieten oder bereitstellen. Draußen wachen dann Clanmitglieder darüber, dass keine Unbefugten Zutritt zu dieser »Privatveranstaltung« erhalten und dass nichts aus den Friedensverhandlungen nach außen dringt. »Unsere Verhandlungen sind sozusagen nicht öffentlich«, sagt Feras G.

Meist wird für den Rat, der das Gericht bildet, eine Bühne aufgebaut. In den Rat werden bis zu fünf ältere Männer gewählt, die als besonders weise gelten. Es gibt einen Vorsitzenden, der das letzte Wort hat – er ist der Friedensrichter. Feras G. sagt: »Das ist ähnlich wie bei den Motorradclubs, wo der Präsident die Kontrolle hat. Derjenige, der vorsitzender Friedensrichter für den Tag ist, stellt die Fragen und hört sich beide Seiten an.«

Der Vorsitzende leitet die Verhandlung. Nach der »Beweisaufnahme« ziehe sich der Rat zurück. Jedes Ratsmitglied habe eine Stimme, die Entscheidung würde dann später der Vorsitzende verkünden. Die Beratung kann oft mehrere Stunden dauern, ebenso die vorherige Beweisaufnahme. Wichtig ist, dass beide Seiten die Möglichkeit haben, so viele Zeugen zu stellen und so viele Beweise vorzubringen, wie sie wollen. »Bei uns darf keiner das Gefühl haben, dass er irgendwie in der Verhandlung zu kurz kommt, es soll eine ganz neutrale Veranstaltung sein, das ist bei den Schlichtungsveranstaltungen wichtig«, erklärt Feras G.

Dabei gehe es nicht nur um Clanstreitigkeiten, Beleidigungen untereinander oder Körperverletzungen – selbst Tötungen würden auf diese Weise verhandelt. Der Friedensrichter fällt am Ende der Verhandlung immer ein Urteil, durch das Frieden hergestellt werden soll, daher komme auch der Name. Meistens geht es darum, dass Entschuldigungen ausgesprochen und Schmerzensgeldzahlungen vereinbart werden. Selbst bei einem zu verhandelnden Tötungsdelikt sei oft die Rechtsfolge eine Schmerzensgeldzahlung. So könnte eine umfassende Blutrache durch Selbstjustiz verhindert werden.

Ist es in einem Fall zu einer Ehrverletzung gekommen, sind bis zu 50 000 Euro Wiedergutmachung fällig. Ist der Täter durch den Friedensrichter zu einer solchen Zahlung verurteilt worden, sammelt die gesamte Familie den Betrag ein und zahlt ihn in bar an die Opferfamilie. »Ehrverletzungen sind bei uns etwas ganz Schlimmes. Besonders der Ruf der Familie darf nie leiden. Wenn der Ruf infrage gestellt wird, nehmen wir das sehr ernst. Das steht fast auf der Stufe mit einer Tötung«, sagt Feras G. Entscheidend sei letztlich, wie tief die Ehre verletzt worden sei.

Manchmal komme es auch zu einer Aussöhnung ohne Schmerzensgeldzahlung. »Dann geben sich beide Parteien die Hand und der Fall ist erledigt. Es gibt Tee für alle Beteiligten und beide Seiten müssen sich an den geschlossenen Frieden halten.«

Weiter sagt Feras G.: »Für uns fühlt sich das ganz natürlich an. Wir halten viel von älteren Männern und ihrer Weisheit.« In seiner Familie gebe es fünf ältere Patriarchen, die auch im Alltag das Sagen hätten. Alle grundlegenden Familienentscheidungen würden durch diese fünf Herren gefällt. Wer im Clan ein ernsthaftes Problem hat, der fragt auch immer einen Älteren um Rat. Hier gibt es strenge Hierarchien, die sich nach Alter und Ansehen aufgliedern.

Vom Friedensrichter zu unterscheiden ist ein familieninternes Gericht. Bei diesem entscheidet das Familienoberhaupt, meist ein älterer Mann, der das Sagen im Clan hat. Bei diesem »Gericht« geht es auch um die Verhängung von Todesurteilen. Hat etwa jemand ein Mädchen aus der Familie entführt oder die eigene Schwester das Ansehen der Familie beschmutzt, ordnet das Clanoberhaupt nach Anhörung der Männer der Familie oft die Tötung an. Dann muss meistens eines der jüngeren Clanmitglieder die Liquidation ausführen. Bei der anschließenden Tötung hat dieses Familienmitglied keinerlei schlechtes Gewissen, weil es den »Segen« der Familie hat.

Friedensrichter, Familiengerichte, Ehrenmorde, Blutrache – für Feras G. und seine Sippe ist so etwas genauso selbstverständlich, wie dass ein Cousin seine Cousine heiratet, manchmal unbekannterweise, als arrangierte Ehe. Die Traditionen reichen zurück in die Lebzeiten des Propheten. Sie sind gelebtes Altertum.

Was Feras G. sonst noch über seinen Clan erzählen könne? Er verweist darauf, dass auch seine Familie ursprünglich aus der Türkei kommt, dort von der Landwirtschaft gelebt hat, ehe sie sich im Libanon ansiedelte. »Zuerst haben viele Angehörige ihr Geld dort mit dem Obst- und Gemüsehandel verdient. Kriminalität war erst einmal kein Thema.«

Es habe schon immer die Tradition der Blutrache gegeben. Der Auslöser könne schon ein harmloser Nachbarschaftsstreit sein. Wenn einer die Ehre einer anderen Familie beschmutzt habe, etwa weil er eine Frau der Unzucht beschuldigt oder sie sonst wie beleidigt habe, sei er Gefahr gelaufen, dass man ihn umbringt. Familienfehden schaukelten sich dabei immer höher, bis auf beiden Seiten unzählige Männer ihr Leben gelassen hätten. »Dabei ging es nicht um kriminelle Energie, sondern um althergebrachte Sitten und natürlich um Religion.« Feras G. nimmt einen tiefen Zug aus dem Schlauch der Shisha, er raucht die Geschmacksrichtung Traube-Minze, das Wasser blubbert, macht ein Geräusch wie ein verstopfter Abfluss. Dann spricht er weiter.

Mit dem Bürgerkrieg im Libanon seien die Mitglieder mit Waffen und massiver Gewalt konfrontiert worden. Und mit Elend. Die meisten Männer hätten in Milizen gekämpft, um Geld zu verdienen, zum Beispiel sei sein Vater von einer PLO-nahen Miliz angeheuert worden. »Das hat der Familie den Lebensunterhalt gesichert.«

Der Bürgerkrieg war es am Ende auch, der viele Libanesen – und damit auch Angehörige von Feras G.s Clan – nach Deutschland trieb, weg vom Blutbad in ihrer Heimat. In den Achtzigerjahren gab es eine Wanderung von Hunderttausenden libanesischen Flüchtlingen nach Europa, ganz ähnlich wie heutzutage den Zustrom syrischer Flüchtlinge infolge des Bürgerkriegs in ihrer Heimat. »In Deutschland haben wir erst einmal gemerkt, dass wir hier schlechte Zukunftschancen haben«, sagt auch Feras G. Er ging in die Schule, er ging in den Fußballverein – und nirgendwo fand er so richtig Anschluss. Eine Perspektive sah er weder privat noch beruflich, auch nach Jahren nicht.

Seinem Vater, den älteren Brüdern, Cousins und Onkel ging es nicht anders. Sie hatten keine Ausbildung und mussten sich meist mit schlecht bezahlten Hilfsarbeiterjobs oder der Arbeitslosigkeit begnügen, während sie in den Auslagen der Geschäfte das deutsche Schlaraffenland sahen. »Dann nahmen wir uns einfach ein Stück vom Kuchen«, fasst Feras G. zusammen, was in den kommenden zwei Jahrzehnten passieren sollte: der Aufstieg der Clanoberen zu Unterweltbossen, die keine finanziellen Sorgen mehr kennen.

Die Arbeitslosenquote unter den libanesischen Kurden ist hoch und viele von ihnen beziehen Sozialleistungen. Sie leben aber in feudalen Wohnungen der jeweiligen »Problemkieze«, den Gettos in den Großstädten, und fahren dicke Autos, nicht selten AMG-getunte Karossen der Marke Mercedes. »Meine Familie steht einfach auf dicke Schlitten«, bestätigt Feras G.

Dieser Lebensstil will erst einmal finanziert sein. Haupteinnahmequelle: organisierte Kriminalität. »Es gibt kaum Straftaten, vor denen sich unsere Familie scheut«, sagt Feras G. »Vor allem Handel mit Drogen, gefälschten Medikamenten und unversteuertem Wasserpfeifentabak. Natürlich auch Sachen wie Raub und Erpressung.« Das »verdiente« Geld werde, wenn es nicht ins Ausland fließe, auf verschiedene Art »gewaschen«: über Beteiligungen in der Gastronomie, besonders an Shisha-Bars, aber auch über Immobilien- und Gebrauchtwagengeschäfte.

Dann überlegt Feras G. »Nur im Bereich Prostitution und Zuhälterei ist meine Familie zurückhaltend. Das liegt wohl an der Religion.« Er muss grinsen.

Überforderte Beamten

Was mit der Polizei ist? »Ach, die … Die Familienmitglieder sagen dann so was wie: Das ist unser Kiez, hier habt ihr nichts verloren! Raus hier! Wenn überhaupt, kommen die gleich mit einer Hundertschaft oder dem SEK.« Manchmal unterließen es die Beamten sogar, gegen die Libanesen vorzugehen. Wenn persönliche Drohungen gegen sie, seien es Streifenpolizisten oder Ermittler, sowie gegen ihre Angehörigen ausgesprochen würden, knickten sie ein. Es komme oft vor, dass die Gauner von den Polizisten Handyfotos machten, dann seien die schon einmal gewarnt: Wir merken uns dein Gesicht. »Wenn der Bulle uns in Ruhe lässt, ist alles gut. Aber wenn er meint, uns zeigen zu müssen, dass er mächtiger ist als wir, stärker sogar, beweisen wir ihm gerne das Gegenteil. Uns beeindruckt keine Uniform«, sagt Feras G.

Dazu passen Presseberichte, die die Situation in Duisburg-Marxloh beschreiben. Hier patrouillieren neuerdings etliche Streifenwagen gleichzeitig durch das berüchtigte Viertel. Die Weisung dafür kommt von ganz oben: aus dem Landesinnenministerium von Nordrhein-Westfalen. Das Ziel: verstärkte Präsenz zeigen, besonders in Gebieten, die stark von Clans beherrscht werden. Nicht nur Duisburg-Marxloh, sondern auch beispielsweise der Essener Norden gehört dazu.

Die Presse hat von einem Fall berichtet, bei dem Polizisten die Personalien zweier nach Marihuana riechender Libanesen aufnehmen wollten. Die beiden weigerten sich vehement, ihre Ausweisdokumente vorzuzeigen. Dabei wurde eine Polizistin zu Boden geschubst. Ihr Kollege musste mit der Dienstwaffe 15 Libanesen auf Abstand halten, bis zehn weitere Streifenwagen anrückten. Rund 100 Clanmitglieder standen als stille Unterstützer um das Geschehen herum. »So etwas ist kein Einzelfall«, sagt Feras G. »Wenn einer aus unserem Clan Probleme hat, greift er zur sogenannten osmanischen Trommel. Damit ist gemeint, dass er innerhalb kürzester Zeit per Telefon Verstärkung anfordert. Dann kommen etliche Personen aus unserem Clan herbei, um ihrem Freund und Bruder zu helfen.« So komme es zu großen Menschenansammlungen innerhalb kürzester Zeit und die Polizisten hätten keine Chance mehr, weil sie in der Regel zahlenmäßig unterlegen seien.

Vor einem Duisburg-Besuch sagte auch Bundeskanzlerin Angela Merkel in einem Videopodcast zum Problem mit den Clans: »Wenn die Menschen den Eindruck haben, dass ihre Sicherheit nicht mehr gewährleistet ist, dann stimmt etwas nicht.« Das Bandenproblem sei »ein dickes Brett, das wir da zu bohren haben«. Oft ist es in der Tat sehr schwierig für die Gesetzeshüter. Sie dringen bei den Libanesen nicht vor, die sich immer weiter zurückziehen und ihre Probleme mithilfe der erwähnten Friedensrichter und Familiengerichte lösen.

Die Clans vertrauen der deutschen Justiz nicht und möchten mit ihr überhaupt keine Berührungspunkte. Wenn es einmal zu einem Strafverfahren kommt, werden Zeugen eingeschüchtert, was dazu führt, dass Anzeigen zurückgezogen oder Aussagen bei der Polizei verhindert werden. »Stefan und Thomas, Deutsche eben, können sich gegenseitig anzeigen. Wir würden das untereinander nie tun. Wir haben andere Wertvorstellungen«, sagt Feras G.

Wenn jemand ein Mitglied der Familie von Feras G. anzeigen wolle, reiche oft die Nennung des Familiennamens, dass dem Kontrahenten die Kinnlade herunterfalle und der Mut zur Aussage abhandenkomme. Viele Anzeigen würden zurückgenommen und Strafverfahren deshalb eingestellt. Wenn ein Zeuge, ob Deutscher oder Ausländer, doch bei der Polizei oder vor Gericht aussagen wolle, gebe es erst einmal einen »Hausbesuch«. Dann stünden die Clanschergen vor der Wohnungstür, bauten sich auf und drohten: »Du kriegst auf die Fresse!«

Teilweise bedürfe es nicht einmal vieler Worte. Es reiche aus, den Zeugen Fotos von ihrem Wohnhaus zu zeigen. Die Botschaft: Wir wissen, wo du wohnst. Das macht den Betroffenen schon genug Angst. Und die Polizei kann in dem Fall auch nichts tun: Das Fotografieren eines Hauses ist nicht strafbar. Meist wird zur Überbringung solcher »Botschaften« ein Clanmitglied geschickt, das nicht unmittelbar in die Strafsache involviert ist. Außerdem bekommen die Zeugen die Empfehlung, sich von einem mit dem Clan zusammenarbeitenden Arzt verhandlungsunfähig schreiben zu lassen. Der Arzt diagnostiziert dann etwa ein Leiden, das den Zeugen von seiner Aussagepflicht entbindet, sei es körperlich, sei es psychisch. Die Angst der Zeugen führe meist zur »richtigen Entscheidung«, so Feras G. Das gelte für Deutsche ebenso wie für Ausländer.

Gerichtsprozesse gegen den Clan verkommen ob der beschriebenen Umstände oft zu reinen Scheinverhandlungen, bei denen Jogginghosen tragende Halbstarke laut feixen, weil man ihrem Familienboss mal wieder nichts nachweisen konnte.

Woher kommt dieses Misstrauen gegenüber dem deutschen Staat? »Sicherlich aus den Zeiten des Bürgerkrieges. Da hast du gelernt: Staatliche Stellen sind nichts wert«, sagt Feras G.

Es gibt sogar Anwälte, die sich nicht trauen, Geschädigte dieses Clans zu vertreten. Und Zeugen, auf die so viel Druck ausgeübt worden ist, dass sie vor Gericht lieber lügen und eine Verurteilung wegen Falschaussage in Kauf nehmen, als ein Clanmitglied auch nur im Ansatz zu belasten.

Wenn die Ehre verletzt ist

Die Ehre spielt bei den Clans eine tragende Rolle. Wer sie verletzt, muss bestraft werden. Es geht darum, »Eier zu haben und das zu zeigen«, wie Feras G. es ausdrücken würde. Ohne Ehre und Stolz geht nichts bei den Clans.

Ein Beispiel dafür ist ein Fall, der sich im Ruhrgebiet abspielte und den Ehrbegriff der libanesischen Clans gut beschreibt. In diesem Fall rächte sich eine Familie nach ihrer Sitte an einem Stalker.

Emine S., damals 23 Jahre alt, lernte in einem Internetchat einen Mann kennen. Die junge Frau war interessiert an ihm und stimmte einem Treffen zu. Doch dann merkte sie, dass sie einem Betrüger aufgesessen war: Der Verehrer hatte ihr ein falsches Foto zugesandt, es zeigte einen anderen Mann, und außerdem hatte er seine Frau und seine Kinder im Libanon verschwiegen. Ein arabischer Liebesschwindler, könnte man sagen. Emine S. merkte das und brach deshalb das Treffen ab.

Aber ihr neuer »Fan« gab keine Ruhe und fing an, sie zu stalken. Über Monate hinweg. Er rief sie an, setzte sich im Bus neben sie, obwohl sie ihn mehrfach abwimmelte, lauerte ihr vor der elterlichen Wohnung auf. Er wollte nicht hinnehmen, dass sie seine Liebe verschmähte, und bezeichnete sie mehrfach als Schlampe.

Vater Abdullah S., sein vorbestrafter Sohn Serdar S. und seine Tochter prügelten daraufhin den Verehrer in einem Wettbüro, wo er sich gerade aufhielt, mit Baseballschläger und Teleskopstock fast tot. Emine S. bedrohte anwesende Zeugen mit einem Messer, sodass sich nach wenigen anfänglichen Versuchen niemand mehr traute einzuschreiten. Außerdem sprühte sie Pfefferspray in die Augen des Opfers, der Mann wurde dadurch noch wehrloser gegenüber den Angriffen.

Dann stach Serdar S. mit einem Messer zwölfmal in den Oberkörper und den Kopf seines Opfers, das versuchte, sich wegzuducken. Am Ende saß der Verletzte mit blutenden Platzwunden und Stichverletzungen an eine Wand gelehnt, schrie und röchelte vor Schmerzen. Selbst als er wehrlos am Boden lag, traten die Männer noch mit den Füßen auf ihn ein, bevor sie auf die Straße gingen. Die zwei Überwachungskameras des Wettbüros zeichneten die Tat auf. Aussagen von Zeugen wurden aufgenommen, aber das Video war vor Gericht das wichtigste Beweismittel.

Dem Stalker hatten sie in ihrer Wut starke Verletzungen beigebracht: Er litt an einem Schädel-Hirn-Trauma, einem Bruch des Felsenbeins, einer teilweisen Skalpierung und einer Teilablösung der Kopfschwarte, Prellungen und vielen Fleischwunden. Der herbeigerufene Notarzt ließ ihn sofort in die Notaufnahme bringen – mit dem Hubschrauber. Vor allem wegen des starken Blutverlusts hätte das Opfer sterben können.

Am Ende wurden Vater und Sohn wegen versuchten Totschlags in Tateinheit mit gefährlicher Körperverletzung vom zuständigen Schwurgericht – darunter versteht man eine Kammer bei einem Landgericht, bei der Delikte wie Mord und Totschlag verhandelt werden – zu Gefängnisstrafen verurteilt: vier beziehungsweise sechs Jahre. Die Tochter erhielt eine Bewährungsstrafe, weil sie bei der Tat mitwirkte. Es war ein großer Aufruhr im Gerichtssaal. Der Vater von Emine S. bekam bei der Urteilsverkündigung einen Herzinfarkt und musste ins Krankenhaus gebracht werden.

Der Richter wunderte sich im Prozessverlauf darüber, wie man Selbstjustiz in einer solchen Form üben könne. Er führte aus, dass die Angeklagten aus Beirut kämen und dort selbst Gewalt erlebt hätten. Deshalb müssten sie wissen, dass solche Vorgehensweisen keine Lösung für einen Konflikt seien.

Feras G., der an diesem Fall nicht beteiligt war, sieht das anders: »Der Mann hat doch die Familienehre beschmutzt. In solchen Fällen ist es bei uns nicht nur üblich, sondern sogar zwingend, dass das gerächt wird.« In seinen Kreisen würden die Angeklagten nur bestraft, wenn sie nicht zur Gewalt schritten. »Hier gab es keinen anderen Weg.« Und Feras G. braucht es nicht noch einmal zu betonen: Die Ehre geht den Clanmitgliedern über alles.

Inside Clans

> Die meisten der rund 13 in Deutschland ansässigen arabischen Großclans haben sich in Berlin, Bremen, Oberhausen, Duisburg und Essen niedergelassen.

> In einigen Stadtteilen erheben Clanmitglieder »Zoll«, das heißt, sie bekommen an legalen wie illegalen Geschäften, die in diesem Stadtteil stattfinden, eine Beteiligung. So muss der Kiosk einen Teil des Umsatzes an den Clan abführen, aber ebenso der nicht zum Clan gehörende Straftäter, wenn er etwa den Kiosk überfällt und Beute macht.

> Wird durch einen Familienclan eine Tötung aus dem Motiv der Blutrache begangen, so liegen häufig niedrige Beweggründe vor und es ist auf Mord zu erkennen. Nur wegen Totschlags wird in der Regel bestraft, wer die Tötung als Rache für eine vorausgegangene Tötung eines dem Täter nahestehenden Angehörigen vornimmt.

> Es macht für den Betroffenen einen riesigen Unterschied, ob er wegen Mordes eine lebenslange Freiheitsstrafe bekommt oder wegen Totschlags zu maximal 15 Jahren Haft verurteilt wird. Denn lebenslang (abgekürzt ll) bedeutet nicht, wie viele meinen, automatisch 15 Jahre. Vielmehr kann bei lebenslang nach 15 Jahren ein Gnadenantrag gestellt werden. Ob diesem stattgegeben wird, ist jedoch völlig unklar. Wer indes für Totschlag die Höchststrafe von 15 Jahren bekommt, wird in der Regel spätestens nach Zweidrittelverbüßung, also nach zehn Jahren, entlassen und kommt meistens nach etwa fünf bis sechs Jahren in den offenen Vollzug.

> Alle Ausländer, abgesehen von Türken, werden ab einer Freiheitsstrafe von drei Jahren zwingend ausgewiesen und in der Regel auch abgeschoben. »Ausweisung« bedeutet dabei die Entscheidung der Ausländerbe-

hörde, dass kein Recht mehr zum Aufenthalt in Deutschland besteht. Davon zu trennen ist die »Abschiebung«, damit ist das Zwangsmittel gemeint, mit dem die Ausreisepflicht durchgesetzt wird, wenn etwa die betreffende Person in ein Flugzeug gesetzt und in ihr Heimatland gebracht wird.

> Mit der Türkei besteht ein besonderes Abkommen. Danach werden Türken nur noch in absoluten Ausnahmefällen, insbesondere bei Verurteilungen wegen Mordes und Totschlags, abgeschoben. Bei Libanesen ist oft die Abschiebung praktisch nicht durchsetzbar, weil sie häufig ungeklärter Herkunft sind und dann trotz Ausreisepflicht nicht abgeschoben werden können, da es kein entsprechendes Heimatland gibt, das sie aufnimmt.

Am Marmortisch

Zurück im Wartezimmer der Kanzlei.

Jetzt ist Günther O. dran. Er verlässt das Wartezimmer und geht in den Besprechungsraum mit dem großen Marmortisch. Die Wände sind gelb getüncht. Die Farbe ist mit Bedacht gewählt, steht sie doch für das Sonnenlicht und damit für die Hoffnung.

Der Marmortisch, der wegen seiner Schwere von gleich zehn Säulen gestützt wird, hat in seinem Leben schon so viel gehört. Höhen und Tiefen erlebt, Freude und Verzweiflung mitbekommen. Wenn dieser Tisch sprechen könnte. An ihm sind Verteidigungsstrategien entwickelt worden, die teilweise auf einen Freispruch, teilweise auf eine möglichst milde Bestrafung gerichtet waren.

Die Verteidigungsstrategien bestimmt der Strafverteidiger, nicht der Betroffene selbst. Dem Mandanten wird in der Regel nicht nur die Rechtskenntnis fehlen, sondern er wird vor allem nicht frei von Emotionen sein. Ängste, Gefühlswallungen und Zukunftssorgen lassen Beschuldigte in Strafsachen den Wald oft vor lauter Bäumen nicht mehr sehen. Deshalb muss der Strafverteidiger Licht ins Dunkel bringen. Innerlich angetrieben von dem unbändigen Willen, das bestmögliche Ergebnis für seinen Mandanten zu erzielen.

Der nicht vorbestrafte Günther O. berichtet nun am Marmortisch, wie es zu dem Tod seiner Frau gekommen ist. Dass es – wie oft bei Tötungsdelikten – keine Zeugen für das Tatgeschehen gebe. Die einzige mutmaßliche Zeugin, seine Ehefrau, könne nichts mehr sagen. Er sei nicht bei der Polizei gewesen, habe daher bisher keine Aussage gemacht und auch mit niemandem nach der Tat telefoniert. Dann erzählt Günther O., warum und wie er seine Frau erschossen hat. Und an dieser Stelle endet die Geschichte von Günther O.

Was letztlich aus Günther O. wird? Das hängt davon ab, was ein Gericht in dem später gegen ihn geführten Verfahren am Ende festgestellt haben wird.

Sollte das Gericht zu der Auffassung kommen, Günther O. habe aus Habgier seine Frau kaltblütig erschossen, so käme eine Verurteilung wegen Mordes infrage. Eine lebenslange Freiheitsstrafe wäre dann zu erwarten.

Sollte das Urteil auf Totschlag lauten, womöglich begangen im Affekt, weil seine Ehefrau ihm unmittelbar vor dem Schuss mitgeteilt hat, dass sie ihn seit Jahren mit seinem besten Freund betrügt, so käme ein Strafmaß, je nach Bundesland und je nach Gericht, zwischen drei und acht Jahren in Betracht.

Sollte sich in den Urteilsgründen herausstellen, dass Günther O. und seine Frau gemeinsam beschlossen haben, aus dem Leben zu scheiden, und hätte den Ehemann der Mut verlassen, sich selbst zu erschießen, nachdem er zunächst verabredungsgemäß seine Frau erschossen hatte, so wäre das eine Tötung auf Verlangen. Die Höchststrafe dafür beträgt fünf Jahre, realistisch wäre eine Freiheitsstrafe von zwei bis drei Jahren.

Sollte das zuständige Gericht zu der Auffassung kommen, Günther O. habe in Notwehr gehandelt, den Angriff seiner Ehefrau mit einem Messer nicht anders abwehren können als durch einen gezielten Schuss, so wäre er freizusprechen.

Zwischen einer Verurteilung zu lebenslanger Freiheitsstrafe und einem Freispruch liegen oft nur Millimeter. Warum auch immer.

Wartezimmer-TV

Die beiden im Wartezimmer sitzenden Hooligans schauen auf die Netzstrumpfhose der Prostituierten. Der ältere Herr mit dem Jutebeutel blickt auf den Großbildfernseher, der oben an der Wand hängt. Im TV laufen Nachrichten und es spricht ein Politiker zum Thema Kriminalität. Wie fast alle Politiker fordert er härtere Strafen für Kriminelle und Gesetzesverschärfungen. Er meint, damit etwas gegen Kriminalität bewirken zu können.

Hat er damit recht? Ja, sagt Eckbert Bülles, langjähriger Oberstaatsanwalt in Köln. Bülles hält es für zutreffend, dass Deutschland in großen Bereichen durch kriminelle Parallelgesellschaften unterwandert ist und sich dadurch ganze Städte in »No-Go-Areas« für Polizisten verwandelt haben. Die Polizei habe dort gar keinen oder nur noch geringen Zugriff auf die Straftäter, es gebe rechtsfreie Räume. Solche sieht Bülles unter anderem in Duisburg-Marxloh, im Norden von Essen, in Gelsenkirchen, Dortmund, Leverkusen und auch in verschiedenen Kölner Stadtteilen. Dort agieren nach seiner Aussage neuerdings nordafrikanische Taschendiebe und am Rheinufer schwarzafrikanische Drogenhändler – völlig ungestört.

Die im Moment größten Probleme sieht Bülles bei der wirksamen Bekämpfung des islamistischen Terrorismus, des Wohnungseinbruchs, des Taschendiebstahls, der Rauschgiftkriminalität sowie der Schleuserkriminalität. Letzteres vor allem in Bayern, wo allein im Jahr 2015 zeitweise über 600 Beschuldigte wegen dieses Vorwurfs in Untersuchungshaft saßen. Als Ursache benennt Bülles unter anderem die Öffnung der deutschen Grenzen zu den Nachbarstaaten, insbesondere nach Österreich. Durch den verstärkten personellen Einsatz von Polizeikräften fehlten gerade diese bei der Verfolgung von Straftaten, die der organisierten Kriminalität zuzurechnen seien, wie etwa bei Erpressung, Menschenhandel und Kreditkartenkriminalität.

Bülles meint, dass etwa die Geschehnisse in der Silvesternacht vor dem Kölner Dom und am Hauptbahnhof Anzeichen eines Staatszerfalls zeigen. Weder sei die Polizei auf solche Straftaten vorbereitet noch in der Lage, diese zu unterbinden oder zu verfolgen. Die Ursache liegt laut Bülles in der Politik begründet, wenn etwa eine ungehinderte Einwanderung von Tausenden Flüchtlingen und Migranten ohne Grenzkontrollen und Registrierung zugelassen wird. Er verweist darauf, dass die höhere Anzahl der Taschendiebstähle und auch der Silvestervorfälle in Köln, Hamburg und anderen Orten befürchten lassen, dass die deutsche Bevölkerung das Vertrauen in den Rechtsstaat und den Schutz vor Straftaten und eine wirkungsvolle Strafverfolgung vollends verliert.

Stattdessen, so Bülles, würde Selbstschutz immer mehr in den Vordergrund gerückt: Die Reichen würden etwa private Sicherheitsdienste beschäftigen, die übrige Bevölkerung würde möglicherweise Bürgerwehren bilden, wodurch das Monopol des Staates zur Bekämpfung von Straftaten langfristig ausgehebelt würde.

Bülles legt Wert auf umgehende Aufklärung von Straftaten und möglichst rasche Verurteilung von Tätern. Dies allerdings scheitere nach seiner Auffassung bereits an der personellen und sachlichen Ausstattung der Strafverfolgungsbehörden, die zudem noch nicht einmal miteinander vernetzt seien.

An das Bundesjustizministerium gerichtet, verweist Bülles auf das Schlagwort »Strafverfolgung nach Kassenlage«, die es nach seiner Auffassung nicht geben darf. Man müsste sich dringend gegen die bundesweite Tendenz der Ökonomisierung der Strafverfolgung wenden. Zu diesem Zweck könnte das Bundesjustizministerium auf die Finanz- und Innenminister des Bundes und der Länder einwirken, zudem müsse man die durch den Föderalismus bedingten verschiedenen Strategien zur Bekämpfung vereinheitlichen.

Beispielsweise nennt Bülles hier die Bildung von Schwerpunktstaatsanwaltschaften oder besondere Gerichte für die Verfolgung von organisierter Kriminalität. Zudem sei eine Ausweitung der Zuständigkeit des Bundeskriminalamts nötig, dringend müssten einheitliche Computersysteme bei Polizei und Gericht im Einsatz sein.

Ganz anderer Meinung als Eckbert Bülles ist hingegen Hans Leyendecker, Buchautor und Journalist bei der *Süddeutschen Zeitung*. Er spricht von einem »Zeitalter der Hysterie«, in dem wir leben. Es gibt gerade in den Medien einen erbitterten Konkurrenzkampf, man will auffallen, um jeden Preis.

Leyendecker betont, dass es libanesische Clans gibt, die versuchen, nach eigenen Regeln zu leben. Den Vorwurf, dass dadurch die Gesellschaft unterwandert werde, hält er jedoch für Quatsch. Es gebe kriminell organisierte Kartelle, die Ärzte bestechen oder Rentner um ihre Einlagen brächten. Doch deren Mitglieder sähen meist sehr deutsch aus. Insbesondere solle man sich davor hüten zu behaupten, dass Straftaten von Ausländern schlimmer seien als Straftaten von Deutschen. In der Bundesrepublik werden jährlich rund drei Millionen Straftaten begangen – sowohl von »Einheimischen« wie von Ausländern.

Natürlich gebe es Ausländerkriminalität, hierüber müsse man offen reden können, denn nur Transparenz helfe. Fakt ist: Integration ist mit der Verleihung der deutschen Staatsbürgerschaft nicht beendet – das gilt heute ebenso wie früher. Leyendecker sieht einen ganz anderen Ansatzpunkt für die wirksame Bekämpfung der Kriminalität: Wichtiger als härtere Strafen seien insbesondere Prävention und Sozialarbeit. Und er vertritt die Auffassung, dass höhere Strafen nicht abschrecken. Sofern über Flüchtlingskriminalität in Deutschland gesprochen werde, weist er darauf hin, dass mancher nur Opfer erwartet habe und jetzt verblüfft sei, dass auch Täter kommen. Die Diskussion über Flüchtlingskriminalität hält Leyendecker für total überzogen.

Und was der Strafverteidiger dazu meint? Er schweigt und stellt fest, dass sich sein Wartezimmer in der Kanzlei mehr und mehr füllt. Warum auch immer.

Weitere Informationen zu kriminellen Parallelgesellschaften, dem Autor und der Entstehungsgeschichte des Buches unter www.tatort-unterwelt.de.

224 Seiten
16,99 € (D) | 17,50 € (A)
ISBN 978-3-86883-862-6

Ulf Küch
SOKO Asyl
Eine Sonderkommission
offenbart überraschende
Wahrheiten über Flücht-
lingskriminalität

Die Ladendiebstähle schnellten plötzlich nach oben. Die Zahl der Einbrüche verdoppelte sich in einigen Gegenden. Manche Bürger trauten sich nicht mehr auf die Straße, als im benachbarten Auffanglager plötzlich über 4000 statt 500 Flüchtlinge lebten. Die Kriminalpolizei von Braunschweig reagierte schneller als jede andere in Deutschland. In seinem Buch berichten Kripo-Chef Ulf Küch und seine Soko-Kollegen von ihrem Alltag und ihrem Kampf gegen eingeschleuste organisierte Kriminelle, Raubüberfälle und Drogenhandel. Nicht erst seit den Vorkommnissen der Silvesternacht in Köln werden sie von Kollegen deutschlandweit um Hilfe gebeten. Küch und seine Beamten benennen schonungslos Probleme und erklären, mit welchen Tricks kriminelle Asylbewerber arbeiten. Sie distanzieren sich jedoch auch von falschen Gerüchten, die den Menschen in Deutschland Angst machen. Ein wichtiges Buch, um zu verstehen, was der Zustrom von Flüchtlingen wirklich für unsere Gesellschaft bedeutet und wie wir den Herausforderungen gegenübertreten können.